创新创业教育新形态系列教材

中国"互联网+"大学生创新创业大赛国赛金奖团队打造
PIRT创新方法论帮你完成从创意点子到创造价值的过程

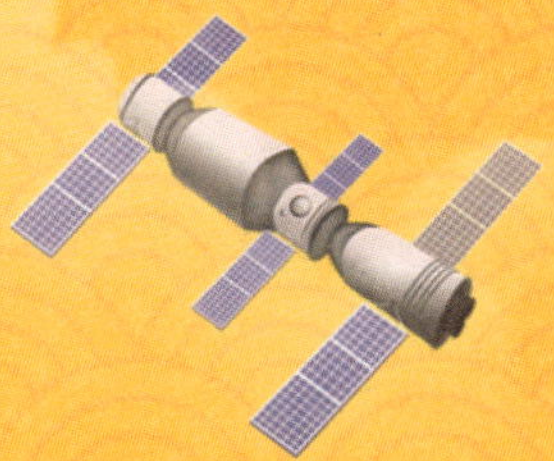

创业小白实操手册

第 2 版

邓白君　黄洁琦　李文俊　潘文灏　吴隽　陈少强 ◎ 编著

机械工业出版社
CHINA MACHINE PRESS

图书在版编目（CIP）数据

创业小白实操手册 / 邓白君等编著. —2版. —北京：机械工业出版社，2023.11（2024.11重印）
ISBN 978-7-111-74272-2

Ⅰ.①创… Ⅱ.①邓… Ⅲ.①创业—手册 Ⅳ.①F241.4-62

中国国家版本馆CIP数据核字（2023）第222147号

机械工业出版社（北京市百万庄大街22号　邮政编码100037）
策划编辑：赵志鹏　　责任编辑：赵志鹏　刘益汛
版式设计：马精明　　封面设计：马精明
插画设计：马明赫　　张嘉敏
责任校对：张婉茹　梁　静　责任印制：单爱军

北京虎彩文化传播有限公司印刷
2024年11月第2版第2次印刷
260mm×184mm · 17印张 · 339千字
标准书号：ISBN 978-7-111-74272-2
定价：59.00元

电话服务　　　　　　网络服务
客服电话：010-88361066　机工官网：http://www.cmpbook.com
　　　　　010-88379833　机工官博：http://weibo.com/cmp1952
　　　　　010-68326294　金　书　网：www.golden-book.com
封底无防伪标均为盗版　　机工教育服务网：www.cmpedu.com

本书是基于从0到1开发创新创业项目的工作手册式教材，以价值创造的过程为主线，通过编者原创的PIRT创新方法论，引导读者依次执行书中的8个项目，完整体验一次从发现问题、创新方法，到创造条件、验证执行的项目开发过程。首先，本书让读者树立"人人能创"的自信，发现生活与工作中未被满足的需求；然后，用科学的创新方法找到差异化价值创新点，并提出解决方案；之后，通过设计商业模式、组建团队以及获取资源来创造项目实施条件，逐步推进项目，直至项目落地；最后，进行最简可行产品测试，利用新媒体进行宣传推广，并开展项目路演，形成创新创业项目雏形。

本书实现了知识、能力、素质三驱动，讲解、训练、实践一本通，系统性强、适用面广、形式新颖、可操作性强、配套资源丰富，可供高职、本科院校作为创新创业通识课的教材，同时又可作为有志于创新创业的社会各界人士学习的辅导读物。

本书的学习任务单与8个项目对应，每一页可撕下，读者在进行小组学习、自我学习、过程评价、师生互动时更轻松方便。同时，本书配套有电子教案、电子课件和微课视频，以及学银在线开放课程，教师也可使用学习通APP的示范教学包功能，一键建课。

为方便教学，本书配备电子课件等教学资源。凡选用本书作为授课教材的教师均可登录机械工业出版社教育服务网（www.cmpedu.com）注册后免费下载。如有问题，请致信cmpgaozhi@sina.com，或致电010-88379375联系营销人员。

前言 Preface

本书的第 1 版于 2020 年 6 月面世，出版以来受到众多读者的欢迎和喜爱，这让编者团队既欣喜又深感责任重大。在新形势下，当代大学生正面临社会高速发展、迅速变革所带来的巨大挑战，通过创新创业教育"全面提高人才自主培养质量，着力造就拔尖创新人才"，将创业打造成更高质量的就业，让大学毕业生成为建设创新型国家和科技强国的重要力量，成为编者团队关注的重点。2021 年 12 月，我们与机械工业出版社联合牵头成立了"禺山职教·双创教育联合虚拟教研室"，探索构建了跨校互学、动态开放、资源共享的双创教育生态，2023 年 12 月 23 日，广东省高等学校毕业生就业促进协会加入牵头单位，虚拟教研室升级为"合一就业创业数字教研室"。编者将与从事创新创业教育的同仁们一起继续研讨深化双创教育改革的途径。

我们一直在思考一个问题：创新创业教育的人才培养目标如何紧跟国家、地方发展的需要？编者团队认为创新创业教育是培养大学生敏锐发现机会的批判性创新能力，以解决问题为目标的技术领悟与实践能力，主动制订计划的终身学习能力，对未知的变革能积极应对的适应能力，将个人发展目标融入创造社会价值中的职业价值观。因此，创新创业教育应该成为推动人才培养更加符合产业转型升级需求的导航仪，以及深化教学改革、全面提高人才培养质量的发动机。

随着时间的推移，书中内容需要与时俱进，编者团队决定对本书进行修订再版。第 2 版延续了第 1 版的最大亮点，即原创的 PIRT 创新方法论。PIRT 创新方法论包含发现问题（Problem Discovery）、创新方法（Innovating Method）、创造条件（Resource Accessing）及验证执行（Testing and Executing）四个步骤。第一步是发现问题，许多人由于缺乏批判性思考常常陷于思维定式，

前言 Preface

项目 1 打开创业思维、项目 2 探索创业机会，通过创新思维训练，锻炼学生发现问题的能力。第二步是创新方法，项目 3 打造解决方案将启发学生创新地寻找解决方案，而不要满足于现有的解决方案；项目 4 设计商业模式，保障项目具有可持续发展的价值创造潜力。第三步是创造条件，项目 5 建团队找资源，可帮助学生思考如何在资源匮乏的情况下，凝聚人心、链接手边资源。第四步是验证执行，项目 6 做原型小验证，引导学生通过低成本测试控制风险，再推动创新想法落地实施；项目 7 策划营销卖点，指导学生为产品推向市场做策划；项目 8 写计划练路演，指导学生完整、有逻辑、有感染力地呈现项目。读者跟着本书的步骤思考，便能完成一个创新创业项目的提出与实施，并在此过程中体会创新创业思维是如何被启发的，创新创业想法是如何落地的。这四个步骤既体现了基于创新的创业活动的全过程，也体现了发现问题—解决问题的全过程。

本次修订，主要有以下几个重要的变化，也是第 2 版的主要特色。

1. 基于党的二十大报告中关于"全面建成社会主义现代化强国""坚持创新在我国现代化建设全局中的核心地位"的要求，本次修订结合了财经、艺术设计大类的专业特点，隐性融入了推进绿色低碳发展、推动社会主义市场经济体制、构建现代产业体系、文化自信自强等内容，增强对学生家国情怀的培养。

2. 为了进一步适应行动导向的教学模式，本书创新新增了手册式学习任务单的体例设计，每一个项目均有配套的"可撕式"活页学习任务手册，体现"以学生为中心"，并提供混合式教学资源包，方便学生与团队成员共同完成任务，及开展互学互评，在教学中非常便利、实用。

前言 Preface

3. 补充更新了编者团队迭代的方法和工具，每个项目有多个任务层层推进，每个任务分别有 2~4 个步骤，步步深入，每个步骤都有对应的工具方法，帮助学生打开创新创业项目实践过程的黑箱，实现自我控制的独立学习，突破教学过程中的难点。

4. 版式设计运用了年轻人喜爱的风格，无论在配色还是图标符号，都彰显了中华传统文化底蕴与现代民族精神融合的独特魅力。

本书第 1 版的应用实践已经证明，创新精神与创业意识是学生通过不断思考、假设、行动、反思及循环迭代主动建构的，获得成就感的正向反馈为学生自主创新创业提供了力量源泉。PIRT 创新方法论的应用已让数以万计的学生受惠，从 2019 年开始至今，在作者团队所在学校孵化的项目获得中国国际大学生创新大赛（原中国国际"互联网+"大学生创新创业大赛）国赛 3 金 4 银 3 铜、省赛 10 金 18 银 5 铜的成绩。PIRT 创新创业师资培训走进全国三十余所高校，获得参训老师们的一致好评。

本书共有 8 个项目，邓白君撰写了项目 2、项目 3、项目 7，黄洁琦与邓白君合作撰写了项目 4 和项目 5，黄洁琦与陈少强合作撰写了项目 8，李文俊撰写了项目 1，潘文灏与吴隽合作撰写了项目 6。邓白君进行了统稿，吴隽进行了审核。

在此衷心感谢出版社团队细致耐心的工作，他们为本书的体例、版式以及立体资源建设出谋划策，做出了重要贡献。

由于编者水平有限，疏漏之处在所难免，希望读者批评指正。

编者

二维码索引

序号	名称	二维码	页码	序号	名称	二维码	页码	序号	名称	二维码	页码
01	对创业含义的重新解读		3	05	什么是风口		16	09	什么是社会企业		27
02	基于创新的创业		5	06	从社会环境的变化思考未来需求		19	10	共情能力的练习		29
03	IKIGAI：帮你梳理人生意义		6	07	需求的分类——影响广度、发生频率		23	11	5WHY分析法		36
04	VUCA乌卡时代		9	08	需求的三重境界：痛点、痒点、爽点		24	12	价值创新的三个层次		45

二维码索引

(续)

序号	名称	二维码	页码	序号	名称	二维码	页码	序号	名称	二维码	页码
13	用设计思维找到价值创新点		46	17	发现行业链上利润的流向		61	21	团队成长规律以及如何进行团队建设		79
14	脑力激写法		48	18	价值创造系统画布的特色		64	22	股权设计容易产生的问题		84
15	一句话描述清楚解决方案		50	19	资源是在工作任务进程中分批投入		71	23	初创企业股权结构计算表		86
16	产品用户体验设计的五个层次		51	20	建立与生态伙伴的合作关系		72	24	六度分隔理论		90

二维码索引

(续)

序号	名称	二维码	页码	序号	名称	二维码	页码	序号	名称	二维码	页码
25	如何快速确认MVP要实现的功能		95	29	绿野仙踪法情景演练		103	33	如何为产品与服务制作创意短视频		130
26	原型要做到什么程度		97	30	如何做用户体验地图		106	34	一页纸商业计划书九步框架		140
27	可视化呈现：手绘图、模型等		99	31	什么是新媒体		113	35	路演视频		149
28	APP原型展示		100	32	产品文案怎么写		123	36	路演技巧		150

目录 Content

前言

二维码索引

项目 1 打开创业思维 1
任务 1.1 理解什么是创业 2
任务 1.2 树立"我能创"的信心 6
任务 1.3 做好"敢于创"的准备 9

项目 2 探索创业机会 15
任务 2.1 观察与分析宏观趋势 16
任务 2.2 找出未被充分满足的需求 21
任务 2.3 用爱洞见用户内心的声音 29

项目 3 打造解决方案 39
任务 3.1 找到差异化的价值创新点 40
任务 3.2 挖掘足够多的创意并筛选创意 47
任务 3.3 呈现解决方案 50

项目 4 设计商业模式 54
任务 4.1 透视商业模式 55
任务 4.2 图解商业模式系统 58
任务 4.3 填写价值创造系统画布 63

项目 5 建团队找资源 75
任务 5.1 组建高效的创业团队 76
任务 5.2 设计创业团队的股权 82
任务 5.3 资源拼凑与链接人脉 87

项目 6 做原型小验证 91
任务 6.1 设计最简可行产品 92
任务 6.2 制作最简可行产品 97
任务 6.3 测试最简可行产品 102

项目 7 策划营销卖点 112
任务 7.1 私域流量池的搭建 113
任务 7.2 挖掘卖点与策划内容营销 120
任务 7.3 策划冷启动营销活动 132

项目 8 写计划练路演 138
任务 8.1 撰写路演 PPT 139
任务 8.2 训练路演技巧 149
任务 8.3 提升答辩能力 152

拓展阅读／154

参考文献／155

项目 1 打开创业思维

项目 1 是 PIRT 创新方法论的第一步

项目1的学习将会重塑你对创新创业的认知,主动树立起为社会创造价值的理想与为人民更美好生活而努力奋斗的志向,让未来的职业生涯规划更加充满意义,为开启创业之门积极做好准备。

发现问题	创新方法	创造条件	验证执行
观察能力训练 共情能力训练 批判思维训练	创新流程掌握 创新方法学习 创意激发手段 商业价值分析 商业模式设计	团队组建 股权顶层设计 资源获取与拼凑	最简可行产品 用户测试 商业计划书 路演呈现

知识目标
1. 能领会创业的广义含义
2. 能理解机会型创业
3. 能感知环境中的不确定性

能力目标
1. 能分析创新与创业的关系
2. 能应用创业心智模式规划人生
3. 能用创业能力框架进行自我分析

素质目标
1. 构建有意义的人生目标,坚定道路自信
2. 树立"我能创"的信心与意志
3. 勇于担起创新驱动发展的时代重任

任务1.1　理解什么是创业

"创业"一词的含义

在汉语词源里，"创"有"始造"之意，"业"有"事业、功业"之意。读chuàng时，《说文解字》认为本作"刱"，含义是第一次掘井，表示事业上的初次去做。

而现代意义的"创业"（Entrepreneurship）一词，是由"创业者"（Entrepreneur）一词衍生而来，最早可追溯至1755年。法国经济学家理查德·坎蒂隆在其著作《商业性质概论》中首次提出"创业者"的概念，即"在担当风险的情况下，开启或运行一定业务来获取经济利益的人"。"Entrepreneurship"在英语中另一种被广泛应用的解释是"企业家精神"或"企业家能力"，即"企业家在所处社会、经济体制下，从事工商业经营管理的过程中，在激烈的市场竞争中和优胜劣汰的无情压力下形成的心理状态。"由此可见，"创业"这个行为本身是由创业者完成的，所以"创业"与"创业者"这两个概念是密不可分的，二者互相渗透、互相包含。

时至今日，"创业"依然没有一个准确的统一定义，不同的人有着不同的解读，其含义有着多元化的特征。

被誉为现代管理学之父的彼得·德鲁克在著作《创新与创业精神》中写道"创业是一种行为，而不是个人性格特征。只有那些能够创造出一些新的、与众不同的事情并能创造价值的活动才是创业，它与管理是一体两面。"

杰弗里·蒂蒙斯在其著作《创业创造》中给出的定义是：创业是一种思考、推理和结合运气的行为方式，它为运气带来的机会所驱动，需要在方法上全盘考虑并拥有和谐的领导能力。

国内创业管理研究的领军人物——南开大学张玉利教授认为：创业是在资源高度约束、不确定性强情境下的假设验证性、试错性、创新性的快速行动机制。这个机制支撑的是改变、挑战和超越，创建企业只是创业的一种载体或手段。

总之，创业是一项跨界融合多学科的活动，主要涉及变革、创新、技术、环境变化、新产品开发、企业经营管理，以及创业家的个体发展和产业发展等问题。这些问题的研究涵盖了心理学、社会学、经济学、管理学以及历史学等学科领域。毋庸置疑的是，创业必定是现在与未来社会经济发展变化的关键趋势之一。

知识准备 对创业含义的重新解读

前面关于创业的定义是不是深奥晦涩，现在我们试着用"00后"大学生能理解的语言，再来描述一下"创业"的含义。

> 我们和一群志同道合的伙伴，面临一个具有不确定性而又充满挑战的目标，一起去做一件有价值的事情。虽然这件事情既有可能成功，也有可能失败，但为了能够把机会变成现实，我们乐于坚持与奋斗，通过创造性的思考与行动来解决问题，为他人和自己创造经济与社会价值。

创业 ≠ 创办企业

我们一定要郑重强调的是：创业不仅仅是创办企业，任何探索问题、解决问题，把想法变成现实并创造价值的过程都属于创业。创业不仅仅是工作和职业，还应该成为一个人的思维方式、行为方式和生活方式。

当个创客

"创客"一词来源于英文单词"Maker"，是指出于兴趣与爱好，努力把各种创意转变为现实的人，也就是在"玩"的状态中进行创造。创客不仅包含了"硬件再发明"的科技达人，还包括了软件开发者、艺术家、设计师等。

加入创业团队

通常来说，大型企业的分工比较明确，其工作的专业性会比较强，但也会相对单一，缺乏延展性。而找到有共同理想的人并加入他们，能比较完整地了解一个公司是如何起步运作的，可快速成为挑起大任的"多面手"，逐步形成"老板思维"。

广义的创业行为

在自己的岗位上创业

在自己的工作岗位上，始终保持好奇心与积极主动的心态，持续探索，用新的方式开展工作，或以差异化的方法，把工作做得更好。例如，通过独创、改进等方式，在生产、管理、服务等方面形成具有新颖性、独创性和效益性的制度、措施、方法、工艺、技术等。

带领团队进行自主创业

如果你有企业家精神，以及资源整合能力，就可以召集并带领团队进行自主创业。自主创业对创业者要求最高，必须长期保持激情与斗志，具备克服困难的勇气与魄力，为社会解决问题，为员工提供就业岗位。

我们更希望你的自主创业是基于对市场机会的敏锐捕捉，而进行的技术创新和资源整合。

任务 1.1 理解什么是创业

  ## 创业与创新的关系

创新与创业就像一个硬币的两面。一方面，紧密交融依存，你中有我、我中有你；另一方面，两者又有自己独特的内涵与外延。

经济学家熊彼特最早提出了创新的概念。他认为：创新是要把一种从来没有的关于生产要素和生产条件的"新组合"引进生产体系中，包括引入一种新产品，引入一种新的生产方法，开辟一个新的市场，获得原材料或半成品的一种新的供应来源。随着新技术革命的迅猛发展，创新的改变不断丰富。

可能人们常局限地认为创新就是指技术创新。而实际上，创新遍布人类行动的方方面面，如观念、知识、技术、商业、艺术，甚至娱乐等领域。创新＝新颖＋有用＋可行。

纯粹而单一的技术创新者，专注于发现突破，创造新的发明。但将技术发明转化为能获得经济回报的商业运作，还隔着巨大的鸿沟。

纯粹而单一的商业创新者，通过营销创新、管理创新等驱动，满足了一些群体的特定需求，获得一定程度的发展。但由于缺乏技术创新的"护城河"，很容易被超越、打败，甚至彻底被市场抛弃。

创业是在创新精神引领下，对创业机会进行识别与开发，是基于创新的、从0到1的新创行动或从1到N的变革重建行动。其中，技术创新是创业最重要的根基，商业创新是实现创业经济价值的有效路径。

基于创新的创业

2022年的《全球创业观察中国报告》显示，中国在全球的创业活动中处于非常活跃的状态，早期创业活动指数（TEA）为16.2%，已超过新加坡、印度等国家，排在第六位。

之前很长一段时间，中国创业的技术含量与创新成分偏低，生存型创业占比较大。一部分原因是技术积累不足，但更重要的原因是，大部分年轻人的创新思维未经过充分训练，很容易受思维定式的限制。比如，看着别人卖奶茶赚钱，我们也跟风开个奶茶店，这不是我们创新创业教育所提倡的。

但从2022年开始，中国创业类型已发生重大转变，变为机会型创业为主，即为了抓住新需求创造的市场机遇，而自动自发地进行开拓性创业活动。

对比面	生存型创业	机会型创业
创业动机	没有其他就业选择或对其他就业选择不满意而从事的创业活动	通过发现或创造新的市场机会，为追求更大发展空间
创业目标	面向现有的市场，捕捉机会	注重的是新市场，体现出创业市场的潜在性
成长愿望	满足现状，小富即安	把握机会，做大做强
创新程度	创新程度低	提倡基于技术创新、商业模式创新、管理创新等的创业活动
社会意义	技术壁垒低、不需要很高技能的行业，对产业结构升级几乎不发挥作用	基于商业模式创新、技术创新实现创业目标，成为产业结构升级的助推器和经济社会发展的重要驱动力

我们相信在恰当的引导之下，一个人可以不断训练自己打开心智枷锁、在遵循创新方法论的过程去执行整个创新活动，最终会得到有意义的创新创业产出。借助该方法论，遵循本书提供的步骤与工具，读者便可以完成一次机会型创业项目的开发。

任务1.2 树立"我能创"的信心

 **IKIGAI：帮你梳理人生意义**

大学生可能常常会觉得：人生好迷惘，我到底适合做什么？不满意现状，却又不知道未来路在何方。不如来试试IKIGAI方法。从字义上讲，"GAI"是意义、价值（Meaning、Value），"IKI"是生活（Life），即英文"The reason for living"，直译是"生活的意义"。"生活的意义"被过于简单地译为"忙于某项活动而获得的快乐"，这种活动既有意义又有目的。也就是说，每天早上叫醒你的是梦想吗？你的生存价值是什么呢？你的人生意义是什么？

第一层：IKIGAI的基础之圆
第一个圆：什么是你喜欢的
第二个圆：什么是你擅长的
第三个圆：什么是你用以谋生的
第四个圆：什么是世界需要的

第二层：IKIGAI的花瓣
第一朵花瓣：激情
第二朵花瓣：专业
第三朵花瓣：事业
第四朵花瓣：使命

第三层：IKIGAI的重瓣
第一个重瓣：满足，但会感到无助
第二个重瓣：舒适，但会感到空虚
第三个重瓣：激动、满足，但充满不确定性
第四个重瓣：快乐充实，但没有财富

第四层：IKIGAI的花心
什么是最有意义的人生呢？答案就在花心。
你内心深处有一种激情，一种独特的才能，它赋予你每一天的意义，驱使你分享最好的自己，伴随你一生，这就是幸福。

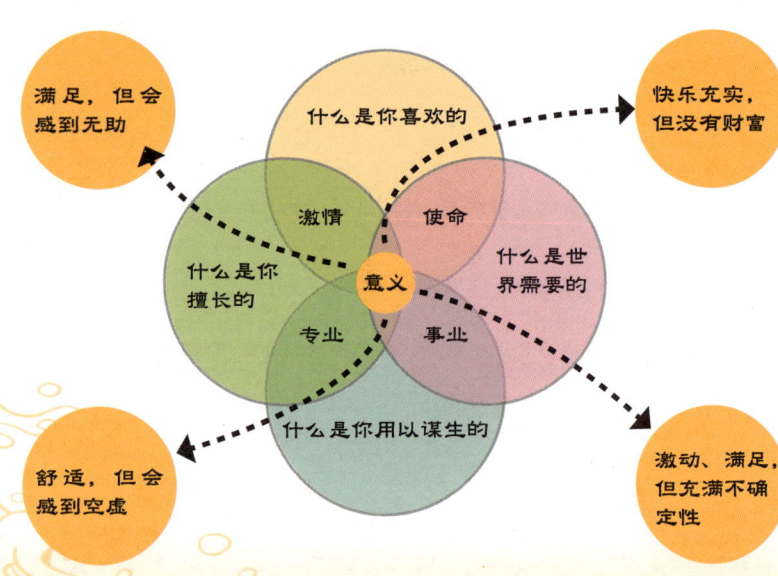

创业者处在花心位置，也找到了自己人生的意义

  ## 每个人都是自己人生的创业者

可能不少学生的想法是：学好专业知识，找一份理想的工作，创业跟自己没有关系。或者是：创业太难了，我的性格不适合创业。这些观点都是因为对创业存在认知误区，导致自己没有建立起能创业的自信心。

创业是开创一份事业，就是用创新的办法，解决一个有价值的问题。有价值，就是有人盼望着这个解决方案问世，并愿意付费购买它。

创业，早已不再是冒险、不靠谱、做生意的代名词，而是推进社会发展的主旋律。

其实，我们每个人无时无刻不在进行着创业，我们一生的奋斗之路也是在历经创业的过程。

新时代的新青年们，在做职业选择时更多地是想做自己喜欢的事情，实现自我价值。

想一想，如果把自己的人生当成一家创业公司来领导和管理，从零开始一点点建立出个人品牌，发展出各方面的能力，一路闯关，一路"升级"，听起来是不是很酷？

创业力是每一位青年在未来职场中必备的能力，像企业家一样敢为人先，像企业家一样思考，像企业家一样积极经营自己的人生规划，整合自己的资源，持续发展自己。从这个意义上说，创业力为我们塑造的是能更好应对未来人生的一种学习方式，一种生活态度，一种职业技能。

一个具备创业力的人，能够发挥想象力，创造无限可能，在逆境中看到机会，有屹立不倒的韧性，领跑团队，能与所在企业的发展同频共振。

我们要当自己的创业者，要有能力把自己的热爱变成事业，不仅要获得事业成就感，更要获得事业幸福感。

活出自我，为自己的人生负责
用心经营自己，每个人都是自己人生的创业者

  ## 创业心智模式会给我们带来什么

创业与我们的学习和未来工作有什么内在联系呢？现在，我们来想想"跟团旅游"与"户外探险"，两者有什么不同呢？

对比面	跟团旅游（管理思维）	户外探险（创业思维）
从过程来看	从1到N个方案的执行（对已知景点的验证）	从0到1的发现（对未知目的地的探索）
从目标来看	目标确定（明确的旅游路线）	目标不确定（大致的旅游方向）
从资源来看	直到拥有足够的资源才开始行动（做好预算并凑够钱）	从拥有的资源开始行动（一边走一边想办法）
从计划来看	大计划，事无巨细（规划好整个行程）	小行动，随时调整（说走就走）
从结果来看	可预测（不脱离已有路线）	创造多种可能（创造自己的路线）

户外探险活动充满了不确定性，只能运用新的思维，快速行动，在行动中试错和学习，并通过不断调整来实现目标。这种新思维就是创业心智模式。如果你能具备创业心智模式，将在学习和未来的工作中为自己带来积极的变化。

	具有创业者心智模式的学生/员工	没有创业者心智模式的学生/员工
乐观/悲观	敏锐地看到机会	只看到困难
遇到问题	积极应对，主动想办法	真倒霉，反馈给老师/领导
学习主动性	主动计划学习、工作	等着别人安排
付出努力程度	为解决问题而沉迷其中，不知时间流逝	人生苦短，及时行乐
人生目标	有为社会和他人做贡献的目标	茫然

任务1.3　做好"敢于创"的准备

 **知识准备**　**VUCA 乌卡时代**

是否知悉"乌卡时代"的概念，是目前一些企业判断管理者是否落伍的标志，也是新一代创业者必备的认知。科技革命、互联网浪潮、经济危机、地区冲突、全球化带来的社会变化等因素的共同作用下，造就了一个变幻莫测的时代，也形成了新的商业格局。

乌卡即VUCA，是四个英文单词首字母的组合，指的是易变性（Volatility），不确定性（Uncertainty），复杂性（Complexity）和模糊性（Ambiguity）。

- **V 易变性**　意味着事情变化非常快。
- **U 不确定性**　意味着我们不知道下一步的方向在哪里。
- **C 复杂性**　意味着每件事会影响到另外一些事情。
- **A 模糊性**　意味着关系不明确。

诺基亚被微软收购的时候，有句话广为流传："我们没有做错什么，但不知为什么，我们输了。"是的，恐龙也没做错什么，马车也没做错什么，柯达胶卷也没做错什么。时代变了，环境变了，步伐跟不上，自然就被淘汰了，现实就是这么残酷。

身处"乌卡时代"，我们将面临什么样的未来？

2017年，创新工场董事长兼首席执行官李开复曾在某节目上说："未来10年，50%的人将要失业。而取代这50%的工作岗位的人不是别人，正是人工智能。"

思科（Cisco）全球CEO约翰·钱伯斯（John Chambers）在2016年IMF（国际货币基金组织）年会上说："突破性的技术和重大的科技变革必定会引起一部分工作的消亡，但伴随而来的，是新的就业被创造出来。绿色经济、科技经济和数字化经济领域的变革一定会带来新的工作……未来会有66%的工作是被全新创造出来的，这些工作需要现在学校里的那些孩子们将来去完成，那么现在最大的挑战就是，如何提前让他们做好迎接新工作的准备。"

也就是说，正在就读大学的我们，需要为未来可能出现的工作做好准备，尽管这些工作目前尚不存在；需要为未来可能出现的技术做好准备，尽管这些技术目前尚未发明；需要为未来可能出现的问题做好准备，尽管这些问题目前尚未明确。

我们对大学生的创业教育，不是要每个学生都能成为企业家，但总有一天你们会需要像企业家那样去思考。创业教育的重点是培养学生的"创业心智模式"，即创业思维模式，培养"我能行"的态度，以适应未来即将面对的易变性、不确定性、复杂性、模糊性环境。

真正的"铁饭碗"是一辈子遇到什么情况，都有饭吃。你做好迎接新挑战的准备了吗？

创新创业是青年大学生的时代担当

2012年，党的十八大报告提出了实施创新驱动发展战略，并指出"经济发展方式转变依赖于创新创业活动"。同年，《教育部关于全面提高高等教育质量的若干意见》指出："把创新创业教育贯穿人才培养全过程"。2014年，时任总理李克强在夏季达沃斯论坛上提出"大众创业，万众创新"。2015年，国务院办公厅《关于深化高等学校创新创业教育改革的实施意见》指出："深化高等学校创新创业教育改革，是国家实施创新驱动发展战略、促进经济提质增效升级的迫切需要，是推进高等教育综合改革、促进高校毕业生更高质量创业就业的重要举措"。自此，创新创业教育的时代意义更加突出，创新创业教育融入专业教育和人才培养全过程。

习近平总书记多次强调创新创业的重要性。2018年，在庆祝改革开放40周年大会上，习近平总书记强调："要坚持创新是第一动力、人才是第一资源的理念，实施创新驱动发展战略，完善国家创新体系，加快关键核心技术自主创新，为经济社会发展打造新引擎。"2019年，全国两会期间，习近平总书记在参加福建代表团审议时强调："要向改革开放要动力，最大限度释放全社会创新创业创造动能，不断增强我国在世界大变局中的影响力、竞争力。"

创新创业精神源于中华民族艰苦奋斗、自强不息的精神传统和文化内蕴，同时又在中国梦伟大实践中升华。大学生要深刻认识中国梦，把国家追求、民族向往、人民期盼融为一体；深刻认识"人民对美好生活的向往就是我们的奋斗目标""依靠人民创造历史伟业""朝着实现全体人民共同富裕不断迈进"等重大思想观点，主动把个人理想融入国家发展大蓝图，主动肩负起中华民族伟大复兴的历史使命。

党的二十大报告中"建设现代化产业体系，坚持把发展经济的着力点放在实体经济上""全面推进乡村振兴，坚持农业农村优先发展""创新是第一动力"等诸多表述，为青年创业群体指明了砥砺奋进的方向。

任务1.3 做好『敢于创』的准备

青年兴则国家兴，青年强则国家强。

创新创业教育的目标是培养全面发展的人

1991年，创业创新教育国际会议从广义上把"创业创新教育"界定为：培养最具有开创性个性的人，包括首创精神、冒险精神、创业能力、独立工作能力以及技术、社交和管理技能的培养。

创新创业教育着力发展人的个性并培养应对未来不确定性的能力，倡导用"明天的技术，培养今天的学生，为未来服务"。创新创业教育的本质就是释放个体天性，鼓励自我价值实现，同时是带动跨学科新型培养模式改革的发动机。

"人的自由全面发展"是马克思主义关于人的理论的最主要的观点，揭示了在纷繁的物的自然属性下隐藏的人的社会属性，"确立有个性的人"，人通过劳动和实践努力成为"完整的人"，实现"体力和智力获得充分的自由的发展和运用"。而创新创业教育是培养人的创新精神、创新意识和创业能力，健全人格发展，提升综合素质和实践能力，为人的自由全面发展奠定坚实的基础。可以说，创新创业教育和马克思主义关于"人的自由全面发展"理论具有相同的价值追求，与社会主义核心价值观的时代精神不谋而合。"人的自由全面发展"理论能够保证创新创业教育的正确方向。人的价值包括社会对个人的尊重和满足，个人对社会的责任和贡献两方面。创新创业教育要尊重人的个性，满足学生全面发展的需要，又要把个人价值和社会价值正确结合起来，促进两者的共同实现。

大学生要立志成为"众创"时代的中坚力量，为我国建设创新型国家、实现"两个一百年"奋斗目标提供强大的人才智力支撑。因此，创新创业教育站在了培养社会主义建设者和接班人的高度。我们要克服创新创业仅仅是为了"解决就业""适应社会""成功教育"等功利化、庸俗化和工具化的不良倾向，把创新创业教育作为终身性的教育。

任务 1.3 做好『敢于创』的准备

  **创业能力框架**

创业能力是知识、技能与态度的统一体，是可以横向学习迁移的复杂能力。我们基于创业活动过程的动态视角，将"目标—过程—结果"三位一体的创业能力框架，依次分为创业想法、创业资源、创业行动3个场域，每个场域又定义了5种具体能力细项，并给出主要观测点。

场域	具体能力	主要观测点
创业想法	识别机会	识别、创造和抓住机会；关注挑战；确定需求；分析背景趋势。
	创意思维	具有好奇心和开放思维；能发展想法；定义问题；设计价值；具有创意。
	愿景视野	有创新想象力；能战略性地思考；为未来目标而努力。
	评估想法	评估想法的社会、文化、经济价值；确定想法落地执行的合适方式。
	道德伦理	评估想法付诸行动后产生的影响；有商业道德；有社会责任。
创业资源	自我效能	识别自我优缺点；跟踪团队成员志向；相信自我能力；分享未来规划。
	动机毅力	有驱动力；意志坚定；关注潜在动力；在压力下有韧性，不放弃。
	整合资源	获取行动所需物质、非物质资源；充分利用有限资源；负责任地使用资源；获得支持。
	财务规划	评估成本，做出预算；寻求资助；理解税收。
	组织动员	激励与被激励；说服他人；有效沟通和谈判；有效使用媒体。
创业行动	主动出击	主动开启行动进程；承担责任；独立完成分工。
	计划管理	定义目标；计划与组织；定义优先级；监管进程；灵活地适应变化。
	应对风险	应对不确定性和模糊性；预测风险；降低早期风险。
	团队合作	接受他人的不同；积极地倾听；与同伴合作；扩展人际网络；正确对待竞争与冲突。
	边做边学	做中学；同伴互学，师生共学；经验反思。

  **效果推理理论**

我们的顾虑通常是创业需要很多钱、创业要冒很大风险、我的宏伟目标能实现吗？在现实中，创业者往往面临快速变化的市场需求，难以在创业初期预测到创业结果。在创业过程中，创业者也必须根据意想不到的问题和突然而来的机会进行目标调整，这意味着传统管理学中"设定目标—计划—组织—实施—控制"的行动逻辑失灵了。因此，效果推理理论孕育而生。

效果推理是创业思维的理论模型，为创业者"摸着石头过河"提供了整体框架和方法论，最早由美国弗吉尼亚大学达顿商学院的萨拉·萨拉瓦蒂（Saras Sarasvathy）教授于2001年提出。她历经4年，深度访谈了30位专家型创业者，研究出了创业者决策的5个基本原则，并将这些原则按照一定逻辑串联在一起，形成了创业者的思维方式。他们从拥有的资源出发，做可承担的事情，然后与他人分享，并获得他人的投入与承诺，在此基础上拓展新的目标和资源。从"我"到"我们"，共创一个有意义的人生。

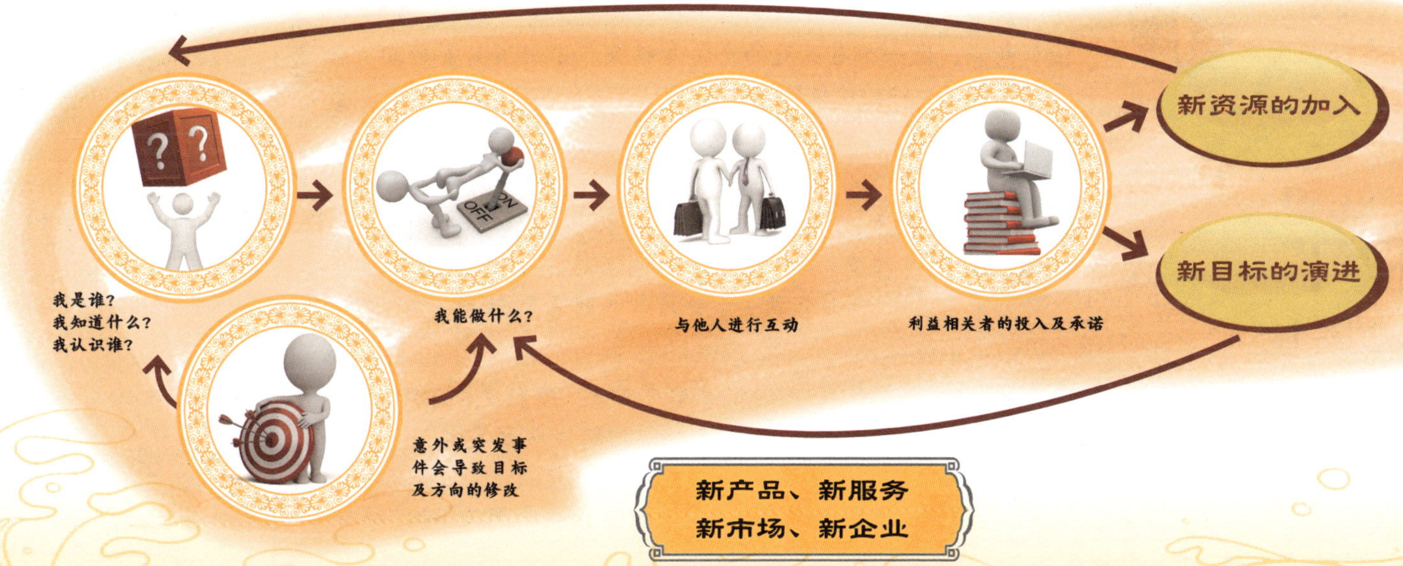

任务 1.3 做好"敢于创"的准备

  分析工具 用 PIRT 创新方法论指导基于创新的创业

创业不讲方法论，无异于"不会游泳就直接跳进海里"。我们开发了 PIRT 创新方法论，帮助大家开发一个机会型创业项目。

 发现问题是一切的基础，缺乏主动发现不足的意识、敏锐观察力，创业就无从谈起。因此，本书项目 2 将带领读者一起寻找未被充分满足的需求，洞见用户内心的声音，练就一双看到创业机会的慧眼。

 解决需求的方法并非聪明人的灵光乍现或者全靠拍脑袋想出来的主意，打造产品与服务可遵循一定的步骤与方法。本书项目 3 将从创意诞生开始，带领读者一起找到价值创新点，做一个有灵魂的产品与服务。本书项目 4 帮助读者设计出独特的价值创造系统。

PIRT 创新方法论

 成功地实施一项创业尝试，需要学会开拓资源、创造性利用资源，不要因为暂时性困难而却步。本书项目 5 是确保创业成功的重要环节，将带领读者学会为创业创造条件。

创业，是为了创造价值让世界变得更美好。本书根据"发掘需求—创造价值"的内在逻辑，提出 PIRT 创新方法论，读者跟着本书一步步走，便能完成一个基于创新的创业项目，并在此过程中体会创业思维是如何被启发的，创业想法是如何实现的。

 本书项目 6、项目 7、项目 8 是关于如何把解决方案完整、有逻辑地呈现，并进行测试与改进，最终完成"价值传递—价值获取"的全过程。

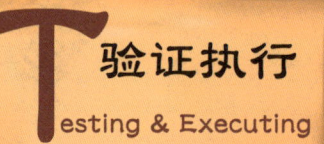

项目 2　探索创业机会

项目 2 是 PIRT 创新方法论的第一步

本项目将尝试去发现真实存在的问题，找到未被满足的需求和创业机会。

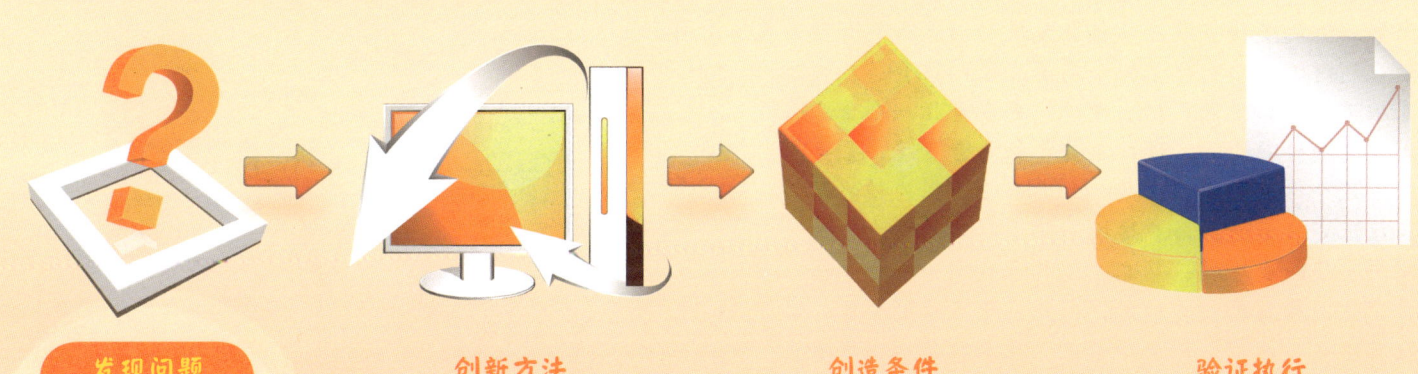

发现问题	创新方法	创造条件	验证执行
观察能力训练 共情能力训练 批判思维训练	创新流程掌握 创新方法学习 创意激发手段 商业价值分析 商业模式设计	团队组建 股权顶层设计 资源获取与拼凑	最简可行产品 用户测试 商业计划书 路演呈现

知识目标
1. 能描述需求与痛点
2. 能认同和理解同理心
3. 能辨别需求的分类

能力目标
1. 能分析宏观趋势，识别创业机会
2. 能寻找生活中未被满足的需求
3. 能通过倾听和观察洞见需求

素质目标
1. 学习二十大精神，培养爱国主义情怀
2. 树立为人民更美好生活而奋斗的志向
3. 培养出设身处地为他人着想的共情力

任务 2.1 　观察与分析宏观趋势

 什么是风口

"风口"本意是指通风的口子，或者山岭顶部的凹口。如今新闻界、创投界到处都在说"风口"，雷军说："站在风口上，猪都可以飞上天"成为被广泛引用的创业金句。风口是什么？你真的清楚吗？

通俗地讲，风口是指这样一部分产业或领域，因为国家政策的支持、顺应了社会发展的潮流或拥有巨大的盈利潜力，而获得了一个高速发展的机会。在这个基础上，我们说的"站上风口"更多是指一个企业的发展是顺势而为的。风口企业受投资者青睐，主要有以下几个方面的原因：第一，风口企业因为借势而为，往往发展迅速，企业规模和营业利润能够在较短时间内实现较大增幅；第二，尤其在我国，投资者总是喜欢热门题材的投资标的，因此位于风口的企业，往往有更多"故事"可讲；第三，在金融领域，投资者判断一个企业的价值往往不在于其目前的情况怎样，而是看项目未来的预期，这也是京东估值一年比一年高的原因；第四，政府要扶持，那总没错。某些项目，既然政府已经言明要大力发展了，并且出台了许多实质性的政策予以支持（如高科技企业等），那么投资者看好这一类企业，也是无可厚非的。

纵观这些年不断涌现出的创业风口，无论是共享单车还是无人超市，踩在风口上的企业不在少数，然而能够活下来的却屈指可数。归根结底，站在风口上固然重要，但是能否靠自己长出飞翔的翅膀才是取得成功的关键。风口是有一个时间段限制的。在风口期，你如果能够趁势而飞，并且修炼出一身强大内功，那么风停时，你的地位便无可撼动。反之，如果沉浸于风口所带来的各种便利，企业规模虽然在扩大，但基本面（产品质量、财务状况等）却一塌糊涂，那么飞得越高，摔得越惨。

因此，我们既要学会选择方向、顺势而为，也要用心打造核心竞争力，展翅翱翔。

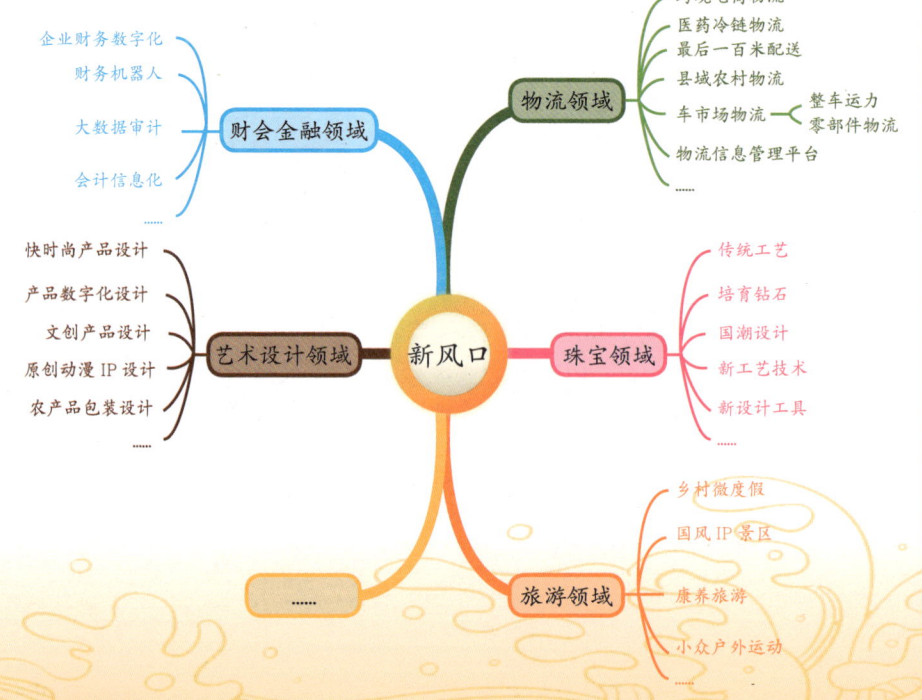

 **分析工具**

PEST 模型：分析趋势找准风口

我们如何才能找到风口，选对具有广阔的发展前景和强大生命力的方向呢？PEST 模型从政策、经济、社会、技术四个方面给我们启发。

政策 Policy

改革开放以来，我国市场经济处于逐步完善的过程之中，政策导向对企业发展仍然具有至关重要的作用。有些政策法规的出台会给市场带来一些新的创业机会，而有一些政策法规则会限制整个行业的发展，促进其重新改革，如国家对企业环保的重视，势必会限制一部分高能耗的重工业产业，要求其整改转型。

经济 Economy

经济环境包括社会经济情况和国家经济情况，受到消费者的收入水平、消费者支出模式和消费结构、消费者储蓄和信贷情况、经济发展水平、经济体制地区和行业发展状况、城市化程度等多种因素的影响。市场规模的大小，不仅取决于人口数量，而且取决于有效的购买力。而购买力的大小要受到经济环境中各种因素的综合影响。

PEST 分析法

社会 Society

创业是一种社会活动，任何行业必须在一定的社会环境中生存和发展，必须考虑社会的发展需要。而紧跟社会热点、社会发展方向，选择一个有发展前景的行业无疑是初创者最好的选择。而如果选择没多少发展前途，或者社会需要已经达到饱和，甚至是已经被社会慢慢抛弃的行业，是没有多少创业价值的。

技术 Technology

科学技术是推动现代生产力发展的重要因素和重要力量。一次科技的大变革往往给社会带来翻天覆地的变化，发展众多新兴产业，也必将淘汰某些落后的产业。例如，无人机的出现给农产品喷药工作带来新的改变，以往的人工喷洒将渐渐式微。创业者紧紧追随着科技的发展，从新产业中找寻合适的机会，结合自身兴趣和专业，总是能找到发展的方向。

任务 2.1 观察与分析宏观趋势

政策方面：以新型工业化为例

党的二十大报告强调"坚持把发展经济的着力点放在实体经济上，推进新型工业化，加快建设制造强国"。

新型工业化是以科技变革为引领，以高质量发展为主线，以绿色发展为底色，以可持续发展为内在要求，新科技向各产业、各领域广泛渗透融合、促进产业发展的工业化道路。

新型工业化的五大要求及趋势分别是：

一是以新一轮科技创新为引领的工业化。

二是以制造业为立国之本、强国之基的工业化。

三是高质量发展为主题的工业化。

四是拥有高水平市场经济体制的工业化。

五是以绿色与可持续发展为导向的生态化道路。

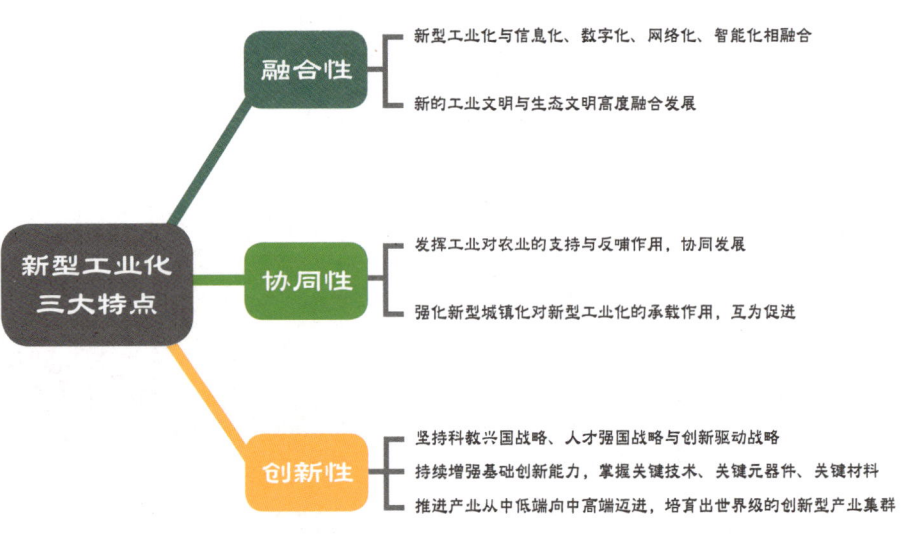

经济方面：以农村消费增长为例

随着乡村振兴战略的全面推进，农村的消费力水平也正在和城市的消费力水平拉近距离，而且农村消费力体量庞大。拼多多最初主要服务农村人群，下沉到乡村，三年内便收获3亿活跃用户。

拼多多服务农村人群

社会方面：以消费升级为例

随着居民可支配收入的攀升和数字化带来的消费推动力，我们正迎来一个消费全面升级的新时代。"80后""90后"逐渐成为主力消费人群，相较于上一代，他们更愿意去尝试一些新的产品。这就是消费升级带来的机会。我们正在经历的第四次消费升级历程有几大特点：

一是线上线下两头买，二者逐渐形成一种平衡，从对立走向结合。网购持续发展的同时，实体店也逐渐完善。线上购物主打方便快捷，实体店消费则强调餐饮／购物／休闲／娱乐一体化的无缝综合体验，甚至从某种程度上讲，消费者对"逛"式体验的追求、对休闲与社交的需求都进一步推动着线下消费的迅速回暖。

二是购物社交化，越分享，越冲动，越爱购。购物已然成为社交生活的副产品，数字时代社交以及分享的便利，使得消费呈现出"购买—分享—再购买"的循环式连锁反应。其中年轻和高收入群体作为线上社交的活跃群体，成为"社交购物"的领跑者。兴趣圈正成为消费的新推手，其中以美食、旅游、运动健身等最为普遍，兴趣圈对消费者的购买产生极为可观的影响力，消费者更愿意相信和购买兴趣圈中推荐的产品，哪怕价格偏高也往往接受。

三是消费者正在从商品消费转向体验消费，购物购买的不仅仅是商品，更是一种体验。售前的商家信息推送、售中的服务体验、售后的维修护理等，形成了购物体验的全过程，任何一个环节的不足都可能令一次购买体验得到差评。消费者在向"智能购物"迈进，他们希望对某个场景中一见倾心的商品直接下单，或者根据视频或照片找到相关的商品信息并一键购买，甚至希望通过AR/VR设备来提前体验计划购买的商品。

四是共享经济变成刚需，收入的增加和消费的便利增加了冲动消费，

对线下超市完全重构的新零售业态"盒马鲜生"

运动潮流装备交易、球鞋潮牌鉴别、互动图片社区 "得物"App

像真的坐直升机去澳大利亚购物的 "淘宝VR购物Buy+"

也使闲置物品增多，越来越多的消费者希望物品可以更有价值地去使用，通过共享可以使社会资源得到更合理的利用。共享单车或者滴滴等专车／快车服务成为高频消费，消费者同样期待在图书／音像、体育用品、厨房用品、数码产品等相关领域实现共享服务。

无人值守的24小时共享"智能健身仓"

技术方面：以互联网＋为例

互联网技术已经改变了工作生活的方方面面。"互联网＋"就是"互联网＋各个传统行业"，但这并不是简单的两者相加，而是利用信息通信技术以及互联网平台，让互联网与传统行业进行深度融合，创造新的发展生态。例如，我们熟悉的互联网＋外卖，催生了饿了么、美团外卖，满足了人们足不出户吃遍美食的需求；互联网＋金融，促进了微信钱包、支付宝等的运用，通过移动支付撬动了更大的消费市场；互联网＋教育，突破时空限制优化了教育资源配置，如超星学习通，也为知识产品的变现提供了支持平台，如小鹅通；互联网＋医疗，提高了医疗资源利用效率，可随时随地提供医疗服务，如春雨医生、好大夫在线等。

接下来需要关注的是5G、云计算、区块链、人工智能、物联网等新技术，以及新技术的叠加应用对各行各业的影响。技术创新是创新，但把新技术创新性地应用在不同的场景，也是一种创造价值的创新。

以下是当前发展迅速，并会影响未来发展的几大技术趋势。我们应立志为更便捷、高效、安全和可持续的科技生活而努力奋斗。

- 人工智能（AI）：人工智能将继续成为科技领域的重要趋势，在医疗保健、自动驾驶、物流、制造业等领域，人工智能将帮助提高效率、降低成本并提供更好的服务。
- 区块链技术：这种去中心化的分布式数据库技术已经被证明可以提高安全性、降低交易成本、促进数据共享等，未来将继续被应用于更多领域。
- 云计算：随着越来越多的组织将数据放在云端，云计算在未来几年将会变得更加普遍。这种基于网络的计算模式将帮助企业更高效地管理和共享数据，同时降低成本。
- 量子计算技术：与传统计算机相比，量子计算机可能会拥有更强大的计算能力，这将有助于解决一些目前无法解决的问题，如化学反应模拟、优化交通路线等。
- 生物技术：随着基因编辑技术、人工智能等技术的发展，生物技术将有助于改善医疗保健、农业、环保等领域的效率和产量。
- 虚拟现实和增强现实（VR/AR）：虚拟现实和增强现实技术将允许人们在不真正置身于实体世界的情况下，通过互动和视觉刺激来体验和学习新的事物，这种技术将在教育、游戏、旅游等领域得到广泛应用。
- 无人驾驶汽车：这种技术可以使司机更加轻松地进行驾驶，同时提高交通安全性，也正在成为环卫车等作业车辆未来发展的重要趋势。
- 可持续能源：太阳能、风能、水能、生物能、海洋能等收集、储能技术的进步，将进一步提高可持续能源的稳定性、可靠性，能在更多领域被市场化使用。

任务2.2　找出未被充分满足的需求

知识准备　需求与痛点

需求与痛点分析：创新创业项目的起点

任何产品的存在必须要有坚实的市场基础。需求确实存在，用户愿意买单，是创新创业项目可以起步的最重要依据。

需求，指用户具有愿意付费解决问题的渴望。

痛点，指未被满足的需求。用户在使用产品或服务时抱怨的、不满的、感到痛苦的环节就是痛点。

例如，当手机成为人们时刻不离手的"伙伴"后，手机电量不足便成了普遍的痛点。一个痛点，在不同的场景下有多种解决方案。

迷你充电宝　　　　　　　闪充

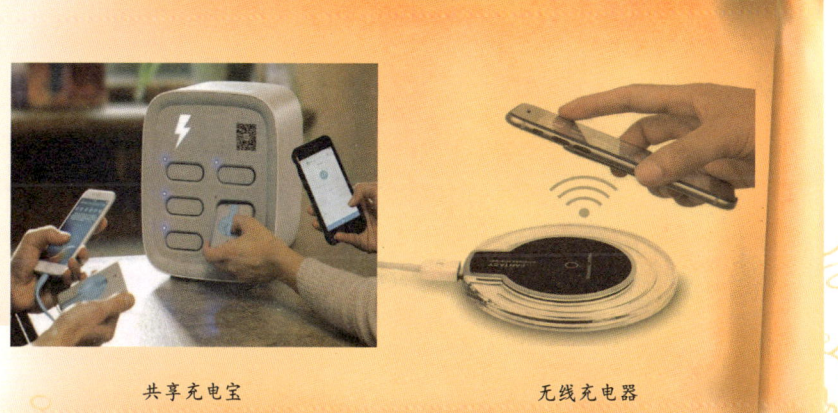

共享充电宝　　　　　　　无线充电器

 ## 分析工具 找痛点常见的误区

如果一开始痛点找错了，就会"越努力越失败"，因为痛点是整个项目的逻辑基础。找痛点容易存在以下四个误区。

(1) 不痛是指创业者陷入自己设定的陷阱，自己觉得这个痛点很重要，很紧急，必须要解决，而且还要快！事实上，如果消费者没有意愿买单，那就变成了创业者无意义的自嗨和臆想。判断标准是客户是否足够痛，以至于愿意付费来解决这个问题。免费的好处人人都想要，抛开价格谈服务毫无意义。

例如，2010年6月，"快书包"项目推出全新的"一小时到货"服务，以媲美大型网店的优惠价格，为消费者提供精挑细选的热门商品（主要是畅销书），运费全免。2015年初，快书包确认已经"烧光"了2000万融资，项目失败。

(2) 没体量是指总体用户规模不够大，虽然有一定市场需求，但有此类需求的用户小而分散，会导致以后在项目运营上没有办法实现用户整合，也无法实现规模效益。

例如，某款小区亲子互动APP希望以孩子为纽带，活化小区的邻里关系，提高孩子的教养效率。该APP瞄准有学龄前儿童的家庭，认为"全国有1.11亿个此类家庭，亲子消费市场有5500亿元"。这个项目的存在逻辑是基于实体且亲密互动，在运营上就会出现跨区、跨城无法组织管理的问题，有效的"可互动的学龄前儿童妈妈"的用户规模就十分有限。

(3) 用户泛化是指用户群体定位不清，泛泛而谈，没有瞄准特定用户的具体痛点。这样的项目即使运营起来也无法发挥可调动的资源优势和专属特长。

例如，某大学校园网希望为所有在校大学生提供所有服务，包括校园二手信息发布、找工作、培训、心理咨询等。但这样设计存在的问题是，产品或服务跨度太大，很难把所需要的各种资源整合在一起。

(4) 场景错位是指基于技术驱动去找应用场景，但找到的痛点与技术应用不匹配，后期做出的产品根本不能解决该痛点。

例如，某项目希望解决人们的失眠问题，主推的是一款具有专利技术的"脑波分析仪"，但问题是无论怎样精准分析脑波情况，失眠问题还是没有得到解决。

分析工具 需求的分类

07. 需求的分类——影响广度、发生频率

群体大小 ↑

发生频率低 & 涉及人群广

不频繁发生，但是客户刚需的业务。特点是复购率低，客单价相对较高，中小企业生存空间较大。
例如：
线下培训（早期素质教育、成人教育）
母婴护理（月子中心、产后康复机构）
婚庆装修（线下商家居多）
珠宝购买（线下商家居多）

发生频率高 & 涉及人群广

多为刚需，"兵家必争之地"，通常只有大型企业是赢家。
例如：
一日三餐（大众点评、美团、饿了么）
日常购物（京东、淘宝、当当、拼多多）
出行旅行（曹操出行、携程、去哪儿网）
社交通信（微信、QQ）
娱乐影音（抖音、快手、喜马拉雅、优酷视频）
日常生活（每日都要接触到的各个场景和产品）

→ **发生频率**

发生频率低 & 涉及人群窄

特定人群偶尔发生的需求，除非客单价较高，或者具有独特价值或技能，否则不建议进入。
例如：
小众的服装、文具、装饰品购买
古董交易

发生频率高 & 涉及人群窄

涉及特定人群的刚需细分市场，其实规模也不小。
例如：
一日三餐（下厨房、叮咚买菜）
特殊购物（考拉海购、返券网、寺库奢侈品）
社交通信（脉脉、知乎、小红书）
日常生活（特定人群每日都要接触到的各个场景和产品）
特殊需求（深度水解奶粉、不含麸质食物）

任务 2.2 找出未被充分满足的需求

08. 需求的三重境界：痛点、痒点、爽点

任务 2.2 找出未被充分满足的需求

分析工具 从抵御恐惧到精神满足：
痛点、痒点、爽点——需求三重境

创业小白实操手册 第 2 版

精神满足 ↑

爽点（兴奋需求）

爽点：用户的精神满足。例如，愉悦的体验、需求的即时满足等。

- 拍照 APP，拍完后自动十级美颜，让你更有自信
- 给游戏充值后战斗力大幅上升，迅速称霸全场
- 想买的东西半小时内就出现在家门口

痒点（期望需求）

痒点：潜在需求，多为感性需求，本质上是满足了用户的虚拟自我。
这个"痒"是用户心中的"欲"，不一定非得需要，也不是用户急需解决的问题。

- 购买在线健身课程，幻想不久将练出教练般的身材
- 买运动明星同款的限量版潮鞋，认为自己变得时尚，跟上潮流

痛点（基本需求）

痛点：用户未被满足的需求，且这个需求对于客户来说很重要（往往是刚需）。
刚需：在商品供求关系中受价格影响较小的需求，价格变化对需求的影响不大，再贵也要买。

- 担心上班迟到需要出租车、快车或共享单车
- 饥肠辘辘时需要快速便捷地解决吃饭问题
- 手机电量不足，需要快充插头或充电宝解决
- 满足人际交往要求，必须有手机和通信软件

抵御恐惧

24

 **分析工具** 从自己身上找未被满足的需求——痛点

生活中到处都是未被满足的需求，也就是痛点。先从自身开始寻找痛点，从头到脚，一天24小时、春夏秋冬都可以作为思考主线。以下仅作举例，每人可以写出和自己有关的痛点。

从头到脚		一天 24 小时	
头	每次梳头地板都有掉落的头发	0am-7am	熬夜、失眠、起不了床……
面部	戴口罩时眼镜起雾	7am-12pm	学习安排、时间分配……
上身	办公桌前久坐肩膀酸	12pm-2pm	午餐选择、休闲娱乐……
手	冬天手上起静电	2pm-6pm	午后困倦、体育活动……
下肢	想骑共享单车但穿着裙子	6pm-10pm	在线学习、社交恋爱……
脚	运动完后鞋里湿湿的	10pm-0am	宿舍交流、个性思考……

任务 2.2 找出未被充分满足的需求

 **分析工具** 发掘更多在不同场景下未被满足的需求

把不同人物放进不同的场景，能推导出更加具体的痛点。下面我们把人物角色和场景（时间、地点、事件）进行叠加组合，推导出特定人物角色在具体做某事时会产生的痛点。

不同人物在同一场景下的需求不同，例如：
残疾人在繁华区的人行道上时会遇到什么问题？
外卖员在繁华区的人行道上时会遇到什么问题？
上班族在繁华区的人行道上时会遇到什么问题？

带孩子的宝妈在整理家居物品时会遇到什么问题？
刚结婚的年轻夫妇在整理家居物品时会遇到什么问题？
退休的老年人在整理家居物品时会遇到什么问题？

我们可以在便签纸上预先设置很多不同的人物角色与不同的场景，再将其叠加起来，看看会找出怎样的痛点。
第一步，叠加：随机取出人物卡、场景卡各一张，进行叠加。例如，幼儿＋在餐厅吃饭，老人＋在医院就诊。

第二步，联想：用发散思维列出人物在生理、心理、行为上可能产生的痛点的特征，再根据场景去联想其功能、环境的特征。例如，当人物对象为幼儿时，其特征是自控力不足，易受伤，易哭闹，需要安全感，需要特别关注等。当场景为餐厅吃饭时，其特征是人多，环境嘈杂，餐具易碎，需注意食物口味和安全性等。

第三步，激发：将人物特征与场景特征进行组合，试着推导出具体的痛点。例如，自控力不足＋餐具——▶幼儿容易打碎瓷质餐具；易哭闹＋人多——▶影响就餐氛围。

可以随意组合两个特征，并多次尝试，直到发掘出创业机会的具体痛点。

任务 2.2 找出未被充分满足的需求

创办社会企业解决社会问题

09. 什么是社会企业

社会创业（Social Entrepreneurship）指以解决社会问题为导向，通过创新性、持续性的商业创业模式实现社会价值。

经济发展给社会创造了大量财富的同时，也给社会的持续发展带来了问题，如环境污染、气候变暖、贫富分化等。我们开始发现，诸多的社会问题，仅仅依赖于商业创业是难以有效解决的。人们开始探索基于解决社会问题的创新商业模式。因此，在推进发展商业创业的同时，相应的社会创业必不可少。尤其在经济欠发达的发展中国家，社会福利体系不完善的情况下，社会问题会显得更加严峻，社会迫切需要通过各种创新的模式来填补市场空缺，这些为社会创业的发展提供了大量空间与机会。

社会创业一词由阿苏迦基金会(Ashoka)的创始人德雷顿(William Drayton)在20世纪80年代提出，并于20世纪90年代在全球范围内兴起。社会创业作为一种新的创业形式，首先在公共服务领域被发现，并逐渐超越民间非营利组织的范畴，成长为一种不同于商业创业和非营利性组织的混合商业模式，其本质是为了创造价值和整个社会的进步，被认为是一种解决社会问题的创新模式。社会创业者（Social Entrepreneur）是以服务社会为使命，发现商业机会，以创新的商业力量解决社会问题，帮扶弱势群体和改善社会发展的企业家。

社会性
社会创业以解决社会问题为导向，直面没有被解决的社会问题或社会需求，这是其区别于商业创业的显著特征。

价值性
社会创业需要借助市场的力量来确保产品或服务的有效提供，社会创业资本更具市场与社会价值性。

创新性
社会创业所面对的社会问题具有紧迫性、棘手性、社会危害性等特点，在解决问题时需要具有比一般商业创业更强的创新性。

任务 2.2 找出未被充分满足的需求

【小案例】Change Please: 一杯改变命运的咖啡

英国 The Big Issue 杂志是一份由街头流浪汉进行售卖的杂志，它帮助不少流浪汉自力更生，并用实际行动帮助他们获得体面的生活。之后，The Big Issue 看准了人们对咖啡的热爱这一巨大的市场，联手餐饮企业 Old Spike Roastery 一起创办社会企业 Change Please，把流浪汉培训成咖啡师，帮助他们告别流浪汉身份，让他们拥有体面的工作和收入。

我们用两张图来说明社会企业与我们熟知的商业组织、慈善组织的区别。

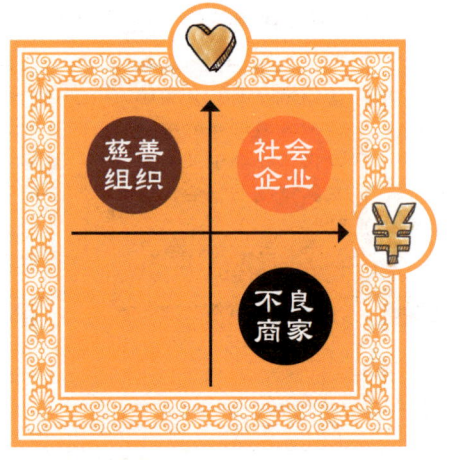

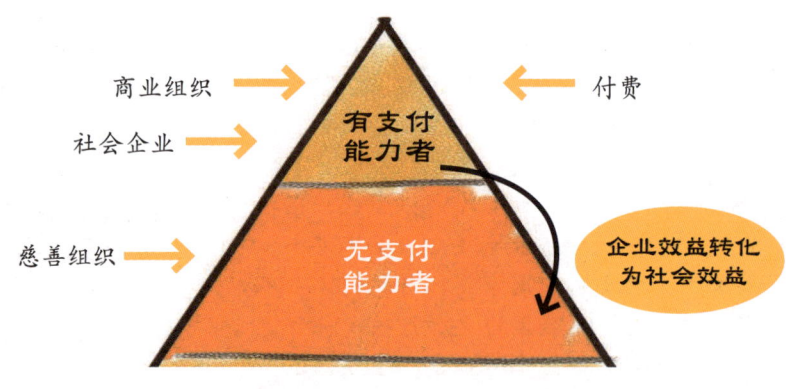

中国社会企业主要领域	代表项目
弱势群体就业	残友集团、阿坝州妇女羌绣就业帮扶中心
消除贫困	上海乐创益公平贸易发展中心、仪陇县乡村发展协会
推动社区发展	上海浦东新区罗山市民会馆、自然之友
教育促进	新公民助校基金
社会服务	天津鹤童老年福利协会、北京太阳村特殊儿童救助研究中心
合作经济	农民专业合作组织示范项目

任务 2.2 找出未被充分满足的需求

任务2.3 用爱洞见用户内心的声音

 **知识准备** 同理心：设身处地、感同身受

同理心（Empathy）是一个心理学的概念，又称为"设身处地理解""感情移入""共情"等，即设身处地地对他人的情绪和情感的认知性觉知、把握与理解，主要体现在情绪自控、换位思考、倾听能力以及表达尊重等与情商相关的方面。

简而言之，同理心就是人们能够认同或理解另一个人的观点、经验或动机的能力。只有当人们真正感同身受，理解他人当时的处境和想法后，遇到同类情形时才能够洞察真相，看到本质。

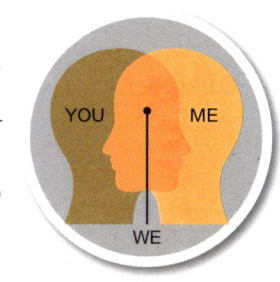

如何获得同理心

发现
通过阅读相关资料、与用户面对面沟通等途径，研究用户的生活场景、过去经历等，发现用户的痛点。

沉浸
走进用户的生活，体验用户的生活，完全沉浸在用户的世界，从用户的角度去理解其思维和行为。

连接
找到与用户的共同经历，在与用户的交流中就某些问题产生共鸣与连接。

分离
认知用户以后，走出用户的生活，重新理解和界定问题，并给出有效的解决方案。

 **深度访谈**

在创意产生的过程中,我们着重介绍用户访谈中的深度访谈法,去洞见用户内心的声音。

深度访谈法又称深层访谈法,是一种直接的、针对个人的访问,以揭示受访者对某一问题的潜在动机、信念、态度和感情。深度访谈法适合于了解复杂、抽象的问题。这类问题往往不是三言两语可以说清楚的,只有通过自由交谈,对所关心的主题深入探讨,才能从中概括出所要了解的信息。

深度访谈法的要诀是不预设立场,也不能提问抽象的问题,鼓励受访者自由地回答更多内容。除了听他／她所说的,还要看他／她表现出来的动作、姿态、表情,寻找出用户内心真正的需求。

任务 2.3 用爱洞见用户内心的声音

深度访谈的步骤

1. 访谈前的准备
2. 进行当面访谈
3. 整理访谈逐字稿
4. 分析并进行洞见
5. 转化为解决方案的设计观点

下面的分析工具将带领大家通过用户访谈,找到解决方案的设计观点。

 **选取访谈对象**

如果你走在大街上随便拉一个人访谈，通常得不到很有价值的信息，选对访谈用户是重要的第一步。

美国新墨西哥大学教授埃弗里特·罗杰斯在《改革的扩散》一书中提出，一个新产品的问世，将依次遇到5个用户群体。

5个用户群体	
创新者	因好奇心而自觉推动创新，勇敢的先行者。
早期采用者	乐于引领时尚、尝试新鲜事物的公众意见领袖。
早期大众	比较谨慎，等技术成熟、价格下跌后愿意尝试新事物。
后期大众	持怀疑态度，新事物得到验证变成社会主流时，才会接受。
迟缓者	对新事物的接受有极大困难，始终持排斥态度。

我们要从创新者与部分早期采用者当中，找到"天使用户"。这些人愿意免费地花费大量时间，可以不顾产品的粗糙和不完美，陪着产品从第一个版本一起测试、反馈、验证、改进，陪伴产品成长，像天使一样，也可以叫"发烧友用户"。

天使用户的需求点是好玩，而不是有用，"更好玩"让用户从一个产品迁移到一个新的产品，这时候用户会投入感情，不计成本。

分析工具　编制访谈大纲

开放式的访谈并不是漫无目的地闲聊，我们必须提前编制访谈大纲。首先要明确访谈达到的效果，设计各个主题领域，并为各主题安排恰当的顺序；接着要思考各主题领域中合适的提问，并预先估计受访者可能会如何回答；最后不要忘记检查大纲的完整性。

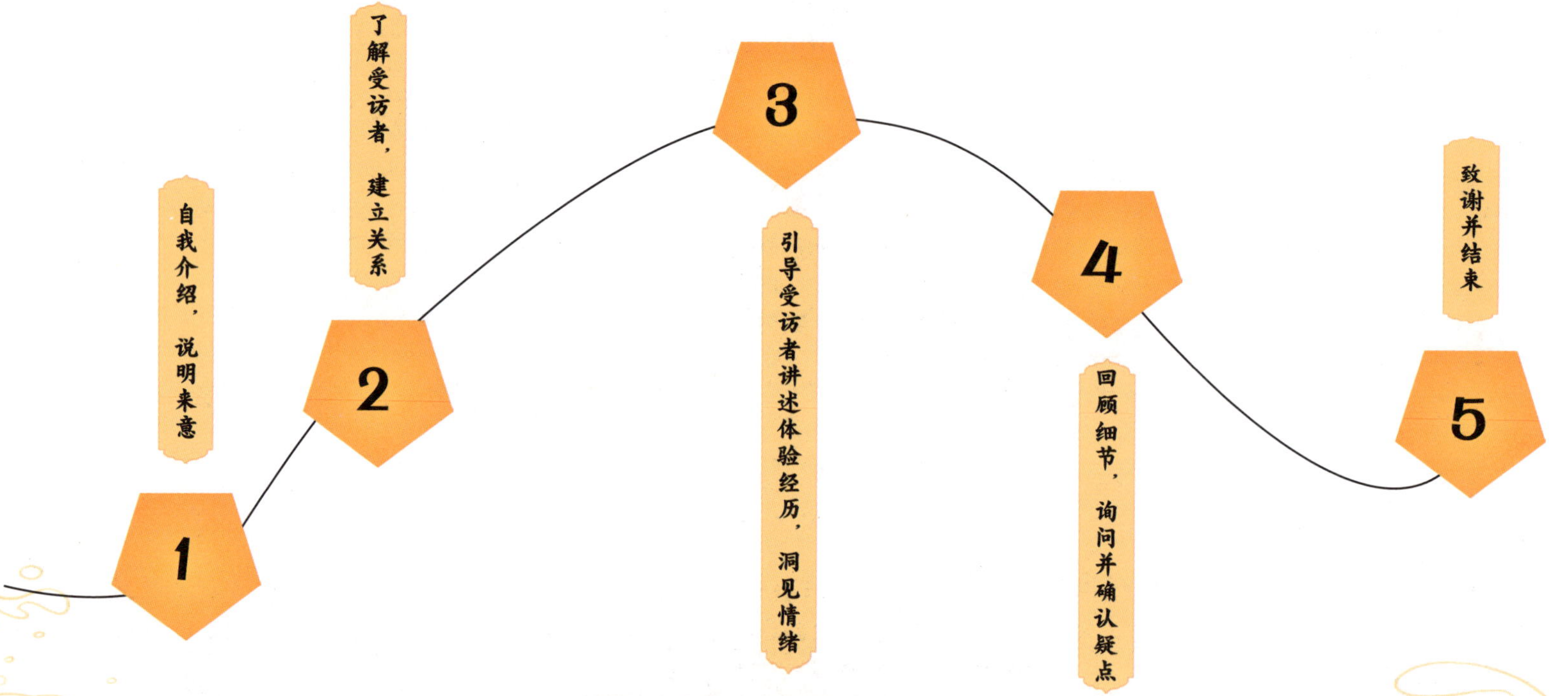

1. 自我介绍，说明来意
2. 了解受访者，建立关系
3. 引导受访者讲述体验经历，洞见情绪
4. 回顾细节，询问并确认疑点
5. 致谢并结束

访谈流程曲线图

访谈大纲列表 SETRT

访谈流程	示例
自我介绍 Self-Introduction	您好，我是来自 xx 的 xxx，我们想了解您关于 xxx 的一些体验和看法。
建立关系 Establish Relationship	很高兴您能接受访谈。我们想找到解决 xx 问题的方案，您有这方面的体验和经历吗？
讲述体验 Telling Experience	1. 当您在 xx 场景中时，有遇到什么不方便或者不舒服的点吗？为什么这些会造成您的不方便和不舒服？
	2. 当您遇到 xx 困难时，目前您是怎么解决的？您可以说明当时您是怎样做的吗？为什么这样做呢？
	3. 现在市面上有什么产品或服务可以解决您的 xx 问题？您觉得这些产品和服务还有哪些可以改进的地方？为什么您觉得这些点很重要？
	4. 如果您来设计解决 xx 问题的产品和服务，它会是什么样子？为什么这么设计？
	5. 如果有新的产品能解决 xx 问题，您会成为最早的使用者吗？您会有什么疑虑吗？为什么会有这样的疑虑？
回顾细节 Review Details	1. 刚才您说到几个关键点 xxx，您当时说到 xxx，对吗？
	2. 就您提到的 xxx，您的意思是 xxx 吗？我理解得对吗？
致谢和结尾 Thanks and End	非常感谢您接受我们的访谈，您给的信息正是我们需要的。

任务 2.3 用爱洞见用户内心的声音

访谈小贴士

1. 要提前征得受访者的同意，进行录音及拍照，访谈结束后将录音转化为逐字稿。
2. 问题应该中立，不带价值判断，多提开放式的问题，多问为什么，让受访者多说。
3. 注意观察受访者的肢体语言，包括动作、表情、眼神等反应的情绪。
4. 以轻松、愉快的方式进行，注意提问策略，减轻受访者的心理防御。
5. 当有短暂的沉默时，不要慌张，沉默也是一种有意义的情绪。

 **分析工具** 绘制同理心地图

同理心地图是由著名的视觉思考专家戴夫·格雷（Dave Gray）开发的可视化工具，可以将搜集到的资料进行分类整理，进而洞察用户的痛点与需求。

任务 2.3 用爱洞见用户内心的声音

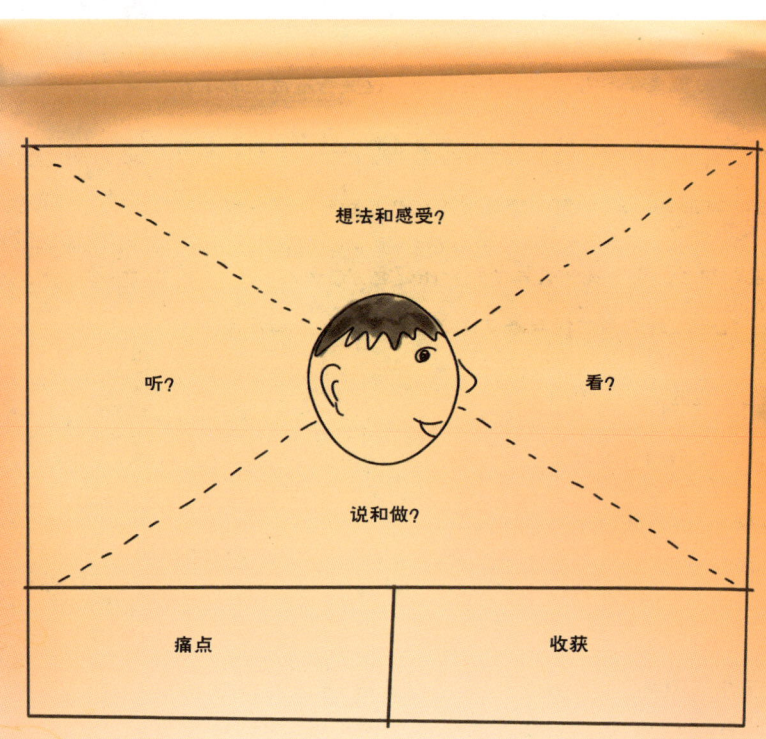

他／她看到了什么？

他／她在日常生活中遇到了什么？他／她周围的人在干什么？周围的人在看什么、读什么、接触什么时，可能会影响到他／她？考虑替代产品和服务或竞争对手正在做的事情。

他／她听到了什么？

他／她听到什么观点？是如何被影响的？他／她与家人、朋友和同事的个人关系如何？博客作者、社交媒体影响者等关键意见领袖在媒体上发表的言论如何影响他／她？

他／她做了什么？说了什么？

他／她的行为是什么？他／她的行为是怎样的？他／她的态度是什么？他／她说了什么观点？在不同场景、和不同的人在一起时，可能会有不同的表现。

他／她的想法和感觉是什么？

他／她关心的是什么？是什么让他／她感觉好或者坏？他／她担心什么以致夜不能寐？当他／她考虑做某事或尝试某事时，感觉如何？害怕吗？兴奋吗？焦虑吗？

他／她的痛苦是什么？

我们需要洞见他／她的恐惧、困惑、困难和阻碍。

他／她想获得什么？

我们需要洞见他／她的需求。

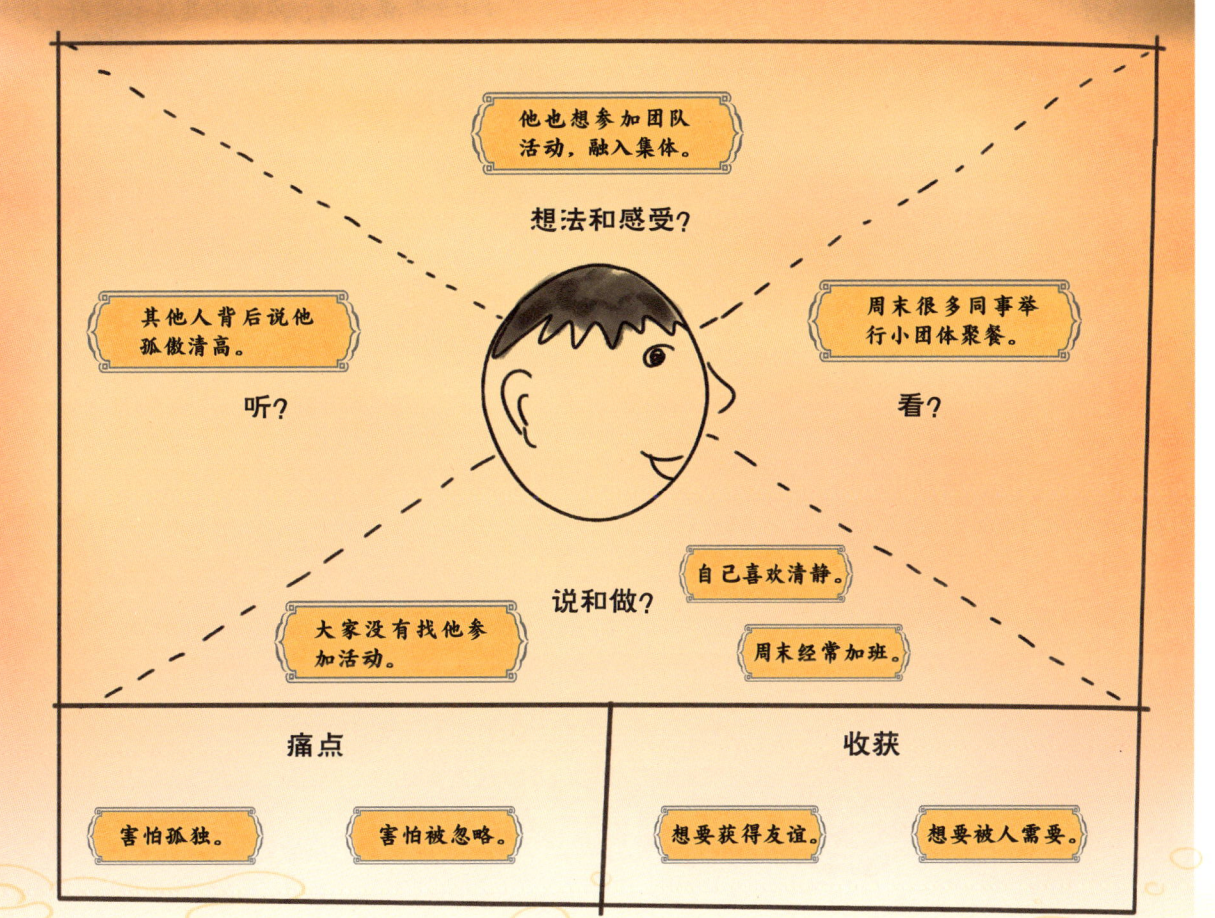

 ## 5WHY 分析法

　　5WHY 分析法,又称"5 问法",也就是对一个问题点连续以 5 个"为什么"来自问,以追究其根本原因。这种方法最初是由丰田佐吉提出的,后来丰田汽车公司在发展完善其制造方法学的过程中也采用了这一方法。

　　虽然被称为 5WHY 分析法,但使用时不限定只做 5 次"为什么"的探讨,使用该方法的主要目的是找到根本原因,有时可能只要 3 次,有时也许要 10 次。5WHY 分析法的关键在于:鼓励解决问题的人要努力避开主观或自负的假设和逻辑陷阱,从结果着手,沿着因果关系链条,顺藤摸瓜,直至找出原有问题的根本原因。

　　同理心地图右下角的方框"收获",即洞见用户想要什么是一个难点,可以使用 5WHY 分析法破解。

　　反复追问上述 5 个"为什么"就会发现需要安装过滤器。而如果"为什么"没有问到底,更换熔断器或者更换油泵轴就了事,那么,几个月以后就会再次发生同样的故障。

当你听到很多人都说想减肥时,我们可以借鉴5WHY分析法进行洞察,挖掘用户的深层次需求。

用户表述	想减肥
表层需求	需要减肥产品或服务
深层需求	想成为一个身材体形优美的人
人际需求	想提升自己的魅力与吸引力
人性需求	实现自我审美价值,得到欣赏

在同一种表象下,我们挖掘出的人性需求是不同的。例如,对想在社交网络展示自己魅力的用户而言,我们提供一个照片与视频美化软件,可能比直接提供一套减肥计划更能满足用户需求;而对于想交往男友的用户而言,我们提供提升女性知性气质的服务,可能比直接提供一种减肥药更能满足用户需求。

盒马团队研发出一瓶三人份的米,300g分量的大米装进360mL的透明瓶子。用户倒出米淘洗后,再用空瓶子盛满一瓶水倒入锅中,就能掌控300g米配360mL水的黄金比例,煮出恰到好处、软硬适中口感的米饭。

用户表述	想亲自做饭
表层需求	需要大米和水
深层需求	能不能无脑放水确保成功? 三个月才做一次饭,用剩的米怎么办?
人际需求	朋友圈晒一晒,要有亮点
人性需求	实现自我兴趣价值,得到欣赏

任务 2.3 用爱洞见用户内心的声音

 **分析工具　找出你的洞见观点 —— UNI**

经过同理心地图和5WHY分析法的归纳整理，我们已经能清楚描绘用户的痛苦与需求，现在我们要形成完整的洞见观点，才能将其转化为方案设计的价值创新点。

洞见观点表		
谁（U）：一个清楚定义的对象	需要（N）：一个动词表示的对物（产品/服务/事件）的需要（功能性需求）	洞见（I）：诠释自我价值，以及人与人的心理关系（情感性需求）
一位65岁，从家乡县城到广州，帮儿子、儿媳做家务，带孙子的张老伯	想要日常在家就能方便学习科学照料、教育幼儿的产品	提升照顾孙子的水平，获得儿子、儿媳的尊敬

任务 2.3 用爱洞见用户内心的声音

项目 3 打造解决方案

项目 3 是 PIRT 创新方法论的第二步

通过项目 2 我们确定了想要解决的痛点，也就是创业机会。在行动学习流程上，将在项目 3 中打造一个与既有方案不同的解决方案。

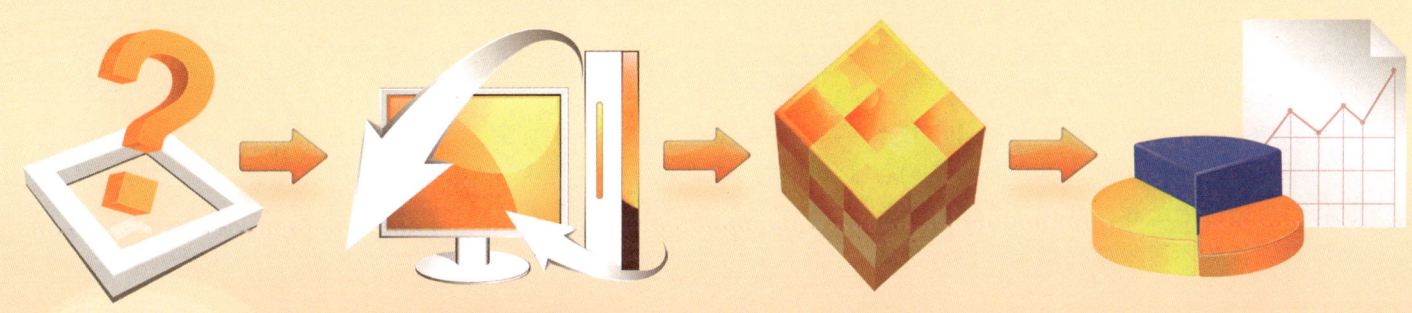

发现问题
- 观察能力训练
- 共情能力训练
- 批判思维训练

创新方法
- 创新流程掌握
- 创新方法学习
- 创意激发手段
- 商业价值分析
- 商业模式设计

创造条件
- 团队组建
- 股权顶层设计
- 资源获取与拼凑

验证执行
- 最简可行产品
- 用户测试
- 商业计划书
- 路演呈现

知识目标
1. 能领会设计思考的内涵
2. 能理解以人为本的创新
3. 能领会创意激发的流程

能力目标
1. 能应用差异化思维创造价值点
2. 能对比、评估、筛选解决方案
3. 能用文字和画图呈现解决方案

素质目标
1. 培养团队成员互相尊重、共同创作的精神
2. 培养应对复杂问题的良好心态
3. 培养珍视、传承传统文化的精神

任务 3.1　找到差异化的价值创新点

知识准备　产品差异化

产品差异化是指在形成产品实体的要素上或在提供产品的过程中，造成足以区别于其他同类产品以吸引购买者的特殊性，使用户能够把它同其他同类产品有效地区别开来，从而形成消费者的偏好和忠诚，独占消费者心智，构筑了其他企业进入该市场或行业的壁垒。所以，要尽可能聚焦细分市场，做到第一名。

特别是作为新入局的产品，市场已经有很多同类产品了，如果简单追赶竞品、功能对齐，很难撼动竞品已经积累的市场优势。因此，迫切需要打造差异化产品，以脱颖而出。

围绕着用户需求，看看在竞品之外，还有哪些用户需求目前没有被更好地满足？是否足以支撑我们打造差异化产品，抢占用户心智。

假如我们开发一款"习惯打卡"微信小程序产品。市面上已经有诸如小打卡、鲸打卡之类比较成熟的小程序产品。小打卡属于平台类的打卡，任何人可以在上面建打卡；鲸打卡是专门向教育机构提供的打卡工具。而我们要做一款新的打卡产品，如何实现差异化竞争呢？

我们可以尝试从不同维度挖掘差异化创新点。

垂直细分维度

选择在某个垂直领域做到足够好，然后再向周边辐射。例如，当当网一开始以卖书为切入点，后来进行品类扩展；京东最开始主打3C产品，后来向其他品类辐射。

社群驱动维度

打卡很难养成习惯并坚持下去，如果建立一个社群，由关键意见领袖带着一起打卡，用户就会被动驱动。例如，宝妈需要帮助孩子养成某些习惯，在宝妈社群打卡互相监督与激励。

服务升级维度

用户打卡的本质是希望达成某个目标或者养成一个习惯。我们可以提供一个更加系统的服务帮助用户达成某项目标。例如，提供"180天减肥计划""21天掌握商务英语计划"等。

服务拓宽维度

有明确打卡需求的用户范围很窄，但有"拖延症"的用户范围很大。我们可以将服务环节前置，给"想养成又养不成习惯"的群体提供帮助，在此基础上将这部分用户转化为打卡习惯养成用户。

产品差异化创意思维初级导图

- ？
- 更节能
- 更简单
- 可拆装
- 变轻
- 更便捷
- 更便宜
- 更能体现人性关怀
- 更美观
- 更软
- 更贵
- 不同场景
- ？
- 更精致
- 更可爱
- 更硬
- **想要解决的问题**
- 更多功能
- 个性定制
- 更优质
- 更耐用
- 更炫酷
- 跨界组合
- 不同成分
- 更营养
- 加长
- 更易耗
- 更小众化
- 更大
- 重新排列
- 更大众化
- ？
- 更小

例如，雨伞需要用手撑着，而且打伞容易被淋湿。我们可以反向思考：能不能做出空着双手也不会被雨淋到的雨伞？

任务 3.1 找到差异化的价值创新点

任务 3.1 找到差异化的价值创新点

产品差异化创意思维进阶导图

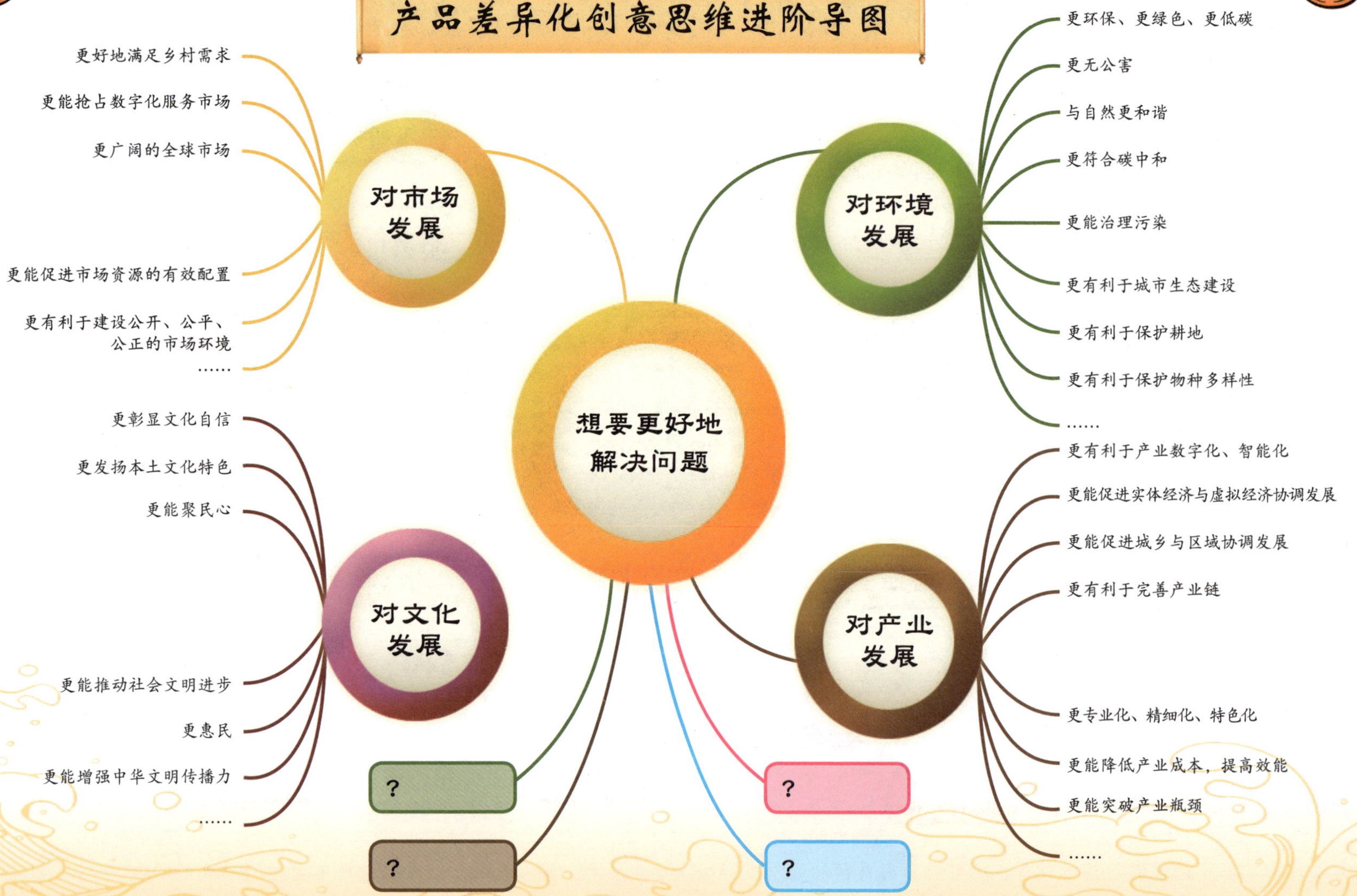

想要更好地解决问题

对市场发展
- 更好地满足乡村需求
- 更能抢占数字化服务市场
- 更广阔的全球市场
- 更能促进市场资源的有效配置
- 更有利于建设公开、公平、公正的市场环境
- ……

对环境发展
- 更环保、更绿色、更低碳
- 更无公害
- 与自然更和谐
- 更符合碳中和
- 更能治理污染
- 更有利于城市生态建设
- 更有利于保护耕地
- 更有利于保护物种多样性
- ……

对文化发展
- 更彰显文化自信
- 更发扬本土文化特色
- 更能聚民心
- 更能推动社会文明进步
- 更惠民
- 更能增强中华文明传播力
- ……

对产业发展
- 更有利于产业数字化、智能化
- 更能促进实体经济与虚拟经济协调发展
- 更能促进城乡与区域协调发展
- 更有利于完善产业链
- 更专业化、精细化、特色化
- 更能降低产业成本，提高效能
- 更能突破产业瓶颈
- ……

? ? ? ?

42

分析工具 假设情境条件创意法

当团队成员陷入思维困境，想不到好的创意时，可以用"假设情境条件创意法"来推动思考。把已有的点子放在新的条件、新情境中，能够帮你开阔视野，让创意思维重新活跃起来。

让条件变化

- 创意方案能否更大或更小？
- 创意方案能否更贵？
- 创意方案能否免费？
- 创意方案能否更有趣？
- 创意方案能否不用电？
- 创意方案能否在水/火里实现？
- ……

让情境变化

- 如果应用最新技术，会有怎样的创意？
- 如果在2050年，会有怎样的创意？
- 如果华为等公司来做，会有怎样的创意？
- 如果为老年人或儿童设计，会有怎样的创意？
- 如果为动物设计，会有怎样的创意？
- ……

【小案例】让情境变化：从小鸡孵化器到婴儿恒温箱

19世纪70年代后期，妇产科医生斯蒂芬塔尼在巴黎动物园观赏动物的时候，看到小鸡孵化器为新孵化的小鸡提供了温暖适宜的环境，新孵化的小鸡在里面蹦蹦跳跳，甚是惬意。这个场景与长期从事妇产工作的斯蒂芬塔尼经历的场景形成了鲜明的对比。19世纪末期，新生婴儿的死亡率高达66%，意味着接近七成的新生儿难以活下来。能否制作一个像小鸡孵化器一样的设备，为新生儿提供舒适安全的环境？一项伟大的发明便在斯蒂芬塔尼的心中产生了。斯蒂芬塔尼发明婴儿恒温箱之后，将使用婴儿恒温箱与不使用婴儿恒温箱的新生儿存活率进行比对，死亡率由66%降低到了38%。

知识准备 价值创新

价值创新的概念最早由欧洲国际工商管理学院的金昌为(W.Chan Kim)教授和雷尼·莫泊奈(Rence Mauborgne)教授提出，通过对全球30种行业的30余家高成长企业的研究，揭示出重要特征：高成长性不受企业主体的规模或技术装备的限制，而是更多地受到企业所遵从的创新逻辑的影响。

价值创新不是依靠单纯提高产品的技术来增强竞争力，而是通过为用户创造更多的价值来力图使用户和企业的价值都出现飞跃，由此开辟一个全新的、非竞争性的市场空间，赢得成功。这意味着将出发点从竞争转变为创造全新的市场或重新诠释现有市场。

价值创新的着力点是在较大范围内（而不是在传统的细分市场中）发现并努力满足顾客尚未被满足的需求，向顾客提供更大的价值。

1. 创新途径：通过定义新目标市场来实现价值创新。

2. 创新途径：通过重新定义用户的认知来实现价值创新。

3. 创新途径：通过对基于价值链的业务流程重组来实现价值创新。

4. 创新途径：通过对商品重组，如增加功能与服务、改变产品定位等来实现价值创新。

5. 创新途径：通过引进新科技或是提升平台来实现价值创新。

在以人为本的体验经济中,我们把体验价值分为三个层次。

1. 功能价值:功能价值能满足特定用户的需求,这决定目标受众也就是用户的范围。但在市场竞争中,你如果只是同类功能产品的其中之一,那么你很可能就只是目标用户的备选而已。

2. 体验价值:在满足功能价值的基础上,体验价值能超出用户的期望,影响用户的黏性。因为拥有了良好的体验,你就有机会在众多同类产品中脱颖而出,有可能成为用户的首选。

3. 价值创新:创造全新的体验,同时赋予用户不可替代的新价值,即便是同类产品,你也具有差异化的特性,给人印象深刻的第一次体验。人的大脑更容易被新的事物吸引,从而被感动,借由第一次体验的感动时机,赢得抢占市场的先机,成为用户的唯一。

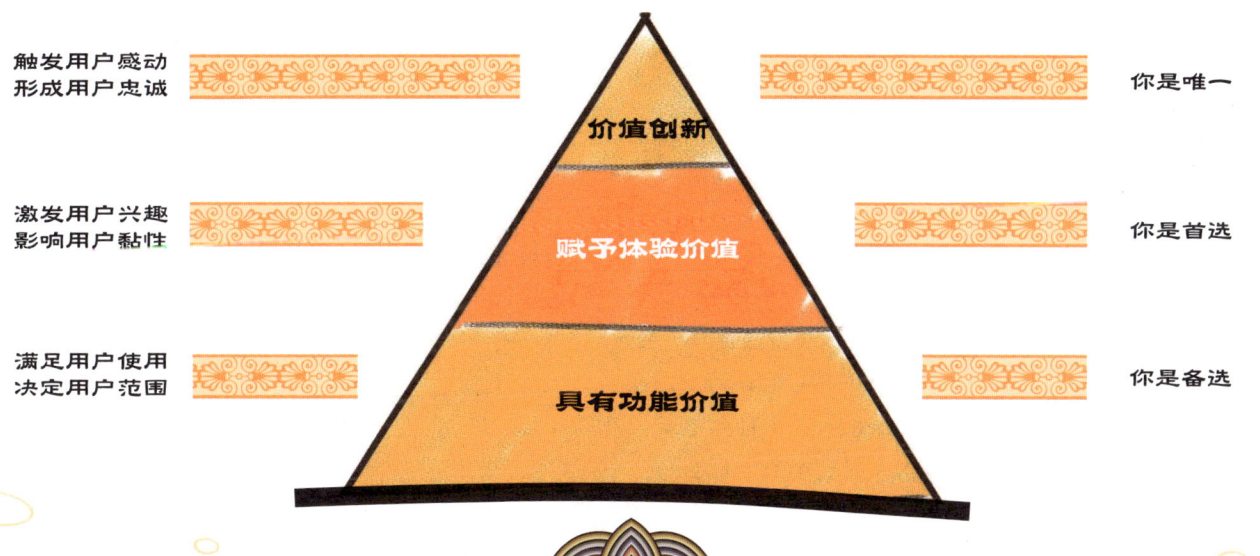

一个合格的产品/服务,必须具有好的功能价值;一个优秀的产品/服务,必须具有好的功能价值和体验价值;而一个创新的产品/服务,必须同时具备好的功能价值、体验价值和创新价值,创造出可行、更优、崭新的解决方案。

 **分析工具** ## 设计思维

任务 3.1 找到差异化的价值创新点

20世纪90年代，全球顶尖设计公司IDEO的大卫·凯利、蒂姆·布朗与罗杰·马丁一起创造了设计思维（Design Thinking）。它是一种创新性解决问题的方法，用于为寻求未来改进结果的问题或事件，提供实用和富有创造性的解决方案。

设计思维又被翻译成"设计思考"，以至于很多人误以为这是设计行业的专业知识，是产品设计师应该学习的，这实在是最大的误解。设计思维的核心在于以人为本（User-Centered Design），创新是为满足人的需求而进行的。设计思维要解决的是将人的需求、技术可能性以及对商业成功的需求整合在一起，通过用户情感的创新、产品功能的创新，以及业务流程的创新，为用户塑造创新型体验，满足用户需求和欲望。

畅想一下，乡村未来社区可以怎样建设呢？它其实是一项以人为本的系统工程，根本目的是满足人民对美好生活的向往。我们从吸引人才投身农村建设的角度来举例，在商业层面，可以依托特色产业，创新更多产业形态，搭建创业创新的平台空间，吸引青年、乡贤重新回到乡村；在技术层面，可以依照乡村原有的自然肌理和自然禀赋，在保护乡村原生态文化的基础上，围绕功能现代化这一核心，将新一代信息技术嵌入其中，重构现有的物理空间；在以人为本层面，可以激活传统乡村邻里关系的公共资源共享机制，让新居民快速融入乡村这个熟人社会，建立起原居民、新居民共有的文化认同、价值认同，构成一个命运共同体、利益共同体。

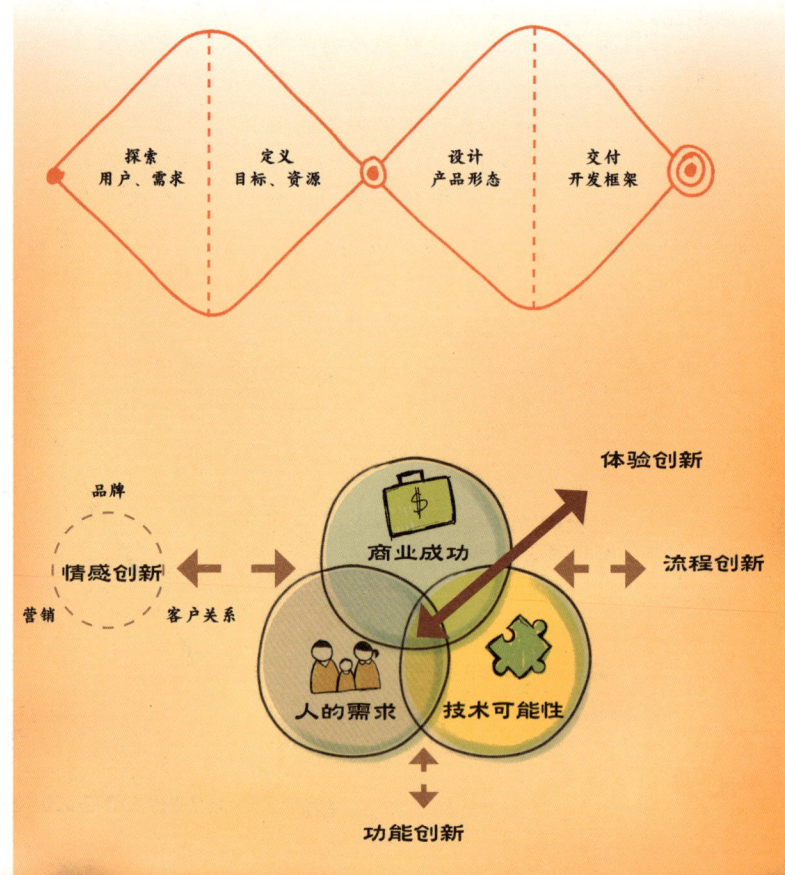

使用"设计思维"构建产品

探索（发散）→定义（收敛）→设计（发散）→交付（收敛）

任务 3.2　挖掘足够多的创意并筛选创意

相邻可能：好创意不是凭空产生的

"相邻可能"是指在地球生命产生前的瞬间状态，所有构成原始生命的基本元素已经齐备，最终催生出生命的最原始形态。例如，形成细胞边界的蛋白质、多糖等，所有这些便是"相邻可能"。在"相邻可能"齐备的情况下，就可能产生变化。相邻可能理论告诉我们：每一件事物的产生都不是单独存在的；相邻可能的齐备是需要时间的，而碰撞后创造的可能性是瞬间的；复杂多样化的相邻元素更有助于创造。

我们对创意的畏难情绪在于：误认为好的创意必须横空出世、高不可攀。实际上，创意的产生与生命的诞生有异曲同工之妙，都不是凭空产生、一蹴而就的，而是具有连续统一性。创意像一扇扇需要不断打开的门。每打开一扇门，就会发现一个新的房间，新房间又有很多不同的门，每个门又通向不同房间。如果不停推开眼前的新门，最终就可以走出一座宫殿。任何一个变革都会有延伸性，随着不断探索，它的边界也会不断扩张。随着一个变革的产生，空间的可能性也扩大了。每一个新的组合都有为你打开其他新组合的可能。在轮子被发明后，手推车、马车、独轮车等与轮子有关的工具应运而生。从智人产生到人类创造出轮子，时间跨度以十万年计；从轮子出现，到人类发明汽车，时间单位以千年计；从汽车的出现，到登上月球，期间不过几十年，这是典型的相邻可能加速度。

每一扇门都代表了一种相邻可能，"相邻可能"使得创意具有无限性，同时具有受限性。无限性是指你同时拥有很多"门"可以选，受限性是指你想进入第三个房间必须从第二个房间的门进入，而不能直接从第一个房间进入第三个房间。创意的"相邻可能"属性指出：一些创意的失败可能不是创意本身出了问题，而是这个创意脱离了所处的"相邻可能"空间。2015年某家以清洁能源和可再生能源为主的公司开始启动一款能够使用太阳能作为动力，实现长时间飞行的无人机研发项目。然而，由于该项目的过度超前和缺乏相关技术积累，以及资金和资源的限制，在研发和测试过程中遇到了很多问题。最终，该项目被迫暂停，给公司和投资者带来了巨大的损失。这个案例表明，在追求创新和发展的过程中，过度超前和缺乏相关积累很可能会带来巨大的风险和损失。

14. 脑力激写法

分析工具 脑力激写法

任务 3.2 挖掘足够多的创意并筛选创意

一个痛点可以有多种针对不同场景的解决方案。例如，快递最后一公里的痛点，目前可能的解决方案有众包代拿、无人机投递、快递点自提、智能快递柜等，将来还有更多创新的解决方案。

现在，我们要用脑力激写法（Brainwriting）进行解决方案的创意思考。它是用集体思考的方式，使每个成员的思想相互激发并产生连锁反应，引导出创造性想法。在这个过程中，我们要遵循以下步骤：

第一步，每个成员针对要解决的问题及创新机会点，花5分钟写下3个解决方案。

第二步，将写好的纸条传给右边的成员，并同时收到左边成员传来的纸条；

第三步，继续在新收到纸条的第二行写下另外3个解决方案，你可以：强化别人的方案、整合别人的方案、改进别人的方案，或者写下全新的方案。

第四步，依次重复前面的步骤，直到你写的第一张纸条，循环回到你的手中。

 **分析工具** ## 成本/效用矩阵与卜氏概念选择矩阵：筛选解决方案

我们先用成本/效用矩阵（Cost/Utility）对50个解决方案进行初步筛选。横坐标是成本轴，越往右代表我们需要的投入更大、需要越努力；纵坐标是效用轴，越往上代表我们得到的产出越多，影响力越大。在这个矩阵中，我们划分出四个象限。

我们把50个解决方案分别放入四个象限。然后，各小组通过讨论，从第一、二象限筛选出3个优选方案。

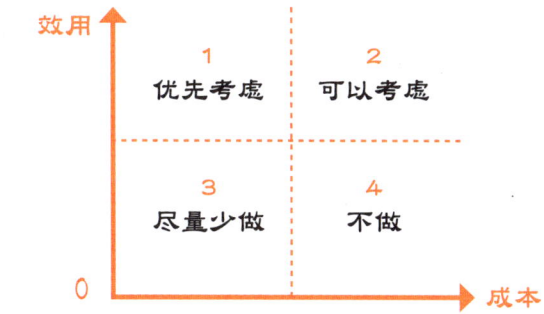

接下来我们用卜氏矩阵进一步进行筛选。卜氏矩阵全称为"卜氏概念选择矩阵"（Push Concept Selection Matrix），是由英国思克莱德大学的斯图尔特·布什教授提出的。当我们因为资源有限只能聚焦开发一种产品时，借助这一工具可以快速地筛选出最强的解决方案。

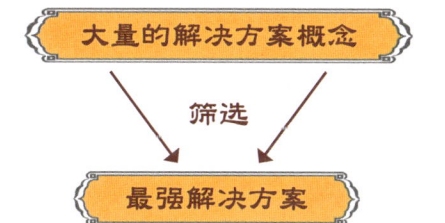

评价指标根据项目自行分解，可以是可靠性、维护难易度、防水性、抗腐蚀性、节能性、流畅度、重量等。

将现有代表性产品当作参考点，即标杆竞品。

评价指标	解决方案1	解决方案2	解决方案3	标杆竞品
指标1				
指标2	将各方案进行对比：			
指标3	明确产生更好的效果，评定为"+"，加5分			
……	几乎一样的效果，评定为"S"，不得分			
总和	明确产生更糟的效果，评定为"-"，减5分			

任务 3.2 挖掘足够多的创意并筛选创意

任务 3.3　呈现解决方案

 **分析工具**　一句话描述清楚解决方案：4W1H 法

凡是一句话讲不清楚的产品和服务，往往做不成功。很多人长篇累牍讲很久，但让人云里雾里，没明白他们到底想做什么或者这事有什么价值。不善言辞是小问题，本质问题是团队自己也没想清楚这件事。很多优秀的公司只需两个字就能描述：百度就是搜索，阿里就是电商，腾讯就是社交，新浪就是新闻，360就是安全。因此，如果你的解决方案提炼不出来一句话，通常是两个原因：一是创始人自己没想清楚，二是业务不聚焦，没法用一句话串起来。

所有的创业者，都应该拥有化繁为简地用一句话把自己的产品和服务讲清楚的能力和素质。例如，微软 CEO 萨蒂亚·纳德拉在2014年上任后就提出了7个字："移动为先，云为先"，英文只有4个单词"Mobile First, Cloud First"。这么庞大的企业，这么复杂的业务线，一句话就描述清楚了微软要做什么。我们的初创产品和服务，就做这么垂直细分的一件事，还说不清楚是非常不应该的。

更高层次的要求是，用一句话让外行听懂，让对你领域不太熟悉的人也能理解。这本身就是一个帮你把事情想清楚的过程，除了吸引投资人融资之外，对吸引人才、客户和合作伙伴也有很大的帮助。

下面，我们用 4W1H 法，从五个维度帮助大家梳理，如何用一句话描述清楚我们的解决方案。

参考模板

（xx 公司/项目名称 xx）提供的（xx 产品或服务），利用（特色功能突出的 xx）帮助（xx 目标用户）解决（xx 问题）。

参考案例

一家名为"创始人研究所"的孵化机构的创始人阿代奥·雷西分享了自己的"一句话描述创业公司"的经验。

以前是这样描述：Socialista 提供的电子商务服务旨在帮助女性消费者更快地进行网上购物。

经过改进后，他这样描述：电子商务网站 Socialista 旨在帮助新任妈妈以批发价自动订购尿不湿等婴儿用品。

知识准备 产品用户体验设计的五个层次

用户体验设计就是"以用户为中心的设计",创造"每件事都按照正确的方式在工作"的用户体验,就像《不要让我思考》这本书里提到的"这会让用户觉得自己更聪明,更能把握全局,这会让他们成为老用户"。

杰西·詹姆斯·加勒特在《用户体验要素》一书中,围绕"以用户为中心的设计"得出一套产品设计的思维方式:从抽象到具体逐层击破五个层面,包括战略层、范围层、结构层、框架层和表现层,最终达到用户体验设计的目的。虽然这是特别针对网页设计来讨论的,但对我们基于用户体验去分析产品设计层次很有借鉴意义。

↑ 具体

表现层 —— 感知设计
1. 字体大小、颜色搭配、排版等视觉设计是怎样的?
2. 通知、提醒、音乐的设计,甚至是嗅觉/味觉/触觉的体验设计是怎样的?
例如,某个职场社交软件以商务蓝为主色调,很好地支持了其职场社交的品牌形象。

框架层 —— 界面设计 / 导航设计 / 信息设计
1. 页面布局是怎样的?重要信息是否在最佳视域?
2. 每个页面有多少要素?用户会被导航跳转到哪里?
例如,用户在短视频APP主页醒目的位置可以找到"开始拍摄"的按钮。

结构层 —— 交互设计 / 信息架构
1. 用户完成某项任务的操作流程是怎样的?
2. 系统结构的框架是怎样的?
例如,在电商平台的购物操作流程是:挑选商品→放入购物车→结账→生成订单→索取发票。

范围层 —— 功能规格 / 内容需求
1. 我们要做到哪些事?具体要提供什么样的确定性?
2. 我们坚决不做哪些事?
例如,微信可以聊天、查看朋友圈、发红包等。

战略层 —— 用户需求 / 产品目标
1. 我们要通过这个产品得到什么?
2. 我们的用户要通过这个产品得到什么?他们为什么会依赖我们?
例如,微信的定位是熟人社交,而陌陌则是陌生人社交,两个不同的定位满足了用户不同的需求。

↓ 抽象

任务 3.3 呈现解决方案

 **画出草图**

草图是指不要求精细的初始图。"草",说明在初始化表达设计或者形体概念的阶段,充满了可以继续推敲的可能性和不确定性。"图",则说明了其具有的图纸特点——大致的比例和形体的准确度。

草图能够快速建立形状,将想法付诸实现。利用草图,我们可以与他人更好地交流创意。草图不仅是创意将要变成现实的重要一步,也能使我们的思维过程直观呈现,在理解沟通中起着至关重要的作用,甚至一些错误的思维也会暴露出来,及时收到反馈并进行纠正。

不用担心没有绘画技能,草图不是考验绘画水平,它不需要好看,只需要承载你的想法。你只要能画圆形、矩形、箭头、简笔画就可以了。草图可以帮你更好地判断解决方案是否有效。这是一个快速、廉价的方法。你可以做好几个不同版本,也可以快速迭代做出改变。

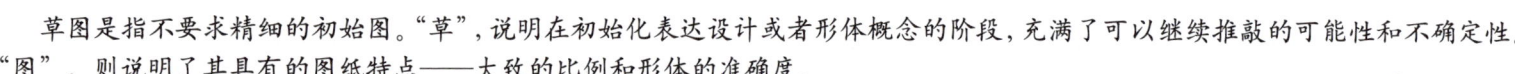

草图示例

 **什么是好的创新设计：3E 评判原则**

我们应该如何评判设计草图呢？从对用户的洞察以及价值创新的内涵出发，我们总结出三个维度的评判原则：赋能、情感、减负。

Empower 赋能	Emotion 情感	Ease 减负
使用功能 / 社交功能	有趣 / 有情	消除疑虑 / 减轻负担
好用、好操作，能解决用户现实的问题，这是最基本的设计目的。	出乎意料、好看、好玩，有文化性、故事性，满足用户的好奇心。	消除用户对功能达标、质量保障、安全隐患、副作用的疑虑。
有话题分享性，能帮助用户增加谈资、表达想法、塑造形象等。	连接情感的渠道，引起用户对爱情、友情、亲情等的感动。	不产生额外成本及烦恼，不需搭配高成本的其他环节解决方案。

任务 3.3 呈现解决方案

项目 4　设计商业模式

项目 4 是 PIRT 创新方法论的第二步

通过项目 3 我们已经设计出一个与众不同的解决方案。接下来，项目 4 要学习如何通过商业模式设计，将创新价值带向市场。

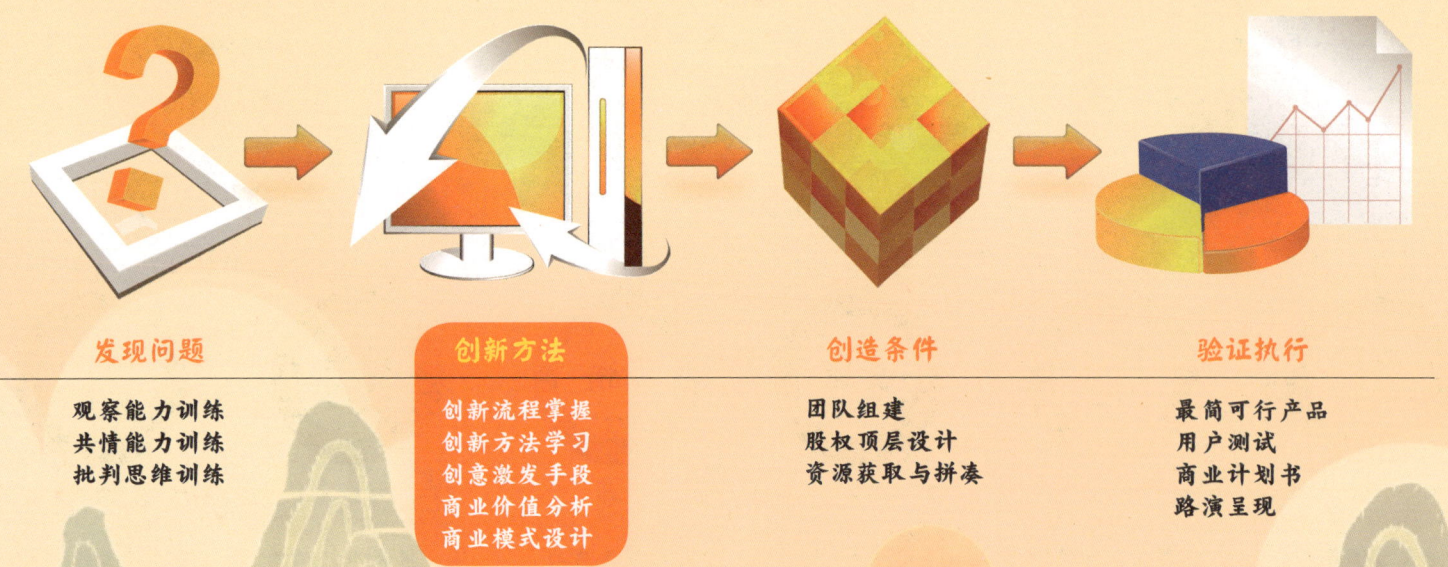

发现问题	创新方法	创造条件	验证执行
观察能力训练	创新流程掌握	团队组建	最简可行产品
共情能力训练	创新方法学习	股权顶层设计	用户测试
批判思维训练	创意激发手段	资源获取与拼凑	商业计划书
	商业价值分析		路演呈现
	商业模式设计		

知识目标
1. 能理解商业模式的本质
2. 能推导好的商业模式特征
3. 能领会价值创造系统画布每个模块的含义

能力目标
1. 能分析初创项目商业模式案例
2. 能用画图解析商业模式系统
3. 能运用价值创造系统画布设计商业模式

素质目标
1. 培养开放共赢、兼济天下的国际视野
2. 培养商业伦理与道德，树立法治意识
3. 培养以人民为本的奉献和奋斗精神

任务 4.1　透视商业模式

 **什么是商业模式？**

商业模式（Business Model）是指为实现各方价值最大化，把能使企业运行的内外各要素整合起来，形成一个完整的、高效率的、具有独特核心竞争力的运行系统，并通过最好的实现形式来满足客户需求、实现各方（包括客户、员工、合作伙伴、股东等利益相关者）价值，同时使系统达成持续赢利目标的整体解决方案。

商业模式描述与规范了一个企业创造价值、传递价值以及获取价值的核心逻辑和运行机制。商业模式的本质就是连接各利益相关者的价值。

每个组织的存在都有一个共同的目的：通过人力、资金、资源的整合与协同，创造比个体单独完成任务更多的价值。这些价值可以是利润、经济增长、教育发展、美好生活、带动致富，也可以是提供就业机会，甚至是娱乐或其他任何可能的较好的结果。也就是说，每个组织都有自己的商业模式。商业模式揭示了一个组织如何提升以满足市场需求并创造价值，无论这个价值是盈利，还是无形的社会福祉。

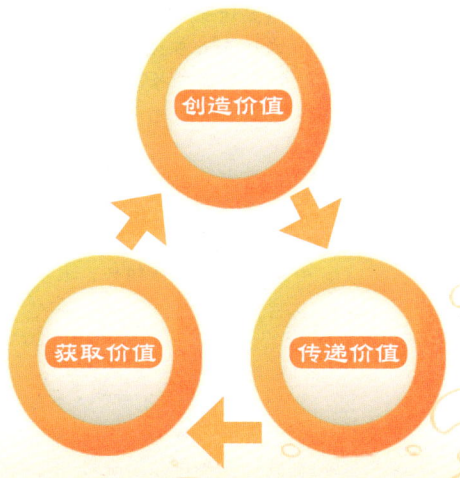

> 商业模式最核心的三个组成部分：创造价值、传递价值、获取价值。三者是一个环环相扣的闭环，三者缺一不可，少了任何一个，都不能形成完整的商业模式。
> 创造价值是基于客户需求，提供解决方案。
> 传递价值是通过资源配置，活动安排来交付价值。
> 获取价值是通过一定的盈利模式来持续获取利润。

"企业家才能"的关键体现在商业模式的设计上。但请注意，我们不讲如何"一夜暴富"，也无法教大家如何快速"走上人生巅峰"。因为创业是一件严肃的事，盈利是向他人和社会提供价值的回报。而且，创业结果受多种因素共同影响，如团队执行力、产业链资源、行业发展、市场竞争等。

当然，我们必须先锻炼好自身的能力，机会只留给有准备的人。

什么是好的商业模式？

每个行业都没有标准的商业模式，但随着时间的推移，行业内会有一个最为成功的商业模式成为主导，再后来随着资源、技术、市场等环境发生变化，又会有新的商业模式涌现，商业模式创新的机会一直存在。一套好的商业模式，一定是基于商业模式设计的原理，不断在实施过程中纠错，并慢慢成形的。分析和理解商业模式竞争的逻辑，对于设计一个好的商业模式，或者对不同的商业模式进行预判和选择，会有很大的帮助。

我们总结出好的商业模式的八大特征：

有创新：创新不单指技术上的，好的商业模式中，其创新贯穿于资源开发、研发模式、制造方式、营销体系、市场流通等各个环节。

可延伸：好的商业模式能够延伸无限后端，获得多维收益，用户一旦进入产生连接，就可以将用户绑定在自己的生态系统，多方挖掘价值。

易复制：这里讲的易复制是对自己而言，好的商业模式让企业在生产、营销渠道等方面能进行快速、有效地复制扩张，实现倍速增值。

难模仿：好的商业模式一定有独特的优势，不容易被别人模仿。如果刚刚实践成功就被广泛模仿了，说明这种商业模式没有任何门槛。

快现金：现金流好比是一个企业流动的血液，好的商业模式中，交易产生的是现金流，而不是应收账款，账期越长，成本越大。

轻资产：轻重资产不是单指投资数额，而是衡量投资回报率，好的商业模式中资金周转速度较快（回本快），收益较高（回报高）。

高聚焦：商业模式要简洁，这个简洁并非指商业模式的结构简单，而是指好的商业模式必须专一、聚焦，将产品与服务做到极致。

可持续："一竿子买卖"可不是好生意。好的商业模式中，用户会重复消费，开发一个新用户后续可获得长期收益。

 **分析工具** ## 商业模式设计的导航路径

在项目的初创期，商业计划书还处于"画饼"阶段，商业模式的构架设计是重中之重，因为它从一开始就决定了项目的一生，想要进行产品与服务创新，就要在一开始研究如何设计商业模式。下文提供了一个商业模式设计的导航路径。

预定产品航向	规划业务结构	获取所需资源	制定盈利模式
服务的目标用户是谁？是横向满足不同用户的不同需求，还是垂直细分满足特定用户的特定需求	如何连接相关者进行交易？设计业务环节，分配合作伙伴角色，明确交易形式和内容	拥有哪些资产、技术和人才？整理所需资源、获取所需资源的渠道，合理布局所需资源	如何获取利润并平衡利益各方？争取多种收入来源结构，转嫁成本或争取应付款账期，明确利益分配机制

思考要点提示

- ▶ 重新划分已有用户群
- ▶ 辨别用户真实需求
- ▶ 精准定位用户群体
- ▶ 确定用户群占比
- ▶ 确定其他利益相关者

- ▶ 定位产品功能
- ▶ 定位纵向发展的创新功能
- ▶ 定位横向发展的产品线
- ▶ 界定如何与用户进行交易
- ▶ 策划线上、线下经营活动

- ▶ 自身已经具备哪些资源
- ▶ 是否采用资源杠杆
- ▶ 整合资源的方法
- ▶ 寻求外界哪些帮助
- ▶ 资源产生的价值归属谁

- ▶ 收入来源是直接用户，还是第三方
- ▶ 有没有多种收入来源
- ▶ 成本是否可以转嫁给第三方
- ▶ 利益如何与相关利益方分配

案例分析参考

今日头条（极速版）是一款付费阅读的推广平台，选择极速版的用户画像是非会员，是内容接受者而不是创造者，且用户的手机内存不够，比较卡顿，对功能要求不是很多，喜欢简单的界面，乐于分享并顺便赚点小钱。

今日头条（极速版）的主业务是为了用户拉新和裂变。包括搭建邀请好友的体系，如被邀请人阅读x天，奖励邀请人x元；建立任务互动的体系，如走路赚金币，提醒好友阅读；上线广告植入的体系，如百宝箱看广告领金币。

今日头条（极速版）本身源自专业版，技术开发团队已经有了基础，但极速版主推阅读奖励与分享，所需的资源也有所不同，如分享功能要协调与微信、微博等的关系，提现功能要与支付宝对接，小说需要获取版权方授权等。

今日头条（极速版）主要有两种变现方式，一是接广告为外部商家导流，赚取广告收益，包括图文、小视频的信息流广告，以及百宝箱广告；二是导流到自营服务版块，推广借贷、信用卡、股票、卡包、商城等。

任务 4.1 透视商业模式

任务 4.2　图解商业模式系统

 **知识准备** **商业模式创新**

所有获得巨大成功的企业，都源于其进入了新的价值空间，也就是进行了商业模式创新。也就是说，优秀的商业模式案例都是创新的商业模式案例。商业模式创新又被称为"改变企业价值"，即改变企业价值创造的基本逻辑以提升顾客价值和企业竞争力的活动，它可能包括多个商业模式构成要素的变化，也可能包括要素间关系或者动力机制的变化。

创新种类无穷无尽
不同的行业有不同的商业模式，同一行业的不同企业也有不同的商业模式，同一家企业的不同阶段也有不同的商业模式。

创新产出不断进化
我们把投入的资源转化为更高效的价值产出，这存在着无数转化模式的可能和进步空间，永远不可能有完美商业模式。

创新进化方向明确
提高资源转化为价值创造的效率，是商业模式创新的进化方向，如果没有朝着这个方向，套用新科技、新名词、新花样都没用。

【小案例】

某公司生产各类打印耗材，属于低端制造业，由于不是知名品牌，净利润不到2%。在尝试了直营、电商渠道，甚至上门维修打印机等各种转型均失败后，该公司开始重新审视用户链流程，看看用户的需求上是否还有创新空间。该公司发现占硒鼓使用量70%的用户是那些打印量大的窗口单位，如银行、保险公司等，这类用户的物资采购通常是每个部门把一年的硒鼓需求量报给行政部，行政部通知供应商按时供货，货到了送到行政部验收、入库，使用部门拿着领用单来提货，提货时办理出库手续。使用部门也会把一些用完用坏的硒鼓交给行政部，年底统一由供货方回收。这个流程存在的问题是：使用部门从产生需求到实际拿到硒鼓至少要经过一周的时间，企业还要腾出专门的空间来存放这些硒鼓。如果思维的出发点只是如何将硒鼓售出，就不会发现用户在使用硒鼓的过程中会面临这么多的麻烦。因此，该公司重新设计了一套新的运营系统，用一个专门的箱子，装满一个月用量的硒鼓，每隔半个月就上门服务一次，彻底取消用户的订购环节。他们将用完的硒鼓补货，坏了的回收，没用完的检修，按月与用户结算实际消耗。这样一来，用户就不再有库存，也无需建立出入库程序，原本围绕这些工作配套的时间和资源投入就可以得到节约。再后来，该公司又与许多第三方公司开展推广合作，帮这些公司配送宣传单、优惠卡券、试用装，收取配送服务费。这个箱子变成了一个渠道，箱子里装的除了硒鼓，还有中国移动优惠卡、加油优惠卡、茶包试用装、电影院套票、时令水果和速溶咖啡体验装等。这些赠品成为用户的小福利，签领人员很高兴，该公司也多构建了额外的收入，从而能调低硒鼓价格更有利于市场竞争。

 **分析工具　逆向图解商业模式**

想要从零开始建立一个一劳永逸的商业模式，是不切实际的幻想，根本不存在永远通用的模式。"敏捷创新"的方法非常重要，"敏捷"原本是研发系统的专业术语，意思是灵活、迅速，是指一开始不要花时间建立完美系统，而是通过不断重复测试逐步接近完美。在商业模式的敏捷创新中，通常用逆向思维进行一次次推动。

用画图的方式能更直观解构商业模式开展逆向创新，下面给出一个商业模式逆向创新图解，由3部分组成。

（1）印象起点：我们对某一经营形态常见的印象是什么？

（2）固有问题：在这一业态下长期存在，却被人们习以为常的问题是什么？

（3）翻转推导：提出完全相反的设想，通常越不合常理，越有还未被实现的创新空间。

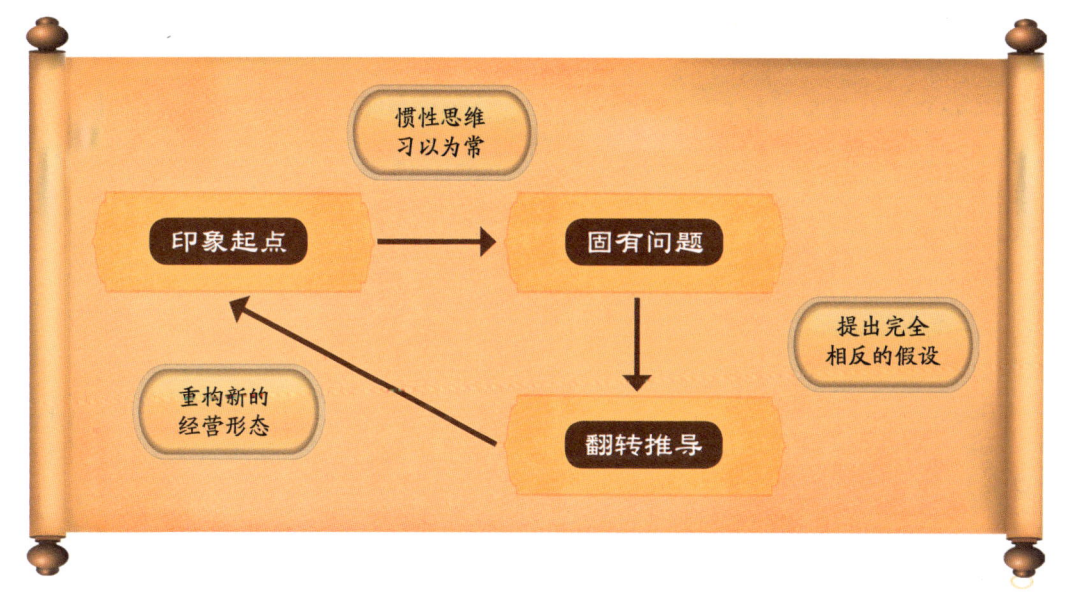

这种方法除了可以用在对经营形态的创新中，还可以用于思考商业模式中其他要素如何创新，如目标用户、价值主张、资源、人力、资金、信息等。我们可以反复进行各种要素的逆向翻转推导，但要记住的是，最后要把创新后的各种设想统一在同一个系统架构里，变成一个逻辑通顺的商业模式整体。

为了让大家更容易理解这个逆向图解的商业模式创新方法，下面通过两个案例来示范。

经济型酒店

（1）印象起点：经济型酒店规模较小、设施相对简单，削减了"赔钱赚吆喝"的健身房。

（2）固有问题：经济型酒店的顾客也会有健身需求，一般来说健身"达人"很少，更多是想活动一下筋骨的健身"小白"。

（3）翻转推导：融入健康运动主题，让经济型酒店的顾客也能享受健身服务。重构的经营形态不止一个，可能有很多个。例如，把简单的运动器材放在客房，在电视里预先设置健身教学视频，安装智能健身镜，与共享健身仓的商家合作等。

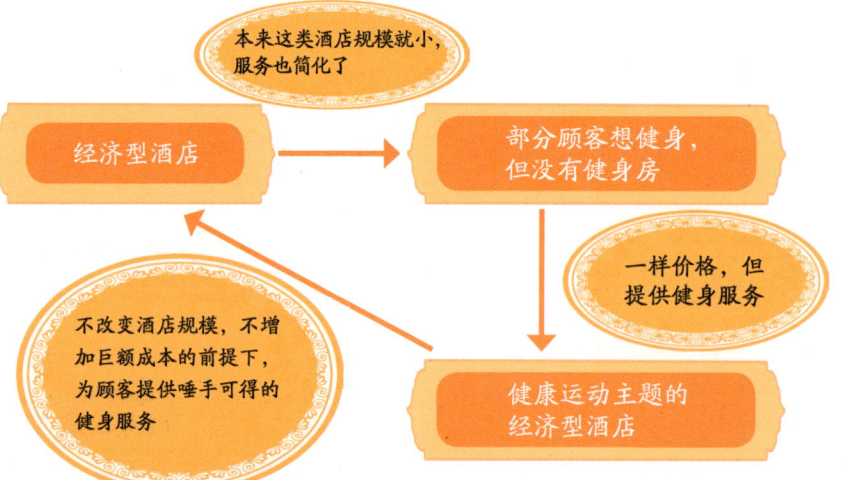

共享型办公空间

（1）印象起点：开办共享型办公空间，首先要租赁、装修场地。

（2）固有问题：对创业者来说，合适的地理位置不好找，启动资金高，打造完善的硬件环境不易。

（3）翻转推导：找到合适地段、合适场所的闲置资源，进行改造。这样能降低创业启动门槛，提供更好的服务，与合作方实现共赢，以利于快速扩张。例如，与商务区的中高级商务餐厅合作，运用餐厅开店前的闲置时间运营共享工作空间。对餐厅而言，不仅每月可以收取使用费，还招揽了留下来吃饭的商务人士。

 **分析工具** 图解商业模式整体系统

图解商业模式整体系统有很多好处，它能帮你更透彻地分析案例，理解底层逻辑，以便更好地吸收运用，进而开发自己的商业模式设计创意。

现实中的商业模式非常繁多和复杂，下面提供的框架指引将帮助你筛选出最重要信息，建立起最核心的商业模式系统逻辑。

图解步骤

（1）首先，我们先想象在白纸上有一个隐形的**九宫格**，即3×3的方格。

（2）其次，**看中间的纵列**，它的主要逻辑是：由谁，提供什么产品，给谁。

（3）再次，**看中间的横列**，它的主要逻辑是：要提供这个产品，上下游最重要的合作者是谁？

（4）接着，再看**四个角落**，把其他关系紧密的合作者，与用户高度相关的其他主体，放在四个角落的位置。有必要的放进来，不一定全部填满。

（5）最后，用箭头符号进行连接，标记出物品、资金、信息的**流向**。右图仅为示例，请根据实际需要绘制。

信息流向　　物品流向　　资金流向

（6）此外，还可以自己添加注释标记，加入其他说明的内容。例如，为什么这是最重要的合作者，为什么会有这个箭头符号等。绘制好后，可以超脱九宫格的束缚，以美观、合理为原则进行整体布局调整。使用多种色彩和小图标更有助于图解商业模式。

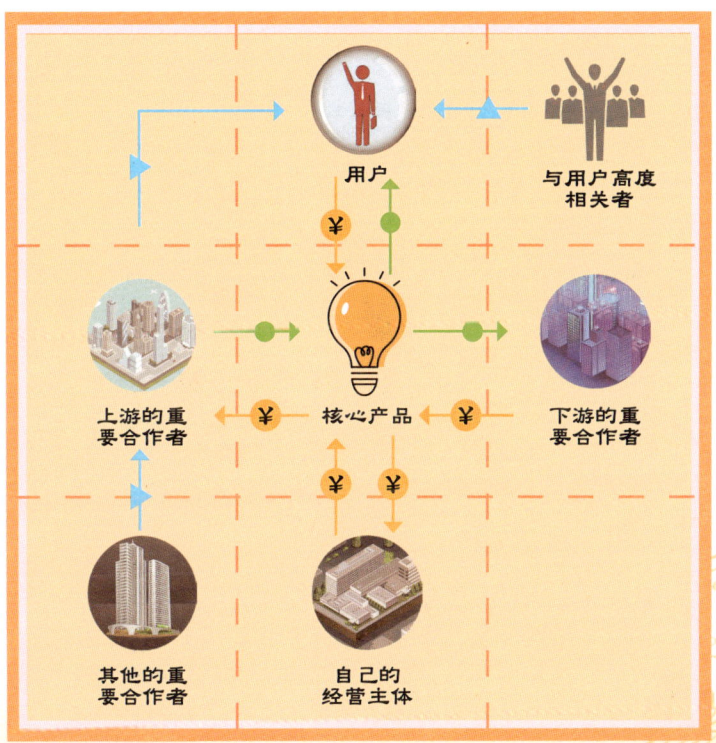

任务 4.2 图解商业模式系统

以某个基于熟人人脉的职业介绍中介项目为例。以往的职业介绍中介，由专门的机构和从业人员担任。现在，某个职业介绍项目做出翻转式创新，中介转变成熟人人脉，本项目的用户也能成为介绍人，而且介绍人都是兼职式的。下面，我们试着画出这个项目的商业模式图解。

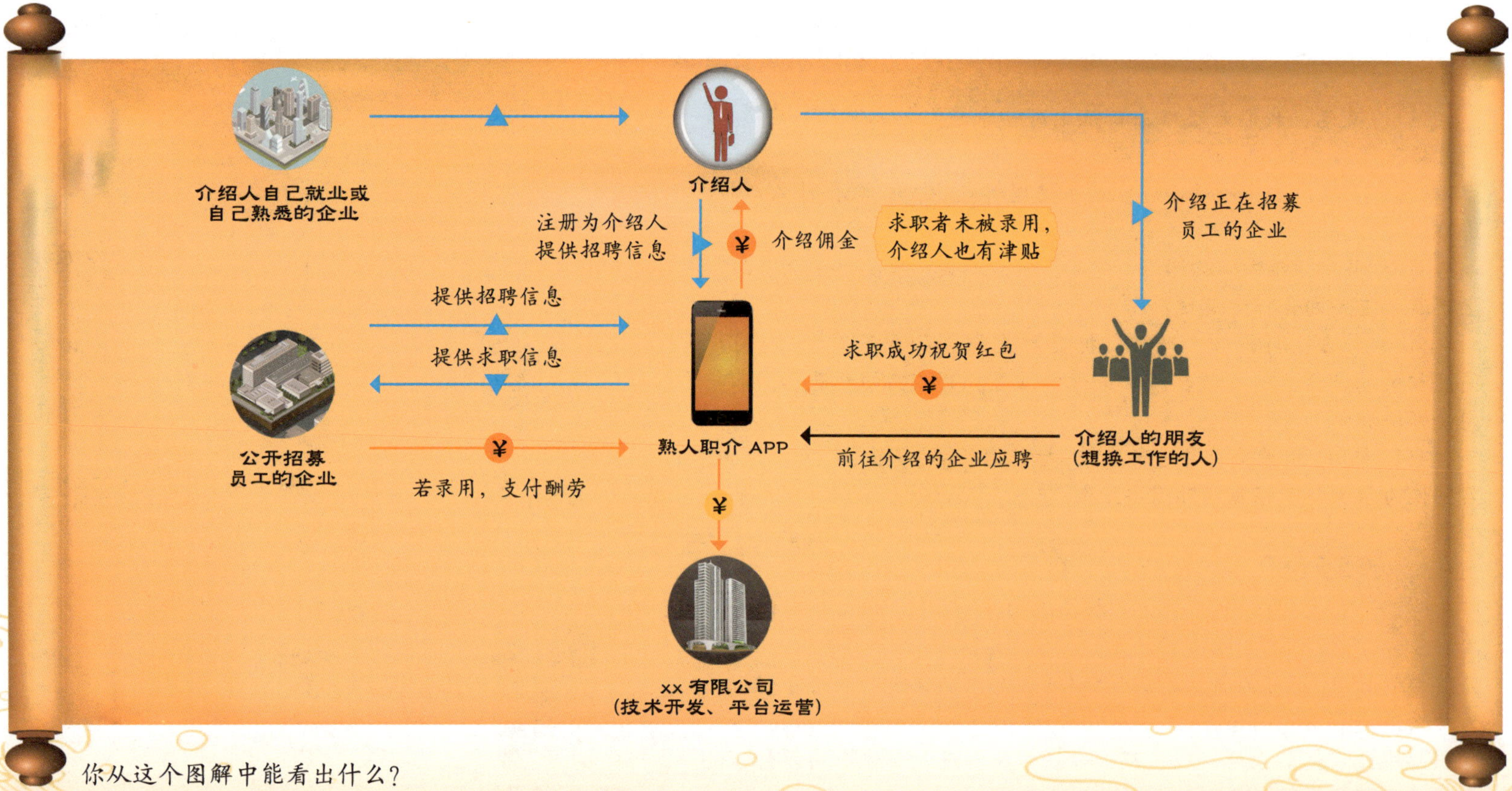

你从这个图解中能看出什么？
主要收费来源依然是在社会上公开招募员工的企业，但通过熟人介绍工作建立起来的信任关系，能使该项目获得其他同行难以接触的潜在想换工作的用户。

任务4.3　填写价值创造系统画布

商业模式的设计工具

好的商业模式，配合有效的执行与管理，能把好的技术与产品高效率地转化为经济效益。然而商业模式不是拍脑袋就可以想出来的，更多的是通过科学的工具和正确的方法进行分析和拆解，进行多次整合优化后才得出的结果。即使我们看过很多关于商业模式的案例，有时仍然一头雾水，不知道从哪里开始设计商业模式。有没有一种视觉化分析工具，可以把商业模式直观地展示出来呢？

- 商业模式可视化工具可以帮你把商业模式设计更简洁、直观地表现出来。
- 商业模式可视化工具可以协助团队成员和其他利益关系方更好地理解商业模式设计。
- 商业模式可视化工具可以整合群体智慧，共同创新和改善商业模式设计。

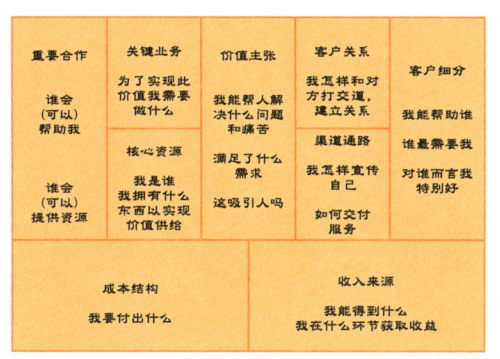

商业模式画布

商业模式画布（Business Model Canvas）是目前世界知名的战略类商业模式分析工具，它把商业模式九个关键模块整合到一张画布之中，可以灵活地描绘或者设计商业模式。瑞士洛桑大学亚历山大·奥斯特瓦博士是商业模式创新领域的专家，他于2008年与伊夫·皮尼厄合作出版了《商业模式新生代》，提出了商业模式画布模型BMC。该书已经成为全球管理者的经典读物，并以30多种语言印刷了数百万册。

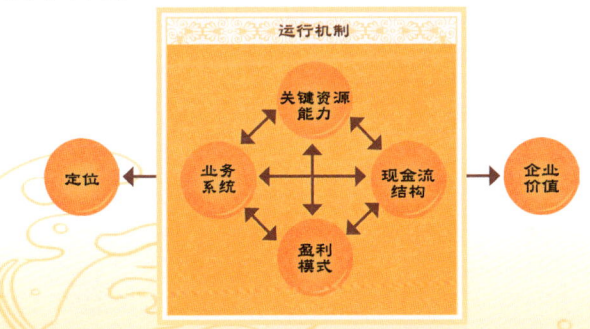

魏朱六要素商业模式模型

魏朱六要素商业模式模型是商业模式整合类顶尖理论，是由北京大学教授魏炜、清华大学教授朱武祥联合创立的整合类商业模式体系，包括定位、业务系统、关键资源能力、盈利模式、现金流结构和企业价值六个方面，六个方面相互影响，构成有机的商业模式体系。

相较于目前商业模式的分析工具，商业模式画布划分的九大模块更清晰，可操作性更强。魏朱商业模式模型则精辟定义商业模式是利益相关者的交易结构，更强调六要素之间的内在关系。如果把两个工具相互借鉴，会有更好的效果。

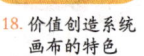

18. 价值创造系统画布的特色

任务 4.3 填写价值创造系统画布

 **分析工具** 价值创造系统画布

如何用可视化的工具梳理及自己动手设计商业模式呢？我们在商业模式画布与魏朱六要素理论的基础上，开发出一套可视化的商业模式分析工具——价值创造系统画布。它可以帮助我们分析如何创造、传递和获取价值，并思考价值实现的过程中，信息、物质以及资金如何流动。

价值创造系统画布有九个关键模块，依次分别是：

用户画像 | 付费者 | 价值主张与价值创造链条 | 销售渠道 | 与用户的互动关系 | 收入方式 | 主要工作任务与所需资源 | 伙伴生态圈 | 支出方式

伙伴生态圈	主要工作任务与所需资源	价值主张与价值创造链条	销售渠道	用户画像
			与用户的互动关系	付费者
支出方式			收入方式	

价值创造系统画布

视角1：为谁提供？
用户画像：企业为谁提供产品/服务？

产品刚刚起步，并没有数据参考，所以需要从定性角度入手理解用户的需求，想象用户使用的场景从为所有人做产品变成为三四个人做产品，减少不同需求冲突，降低复杂度。

填写指南

用户原型：市场中真实存在的，能够从你的产品中获益最多的一类用户类型的表示。我们把这一类用户中共有的一些特征进行整理、分析与加工后，最终归纳为一个具有代表性的形象，而这个形象则是一个看起来虚拟，但是却又现实存在的一个具有明显人格特征的众多用户的典型代表。我们可以进行两方面的提炼：一是自然属性，包括名字、性别、年龄、身高、体重、地域、星座、血型等；二是社会属性，包括职业、婚姻、教育程度等。

用户场景：用户痛点发生程度最大、可能性最高的时间、地点及当时的行为。在这个场景下，用户为了解决痛点而使用你的产品或服务的可能性也最高。

用户标签：把用户的行为倾向、兴趣偏好等相关信息进一步标签化，通过多个维度勾画出立体、鲜活的用户形象，我们似乎可以从这些标签中看到一个"真实"的角色站在我们面前。创建用户画像，不是单纯的设计一个人物角色，而是要关注他们的利益诉求。用户标签是把用户需求与产品提供价值有效连接起来的工具。

我们以某一个性化音乐APP的用户画像举例：

用户原型	xx，30岁，大学毕业后从事设计工作，朝九晚五，经常出差，月薪8000元
用户场景	上下班地铁通勤40分钟，戴着耳机打发无聊时光
用户标签	多愁善感，喜欢用音乐营造自己的情绪空间，爱听怀旧与年龄不符的老歌，独处的时间比较多，周末去公园坐着发呆，下班路上容易感到异乡的孤独无助，习惯把朋友分享的歌加入收藏夹

我们可以把用户画像更细致地画出来：
1. 确定人物原型（熟悉）
2. 选定用户场景（能够体验或观察）
3. 画形象图，贴属性标签（10个以上）
4. 取名（形象直观）

视角 1：为谁提供？

付费者：谁为企业提供的价值买单？与用户是什么关系？付费的动机是什么？

我们一直提到"用户"这个词，它是指使用某个产品或服务的人，只要正在使用或者用过的人都属于用户。但产品和服务不一定是自己花钱买的，有可能是免费的、赠送的、借的，付费者另有他人。例如，我们每天都会使用微信，所以都属于微信的用户，但我们用微信聊天、发文件并没有给微信付费。用户是使用者，但不一定付费；付费者会掏钱买，但不一定自己使用。当然，用户同时也可以是付费者。

填写指南

付费者是谁：实施购买行为的人。他们会关心产品与服务的价格、购买方式、交付方式等。用户与付费者可能是同一人，也可能是不同的人，比如亲戚朋友，更有可能互相不认识，只是处于不同相关利益方的位置。

与用户关系：如上所述，付费者与用户有三种关系类型，这种关系直接影响到用户和我们的产品建立联系。

付费动机：推动付费者购买的欲望，只有强烈的动机才会引起购买行为。动机是一种心理因素，包括实用、实惠、偏好、求异、从众、攀比、炫耀、利益、习俗、慈善等。

我们继续以某一个性化音乐APP的付费者举例：

付费者是谁	（1）用户自己；（2）投放广告的商家
与用户关系	（1）同一人；（2）利益相关方
付费动机	（1）满足自己与众不同的听歌需求；（2）能精准向潜在客户进行广告传播

用户与付费者

关系	付费动机	举例
同一人	自己付费满足自我内心的需求，关注产品或服务给自己带来的价值	自己出钱买了一套化妆品；自己出钱买了一套游戏装备
亲戚朋友	现实生活中有亲情、爱情、友情等关系的人，一方为另一方付费购买产品或服务，付费者关注的是产品或服务给两人关系带来的价值	男朋友或老公为女朋友或老婆购买钻戒或玫瑰花；子女为父母购买按摩椅
相关利益方	通过免费策略积累大量的用户基数，让想获得这些用户的其他相关利益方来买单	搜索引擎对用户免费，积累了大量用户，而商家需要大量在用户面前曝光的机会，愿意付费给搜索引擎进行推广

视角2：价值主张是什么？

我们为某一用户群体提供能为其创造价值的产品/服务，解决了用户的问题或满足了用户的需求，是我们为用户提供的利益组合或集合。

价值主张是商业模式构建与创新的目标与最终实现结果。用户的需求永远都不是产品和服务本身，而是为其所创造的价值感觉。你与其他同行的差异化不在于你的产品功能本身，而是给用户带来与他人不同的价值感受。价值主张不是广告口号，价值主张的定位决定了商业模式中其他板块的定位与布局。

价值主张必须反映时代的价值观，所谓"与世界共情"，意味着你和你的企业所做的事，对他人和社会是有价值的。百度公司董事长兼CEO李彦宏称"用科技让复杂的世界更简单"是百度的使命，百度人在积极地用技术去解决多种社会问题，用科技让世界变得更美好。这正是一种与世界共情的价值主张，相信技术可以改变生活，改变世界，让一切更美好，而不仅仅是一个工具。当今引领世界发展的前沿企业华为、谷歌、百度、亚马逊、特斯拉、苹果、Facebook等等，无一不是如此。在当下，很多新兴企业都在倡导共同的价值观：解决用户和社会的痛点，精心关怀客户体验，高效利用社会资源，倡导负责任的商业诚信社会。他们都相信技术的力量，用最现代化的方式方法，让成本更低，手段更智能，品种更丰富，价格更便宜，或速度更快，服务更人文体贴。这才是企业价值主张的核心所在。

填写指南

一句话价值主张：用一句用户能听懂的话说清楚"为什么选择你"。再次强调，价值主张不是一个公司或产品的介绍，不是宣言和广告词，而是这个产品或服务帮助用户解决了痛点所带来的价值。哈佛商学院教授西奥多·莱维特(Theodore Levitt)告诉学生，"人们不需要1/4英寸的钻头，他们需要的是1/4英寸的洞。"

首先，用发散思维罗列用户想要的是什么。例如，购买视频网站的会员不是为了一个"尊贵的VIP"身份，他们想要的是会员带来的好处，"节省看广告的时间""更多的精彩内容""超前解锁追剧"等。接着，定位用户最关注的产品功能，如最渴望的收益、最想完成的事。然后，把客户想要的与产品提供的好处，向中间收敛，提炼一句话价值主张。

例如，某一个性化音乐APP按以下思路提炼出的价值主张，你觉得哪个最好呢？你还能写出更好的价值主张吗？

华为公司价值主张

构建万物互联的智能世界

产品的好处是什么	→ 价值主张 ←	用户想要的是什么
减少用户的使用步骤，自动根据时间、地点、天气等因素智能推荐，让用户在恰当的时候听到恰当的歌曲	为生活每一刻准备着 一个伴随你实时状态的功能性音乐电台 一个真正的个性化智能音乐电台 不同场景随意切换，我的电台我做主 即时状态，及时行"乐"	不想挑歌时，根据个人的场景自动匹配音乐，不用纠结到底听什么

任务 4.3 填写价值创造系统画布

视角 2：价值主张是什么？

价值主张与价值创造链条：价值是在信息流动、物质流动、资金流动中创造的，一个企业的价值链与其供应商、销售商以及顾客连接，企业为上下游连接者创造的价值，就是企业能存在于价值链条中的理由。

产业需要完整价值链，基本结构为"生产—流通—消费"，包括原材料加工、中间产品生产、制成品组装、销售、服务等多个环节，价值在产业链上下游相关主体之间传递、转移、增值，形成链式价值创造系统。填写价值创造链条是为了帮你找准企业在产业中的位置，分析为什么你的项目在产业链里能有一席之地，以及你的项目是否有获利潜力。

下面介绍"产业微笑曲线"，帮助我们分析产业价值链：

中国台湾宏碁集团创办人施振荣先生，在1992年提出了有名的"微笑曲线"(Smiling Curve) 理论，十多年后将"微笑曲线"加以修正推出了"产业微笑曲线"，成为分析在产业中未来努力方向的著名方法。

在产业链中，一条曲线像微笑嘴型，左边是研发，右边是营销，中间是制造。附加值更多体现在两端，即研发和营销，处于中间环节的制造附加值最低。

你的项目处于产业微笑曲线的什么位置呢？

填写指南

你在产业微笑曲线的哪一段：在产业链上属于研发、制造还是营销？

上游有谁，为你提供什么：原材料和零部件及配套服务的供应商是谁，在哪里，为你提供什么资源？

你为上游创造了什么价值：上游供应商为什么跟你合作，除了买卖关系，还有其他合作创新点吗？

下游有谁，为你带来什么：下游产品的营销网络有谁，在哪里，为你带来什么资源？

你为下游创造了什么价值：下游营销网络为什么跟你合作，除了买卖关系，还有其他合作创新点吗？

你存在于产业链中的价值：为什么产业链上需要你这一环，必要性是什么？

我们继续以某一个性化音乐APP在产业链上的价值举例。你还能想出更多它与上下游关系的创新点吗？

| 音乐制作人、唱片公司等提供内容创作和版权 | → 为上游带来创作与版权收益 | 音乐运营与传播 | → 为下游提供音频内容 | 移动端应用商店、智能家居厂商、新能源车品牌商等带来触达用户的分发渠道 |

视角 3：如何提供？

销售渠道：如何接触客户，如何整合渠道达到最大化营销，哪些渠道有成本优势？

酒香也怕巷子深，再好的商品或服务，也需要通过营销路径来传播。销售渠道有直接渠道和间接渠道之分。随着互联网对传统商业模式和规则的改变，使得大量新媒体销售渠道成为可能。但也不要盲目地跟随热点，选择合适自己的销售渠道才是最重要的。

销售渠道	自建渠道	自建线下实体店
		自建线上网点：如淘宝店铺、拼多多店铺、微店等
	合作渠道	合作方的线下实体店
		合作方的线上网店：如淘宝店铺、有赞微商城等
推广渠道	自媒体推广	自建账号，如博客、微信公众号、微博、今日头条、抖音、快手、小红书、映客直播等
	社交平台推广	在公众社交平台发起话题讨论，如哔哩哔哩弹幕网、豆瓣、百度贴吧、知乎等
	其他付费推广	付费给有新媒体推广的专业机构等，如搜索引擎优化、关键词广告和竞价、信息流广告、网红达人推文或带货短视频等

填写指南

销售渠道：如何将产品/服务传递给消费者。以下问题将引导你思考：你将如何向用户提供产品/服务，如怎样配送？用户如何购买和支付？你将如何提供售后支持？建立和维护渠道需要多少成本？

◆ **自建销售渠道**：直接控制产品/服务的营销，如自动售货机、自营实体店、自建网店等。

◆ **合作销售渠道**：依靠他人的营销渠道进行销售，如批发给经销商、授权给代理商、向实体店、电商供货等。

推广渠道：如何让用户知道产品/服务的好处，并产生信任感，激起购买欲望。你将如何向潜在用户介绍你的产品/服务？例如，自营抖音账号通过短视频和直播获取用户，付费给相关领域的小红书"达人"做产品测评。推广的成本，也应该纳入考虑。

例如，某一个性化音乐APP的营销渠道可以做如下规划。

自建销售渠道	官方网站下载，运营自媒体如微信公众号、头条号中的下载链接与指引。
合作销售渠道	手机预装软件，智能汽车预装软件，智能家居预装软件，手机应用商店，小型音乐馆海报上扫描二维码下载等。
推广渠道	自有品牌的音乐会推广，应用商店排名优化，投放线上广告，线下音乐会地推，以及贴吧、知乎、微博等推广。

视角3：如何提供？

与用户的互动关系：如何与客户建立联系，建立何种联系，建立这种联系的成本有多大。

与用户的互动关系揭示了在销售、二次销售、售后等过程中，我们的服务标准会给用户带来怎样的体验。不同的用户定位、价值主张与渠道通路，会决定我们与用户建立不同的关系。

既有专属客户经理一对一的私人关系，也有智能机器人的无人化服务关系；既有完全去中介化的直接互动，也有借助第三方机构中转的互动。

与用户互动关系有两个主要特征：接近度和参与度。接近度指的是关系有多么紧密和直接，如酒店客户经理与重要客户保持一对一的沟通。参与度指的是互动水平，如小米让"发烧友"参与到小米生态系统的开发，这种共创关系是最高等级的参与度。

右图展示了基于接近度和参与度的不同类型的用户互动关系，其实没有任何一个象限是必然优于其他象限的，恰当的参与度和接近度才有价值，才会提升与用户的关系。

如果你能识别出与用户互动关系中的接近度和参与度，规划出适当的互动频率与互动方式，那将会对提升销量很有帮助。

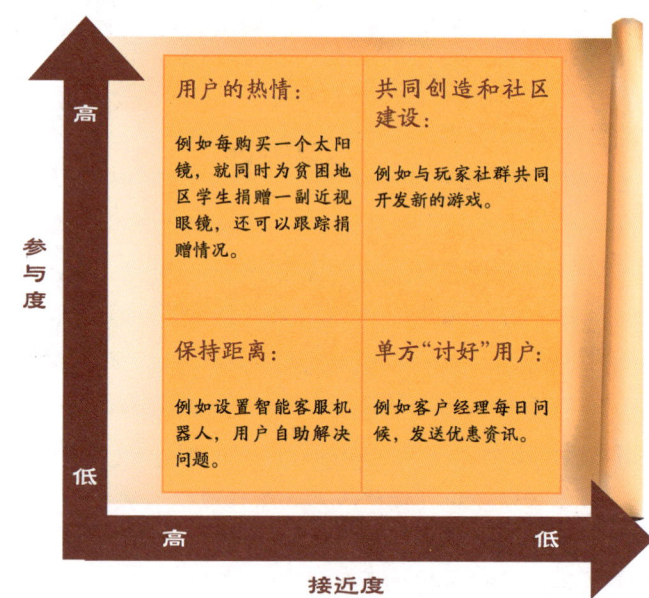

例如，某一个性化音乐APP规划的与用户的互动关系。

互动频率	至少1次／每日		
互动的方式			
签到打卡	热门评论	录制心情说说	音乐风格圈子
每日推荐	……	……	……

填写指南

我们可以问自己一些问题，如用户希望与我们保持怎样的关系？我们会与用户互动吗？会保持用户的黏性吗？会给用户带来便捷吗？会让用户感觉受到重视吗？

互动的频率：以日、周、月，还是以年为周期，每个周期内多少次互动。

互动的方式：画布里给出了一些参考，请写下你认为恰当的有价值的互动方式。当然，一个项目可能会有好几种与用户的互动方式组合。

视角 4：如何运营？

主要工作任务和所需资源：资源是在工作任务进程中分批投入的，不同项目落地运营所需的工作任务有所区别，创业者对资源的获取方式也不相同。

19. 资源是在工作任务进程中分批投入

制造类项目的主要工作任务

制造产品：与设计、制造及发送产品有关，是企业商业模式的核心。

进行销售：建立服务网络、交易平台，乃至打造品牌。

提供支持：与生产、销售无关的其他支持性任务，如培训。

所需资源

实体资产：包括生产设施、不动产、销售网点和分销网络等。

知识资产：包括品牌、专利和版权、商业秘密、客户数据库等。

人力资源：在知识密集产业和创意产业中，人力资源至关重要。

金融资产：包括现金、信贷额度、股票期权池等。

以某一个性化音乐APP的创立来举例。

所需资源	工作任务			
	软件开发	版权获取	上线获取种子用户	扩大推广
人力资源	招聘软件开发人员		招聘市场人员	
资金资源	自筹开发费用	版权曲库租用费	前期推广费	第一轮融资
市场资源			上架应用商店，与媒体渠道合作推广	与媒体巨头合作，与知名IP联名合作
技术资源	研发先进算法			
内容资源		租用曲库、购买版权		签约创作达人，与版权巨头合作

填写指南

主要工作任务：要向用户提供价值，供应产品，从头到尾我们需要完成的主要工作任务。

所需资源：不是一次性投入的，而是在工作任务推进的各个阶段，需要不同的资源投入组合。资源获取可分为外部获取和内部积累两种，如果该资源会影响整个商业模式的成败，那必须将其掌握在自己手里。 填写时，我们可以粗略规划资源类型，也可以很详细列举资源类型，如具体需要具体多少资金，从哪里获取。

任务 4.3 填写价值创造系统画布

20. 建立与生态伙伴的合作关系

任务 4.3 填写价值创造系统画布

视角4：如何运营？

伙伴生态圈：除了产业价值链上的合作者，还有很多共处于同一商业生态圈的其他利益相关者，引入新的利益相关者完善商业模式方案，可以增加市场价值。

想要在新的商业环境下乘风破浪，必须善于连接外部资源，优化我们所在的商业生态圈。原来赢者通吃的超级马太效应将转变为利益共享、合作共赢。生态视角下的企业优势和利润来源，背后的规则不再是零和博弈、你输我赢。它强调共赢——把饼做大，形成共生、互生和再生的利益共同体。不追求为我所有，而是为我所用，有效地与外部资源发生连接。当然，我们也有可能加入别的企业主导的商业生态圈。

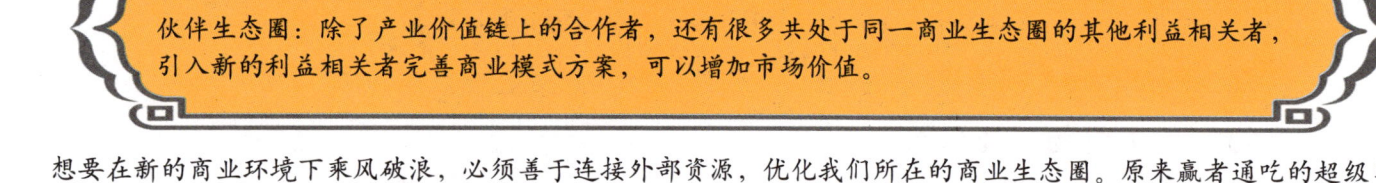

合作关系作用

- **降低风险和不确定性**：可减少以不确定性为特征的竞争环境的风险。
- **商业模式优化和规模经济**：优化的伙伴关系和规模经济的伙伴关系通常会降低成本，而且往往涉及外包或基础设施共享。
- **特定资源和业务的获取**：依靠其他企业提供特定资源或执行某些业务活动来扩展自身能力。

以某一个性化音乐APP的一部分伙伴生态圈来举例。

填写指南

合作对象：从以下两个角度思考，寻找可以合作的利益相关者。一是还有哪些可交易的对象，二是我需要的外部资源，被哪些利益相关者掌握。例如，供应商、分销商、金融机构、职能外包企业、技术合作伙伴、互补产品制造商、政府等。

合作方式：这些利益相关者想从我这里获取什么，我需要从他们那里获取什么，各方的利益连接点在哪里？

视角 5：盈利模式是什么？

盈利模式必须考虑收入和支出两方面，盈利模式直接决定现金流结构。
收入：从客户群体获得的收益，包括一次性收入、经常性收入等。

盈利模式是指企业的收支来源与收支方式，及其相应的结构，也就是企业如何获得收入、分配成本、赚取利润。成功的企业往往能够通过主动设计盈利模式，提高交易效率，创造竞争优势。相同行业的企业，收入结构和成本结构不一定相同。现代企业盈利模式有很多创新和变化，成本结构和收入结构不一定完全对应。例如，企业提供的产品和服务不收费，吸引大量用户产生价值，由其他利益相关者付费；成本和费用也不一定由企业自己承担，可以转移给其他利益相关者。这些灵活设计的可能性，带来了盈利模式的多样性。

关于收入的设计要关注四个问题：一是确定产品和服务的价格；二是确定收入的来源；三是确定以何种方式获得收入；四是确定收入的时间节点。

填写指南

交易计费方式：交易的计费方式多种多样，以汽车相关的交易举例。例如，购买汽车是一次性；停车费是计时；汽车加油是计量；购买车险送全车保养是共享；车友社交 APP 是免费。需要注意的是，免费不是指短期促销活动赠送的免费服务，而是为了积累用户，再由其他利益相关者付费的模式。

收入的时间节点：我们要有现金流的思维，即现金流入与流出的时间序列分布。想办法把较长的货款回收期，变成即时现付交易；把一次性交易，变成多次长期交易。创业早期估算收入的时间节点不甚明朗，这里以计费周期为大概的基准。

以某一个性化音乐 APP 第一年的收入报表为例。想想还可以设计哪些收入来源、收入方式。收入方式也不是越杂越好，如弹窗广告若背离了"纯净"体验的产品初衷，舍弃掉这个收入是更好的选择。

收入报表

	一次性	计时	计量	共享	免费	其他
即时	品牌授权线下音乐活动 10万					
月度	原创歌手打歌 10万		开屏及弹窗广告收入 20万元	与其他APP置换流量入口		
季度						
年度			会员费 100万			

我们要着重考虑是否有多种收入来源？哪种利润最大？
哪种能带来长期稳定的收益？特别要重视现金流入的时间节点。

视角 5：盈利模式是什么？

支出：运营商业模式所发生的成本结构，包括固定支出、可变支出等。

在创业的早期阶段，你可能没有明确的成本信息，但此时正是开始收集成本信息的最佳时机。成本包括启动成本和经常性的运营成本。我们无法以相同的详细程度处理所有成本类型，一些成本很容易识别，另一些成本可能需要详细的研究或基于直觉的猜测，真实成本通常会比预估的大。如果你缺少信息，请尝试用搜索网络、实地走访、与业内人士交流等方式获得。识别成本结构的目的除了估算创业需要多少资金，还能检验最昂贵的花销是否用在了最能创造价值的地方。

填写指南

固定支出：支出总额不随业务量而变，表现为固定金额。简单地说，就是业务一开张，不管赚钱不赚钱都必须要花出去的钱。例如，一次至少交半年的租金、装修费用、开业前3个月的人工基本工资，各种营业执照和证件的办理费用等。不管你有没有业务，这钱是花出去就很难收回来的。有一部分固定成本是可以回收的，如固定资产的桌椅、家电等，但后期必须折旧，不可能按原价计算。在创业早期，要尽最大可能降低以上固定成本支出。还有一种固定支出，是创业者根据发展需要决策的一定周期内的固定投入，如新产品开发费、广告费、职工培训费等。

可变支出：随着业务规模扩大需要增加投入的支出，业务规模大时支出就大，业务规模小时支出就小。例如，乡村旅游项目接待20位顾客和10位客户，住宿、交通的成本是不一样的。可变支出也可以节约，但需要注意的是，压缩可变成本，往往和客户满意度是相矛盾的。

支出的时间节点：初创企业由于在产业链中的谈判能力低，现金流结构容易是采购需要支付现金，先垫资生产，但销售却形成应收账款，导致企业现金流压力大。我们要想办法把一次性支付，变成多期支付。例如，购买大型设备是一笔很大的投入，是否可以采取分期付款或融资租赁方式。

以某一个性化音乐APP创业第一年的支出报表为例。想想还有哪些成本。

支出报表

	固定支出	可变支出	其他
即时	设备与桌椅6万，申请域名、商标、软著等1万	推广费30万	
月度	开发人员工资30万，场地租金1万		
季度			
年度	服务器2万		

我们要着重考虑哪些工作任务花费的成本最大？哪些资源花费的成本最大？特别是在移动互联网领域，要衡量用户获取成本。

项目 5　建团队找资源

项目 5 是 PIRT 创新方法论的第三步

创业项目落地执行的条件，主要包括建立有战斗力的团队和寻找匹配的资源。在行动学习流程上，将在项目 5 中为创业提供条件。

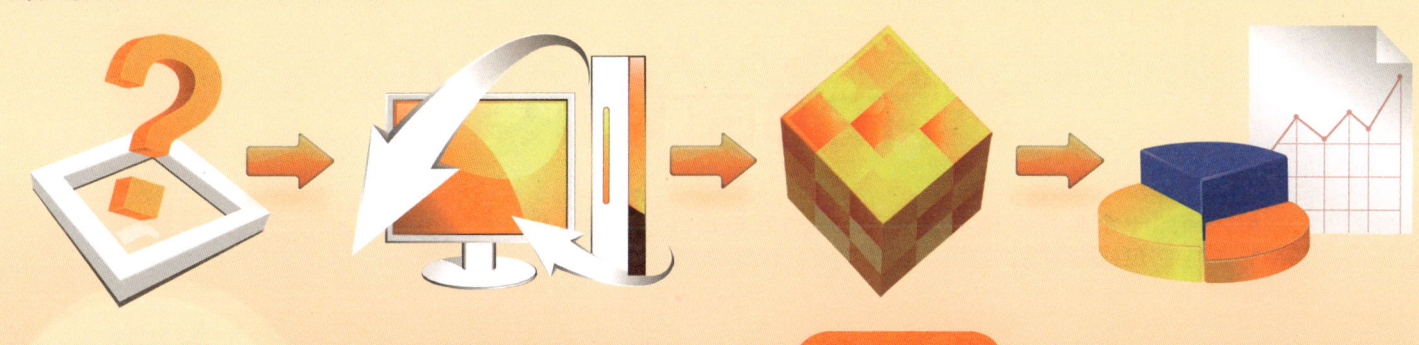

发现问题	创新方法	创造条件	验证执行
观察能力训练 共情能力训练 批判思维训练	创新流程掌握 创新方法学习 创意激发手段 商业价值分析 商业模式设计	团队组建 股权顶层设计 资源获取与拼凑	最简可行产品 用户测试 商业计划书 路演呈现

知识目标
1. 能领会高效创业团队的含义和作用
2. 能掌握创业素质自我评价的方法
3. 能理解资源拼凑的原理

能力目标
1. 能找到合适的伙伴，展示出团队精神
2. 能运用合理的原则设计股权结构
3. 能拼凑与链接手边可获得的资源

素质目标
1. 培养人际关系协调能力
2. 培养责任权利对等的意识
3. 培养不畏困难、锲而不舍的拼搏精神

任务5.1 组建高效的创业团队

 **知识准备** **为什么创业需要优秀的团队**

著名的创业学家蒂蒙斯教授（Jeffry A. Timmons）提出的蒂蒙斯创业过程模型指出：创业过程是商业机会、创业团队和资源三个要素互相匹配和平衡的结果。团队是创业之本，从某种程度上说，创业团队是成功创业最核心的要素。

创业团队是为进行创业而形成的集体。它使各成员联合起来，在行为上形成彼此影响的交互作用、在心理上意识到其他成员的存在及彼此相互归属的感受和工作精神。这种集体不同于一般意义上的社会团体，它存在于企业之中，因创业的关系而连接起来却又超乎个人、领导和组织之外。

一群人面临一个具有不确定性而又充满挑战的目标，一起去做一件有价值，但既有可能成功，也有可能失败的事情。

换个更有趣的定义

> 我更喜欢拥有二流创意的一流创业者和团队，而不是拥有一流创意的二流创业团队！
> ——"全球风险投资管理之父"乔治·多里特

> 领军人物好比阿拉伯数字中的1，有了这个1，带上一个0，就是10，两个0就是100，三个0就是1000。
> ——联想创始人 柳传志

优秀的创业团队为什么这么重要？因为创业是一个动态变化又充满不确定风险的过程。初创公司从成立那一刻起，就不断地面临产品、市场、竞争、融资等各种挑战。创业团队必须能在动态变化的环境中不断纠正航向，在不确定性中寻找到正确的方向，小步快跑，在减少试错的成本上不断改进策略。而团队成员需要有很好的互补性，优秀的团队尤其是创业经验丰富的团队可以大大降低创业失败的风险，对初创企业尤为重要。

创业的成功与失败，在很大程度上取决于创业者和团队的素质与经验。一次成功的创业，要求创业团队具备快速解决问题的能力，昂扬的创业激情及面对挫折永不言败的态度；要求创业团队有效利用手边资源，在不确定性中找到方向，用创意抓住机会，逐渐实现其价值。因此，俗话说"投资就是投人"，投资人格外看重创业成员的构成和经验。

 **创业者需要什么样的合作伙伴**

寻找合作伙伴是初创企业奠定基石最重要的环节，合作伙伴不仅是老板，也是核心执行者。优秀的合作伙伴并非可遇不可求，只要目标清晰，方法得当，就能找到最佳合作伙伴。

最佳的创业合作伙伴最好能做到理念一致，优势互补。

理念一致：价值观、经营理念、发展目标相一致。合作伙伴之间有共同的价值观和认同感，朝着同一个发展目标努力。这些方面的一致有利于稳固合作关系，如果在未来创业过程中遇到问题，可以一起坚定地克服困难。

优势互补：建立优势互补的团队是创业成功的关键。优势包括了能力、性格与资源等几个方面。"主内"与"主外"的不同人才，耐心的"总管"和具有战略眼光的"领袖"，技术与市场两方面的人才，都不可偏废。创业者寻找团队成员，首先要弥补当前资源能力上的不足，要针对创业目标与当前能力的差距，寻找所需要的配套成员。这样，在创业过程中，大家能分别掌管不同的领域，才能起到事半功倍的效果。此外，创业团队还要注意个人的性格与看问题的角度，团队里必须有总能提出建设性意见和不断地发现团队问题的成员，一个都喜欢说好话的组织绝对不可能成为一个优秀的团队。

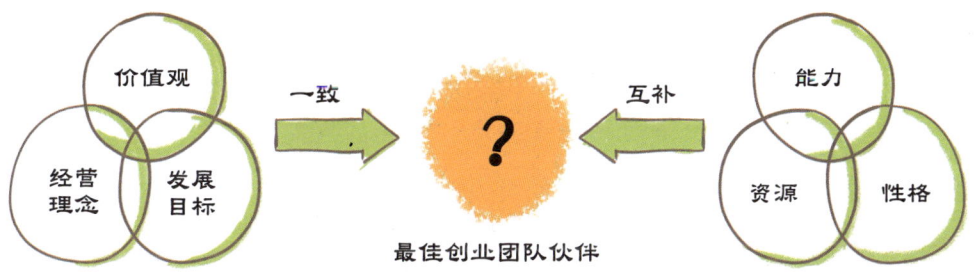

从一个完整的创业公司架构来看，运营、财务、营销与技术这几个方面应该都有能独当一面的人，因此初创者要考虑在这几个核心领域里设置合作伙伴，于是，首席执行官（CEO）、营销官（CMO）和技术负责人（CTO）通常是不可或缺的。随着创业团队的发展，还会需要运营官（COO）、财务负责人（CFO）等。

任务 5.1 组建高效的创业团队

 ## 高效创业团队的特征

高效创业团队的八大特征

1. 团队任务目标一致，成员齐心协力，发挥团队最大潜能。
2. 团队具有高度凝聚力，成员同舟共济，共同承担风险与责任。
3. 成员间知识技能互补，人尽其用。
4. 成员间沟通顺畅，信息共享，彼此信任、尊重。
5. 成员对团队的事务尽心竭力，全方位奉献，具有高度的责任感。
6. 团队致力于创造共同价值。
7. 团队有公平合理的股权分配机制。
8. 团队成员能合理分享经营成果。

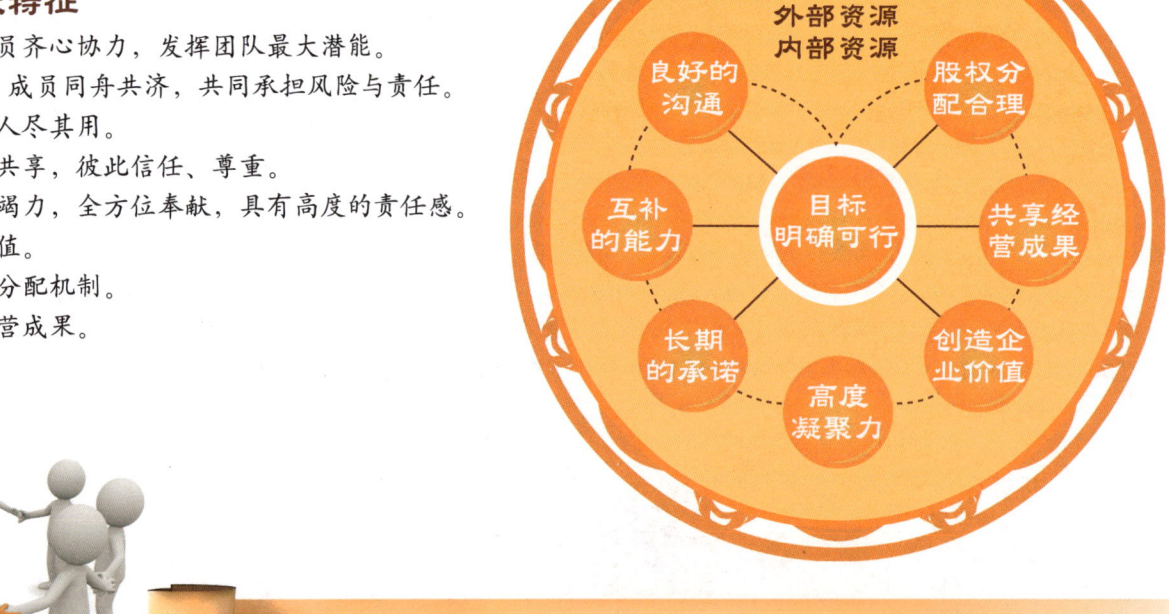

设立团队目标是建立高效创业团队的核心和基础。目标的设定应该是鼓舞人心并且可以衡量的，而且必须是可实现的；即使解决方案的变化是未知的，但目标仍要提供一个稳定的方向。例如，创立小米手机的雷军说："坚持做感动人心、价格厚道的好产品，让全球每个人都能享受科技带来的美好生活。"

这里有三个方法能协助你设立这样的目标：

一是这个目标能给目标客户带来好处；

二是这个目标能给公司（自己的团队）带来价值；

三是要让团队成员感受到工作与公司价值之间的联系。

团队的成长阶段

21. 团队成长规律以及如何进行团队建设

团队的成长会经历四个阶段，优秀的领导者会根据团队的成熟度来调整自己的行为。所以，能认识到团队的成长并做出合适的决策与行动非常重要。

团队成熟度发展

阶段 1
团队成员还不够成熟，忙着彼此了解和学习合作，需要明确的工作指示。

负责人要做的是创造一个适合协作的环境氛围，进行工作安排与协调，指导团队成员独立做计划，并对成员的行动及时给予反馈。

阶段 2
团队成员了解彼此的能力，达成了分工的默契协议，还能对彼此的工作结果和态度进行反馈。

随着团队独立性的提高，负责人转变为引导者，鼓励他们自己做选择，更多的只是分享自己的见解，激励团队成员不断发展知识和技能。

阶段 3
团队继续成熟，工作质量有了很大提高，成员之间主动分享知识与技能，同伴互学基本成型。

负责人基本上已成为引导者，与团队成员一起制定下一阶段的目标，让大家在一起更聪明地协作，而不是只规定他们做什么。

阶段 4
团队高度成熟，能够自主协同工作，一起提高技能、创新力和工作质量，合作是诚实的、有趣的、共享的。

负责人完全专注于协作环境和文化氛围的营造，消除合作障碍，给予团队极大的自由度，激励团队成员不断超越自我。

任务 5.1 组建高效的创业团队

如何组建高效的创业团队

Step1　**创业目标与计划**　当我们有了一个明确的创业目标后，首先应该做的不是找人，而是制订一个创业计划，并尽可能地多方验证其是否具有可行性。

Step2　**找到合适的目标对象**　带着这个计划，依据前文提到的标准，去寻找合适的创业团队目标人选。

Step3　**了解潜在的合作伙伴**　通过上一步骤一般来说只能找到外在条件相匹配的目标对象，但是价值观以及个人内心的想法，还需要进一步了解，如潜在对象的个人情况、学习热情、专业能力等。了解合作伙伴喜欢什么、不喜欢什么，不仅可以明确合作伙伴是否与公司相匹配，还可以及时采取相应措施来防止他产生不满情绪，产生跳槽的想法。

Step4　**说服合作伙伴**　向对方展示目前公司的发展情况以及未来的计划和打算，用共同愿景去吸引对方，说服他加入创始团队。科技界有一个著名的"卖糖水"段子。乔布斯看上了百事可乐公司史上最年轻的总裁斯卡利，想让他到苹果公司来一起创业。他多次拜访斯卡利，把斯卡利带到放置 Mac 原型机的房间向他展示这一项了不起的发明，然后问他："你是想卖一辈子糖水呢，还是想抓住机会来改变世界？"最终，斯卡利在乔布斯"共同愿景"的激励下，加盟苹果公司，决心改变世界。

Step5　**明晰职权，建立管理制度**　创业团队组建好以后，需要以制度的形式把职权、分工及合作方式等明确下来。最好建立动态调整机制甚至是退出机制，确保创业团队始终保有活力与干劲。

成功的创业团队没有固定的模式

任务 5.1 组建高效的创业团队

关于角色

创业团队角色包括精神领袖、技术领袖和执行领袖。首先，精神领袖主导战略与方向的设计；其次，执行领袖主导管理与执行；而在设计与行动之间，需要技术领袖把精神转化为物质。

关于数量

人数过多本身就是一种内耗，沟通和协调的成本也会增大，在面临不确定性时，往往少数人的意见是正确的，因为领袖能看到大多数人看不到的方向。3人可能是一个更加稳定的数字。

关于分工

有时候一个人可能扮演不同角色，如很多精神领袖也是技术领袖。但一个人终究不能代表一个团队，不同成员之间的思维、性格、资源互补，为团队提供完善补充和实践验证。

# 分析工具 RISKING 创业者素质评价模型

如何判断自己是否具备创业者素质呢？可以用 RISKING 创业者素质评价模型。它包括想法、资源、目标、关系网络、知识、技能及才智 7 个方面。将这七个单词的第一个英文字母组合起来就是 Risking，即风险，也暗示了创业是有风险的。

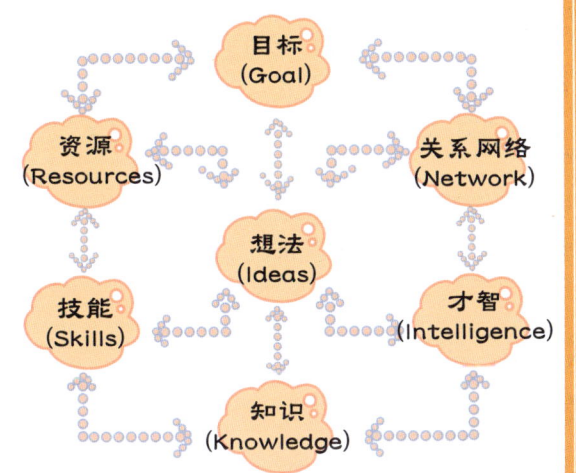

1. 想法：具有丰富的想象力，且能准确而生动地表达自己的想法，比别人更具有创造性。
2. 目标：有明确的创业目标，并愿意为之付出较大的努力；有勇气和耐心实现目标并承担风险。
3. 才智：心态积极，能控制情绪，自律；遇事不逃避，主动解决问题；善于观察，注意细节。
4. 技能：具备专业技能、管理技能和行动技能；有过相应的技能运用经验。
5. 知识：拥有行业知识、专业知识以及创业相关知识，有着较为完备的知识结构。
6. 资源：有雄厚的资金和稳定的财务来源；能挖到合作伙伴；能雇佣到员工；可以获得充足的原材料。
7. 关系网络：具有影响他人的能力；善于与陌生人打交道；与各行业企业有联系。

RISKING 创业者素质评价模型七个方面的关键词

想法	目标	才智	技能	知识	资源	关系网络
市场	方向	智商	专业	行业	项目	合作者
价值	确定	情商	管理	商业	资金	服务对象
可行	集中	财商	执行	法律	团队	渠道
创新	执着	挫折商	领导	财务	其他	媒体

任务 5.2　设计创业团队的股权

为什么要设计股权

股权是指是有限责任公司或者股份有限公司的股东对公司享有的人身和财产权益的一种综合性权利，是股东基于其股东资格而享有的，从公司获得经济利益，并参与公司经营管理的权利。简而言之，股权叠加了股东对财富和权力的双重诉求。

可以毫不夸张地说，股权设计是创业团队的顶层架构。尽管法律、财税这些"硬规则"很重要，但股权的真正内核其实是"人性"。印度作家普列姆·昌德有句名言："财富带来痴迷，权力带来疯狂。"糅杂着"钱"与"权"的股权注定是最能展现人性痴狂且极具故事性元素的领域。对于创业者来说，无论是股权合伙，还是股权激励，都是在激发人性中的梦想。所以，股权是有"灵魂"的，股权设计的最终目的是为企业运营输送源源不断的、最原生的动力。

在现实中，许多创业公司倒下的原因，除了商业决策失误和市场竞争激烈，更重要的内因是因为创始团队管理不善。有的创始人"独揽大权"，没有把创始团队凝聚在一起；有的合伙人之间矛盾不断，争执不休；有的留不住专业人才，贡献界定不清。解决这些问题的关键，在于一开始就要依法合规地设计好股权架构。

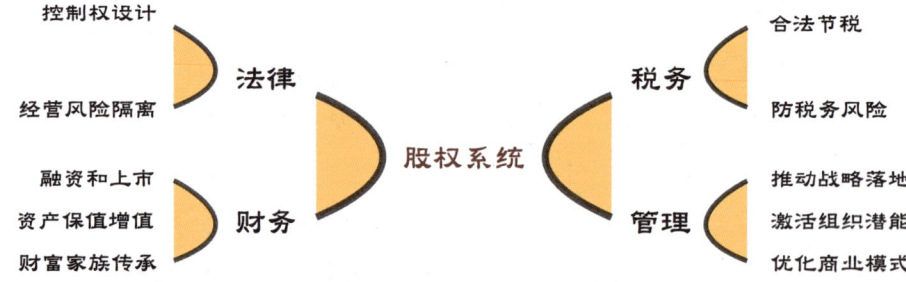

在创业发展的不同阶段，创业者都会面临股权架构设计问题。
——团队创业第一天，就会面临股权架构设计问题（联合创始人股权设计）。
——公司早期要引入天使资金，会面临股权架构设计问题（天使融资）。
——公司有几十号人，要激励中层管理与重要技术人员和公司长期走下去，会面临股权架构设计问题（员工股权激励）。
——公司需要招兵买马，加速发展，引入A轮、B轮、C轮投资人以及IPO时，会面临股权架构设计问题（创业股权融资）。
——公司足够牛，需要把小公司做大，把老企业做新，也会面临股权架构设计问题（资本结构优化）。

 ## 初创企业的股权设计

初创企业股权设计原则

1. 股权一定不能太分散。如果没有一个股东决策权超过50%，公司可能会长期无法形成有效决议。
2. 主动权一定要掌握在创始人自己手里，不要轻易把主动权交给投资人。
3. 合作伙伴的股权制度应该按照价值来划分，而不是靠情谊。
4. 股权分配要有法律意识，在充分了解法律对不同股权比例的权益保障后再决定股权分配。
5. 设定合作伙伴退出机制。依靠协议来保障权益。

股权设计五要素：谁对企业负责、谁是公司老大、谁是拥有者、谁来出资、谁来经营

 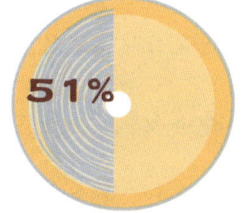 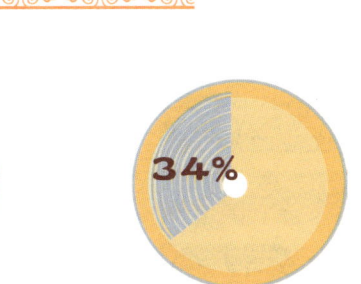 

完美控制线
持股比例67%，绝对控股。一般事项和修改章程、增资扩股等重大事项都由该股东（或者几个股东约定的一致行动人）说了算。

绝对控制线
持股比例51%，实现相对控股，即多于1/2。一般事项可以由该股东说了算，如任命董事、对外投资担保等。

否决捣蛋线
持股比例34%，如果一个股东（或几个小股东加在一起）的持股比例没有超过34%，没办法说了算。但有一票否决权，有权否决股东会提议。

申请解散线
持股比例10%，超过公司10%的股东（或联合起来超过10%）有权要求召开临时股东大会。也可以提议解散公司。

任务 5.2 设计创业团队的股权

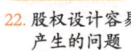

22. 股权设计容易产生的问题

 **初创企业股权设计容易产生的问题**

创业早期，应采用简单的股权架构，一般3个股东，最多不能超过5个，其他人可以代持。其中，一定要有"带头大哥"。因为在早期，创业公司一定要有一个人来拍板，到关键点一定要有人快速决策。

"带头大哥"的股权比重应当与其贡献匹配。例如，某位创始人从创立项目到带领项目成长都起到最重要的作用，但在公司中只占股18%，而另外只投资的股东却占股82%，这样的股权分配对创始合作伙伴来说非常不合理。当然，预留合作伙伴期权池会是一个比较好的解决方法，如可以预留20%的期权池给创始人，并达成共识，未来如果创始人将企业做到一定的高度，这20%可以对其无偿转让。

一些常见的股权分配模式有：二个股东70%：30%和60%：40%，三个股东60%：30%：10%和51%：30%：19%。这些分配比例中，大股东和二股东拉开一定的股权比例差距有助于公司决策，避免僵局。

下面我们列出了一些常见的股份分配方案以及可能导致的问题。

股份分配方案　　　　　　　可能导致的问题

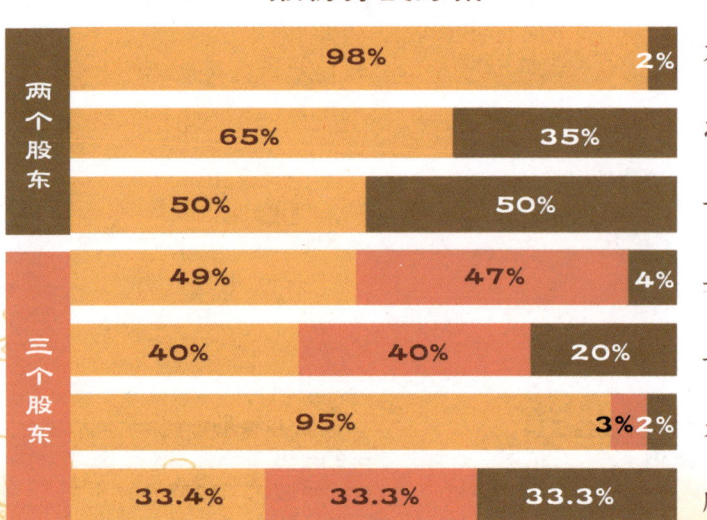

股份分配方案	可能导致的问题
两个股东 98%：2%	不利于调动其他股东热情；对大股东缺乏制衡机制，容易出现决策失误。
两个股东 65%：35%	决策时容易被小股东一票否决（针对需要67%才可以通过的事项）。
两个股东 50%：50%	一旦股东出现意见分歧，容易陷入一个无法决策的僵局。
三个股东 49%：47%：4%	二股东和三股东容易联合起来对抗大股东。
三个股东 40%：40%：20%	三股东成了大股东和二股东争抢的对象。
三个股东 95%：3%：2%	大股东独大，二股东和三股东没有任何话语权，没有任何制衡机制。
三个股东 33.4%：33.3%：33.3%	股东一旦出现意见分歧，容易陷入一个无法决策的僵局。

分析工具 控制权设计工具

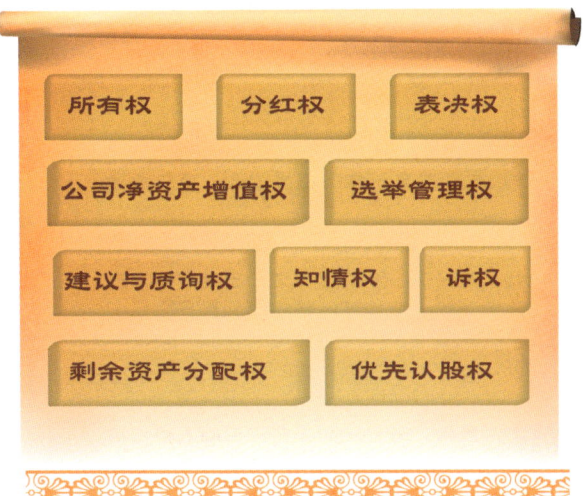

股权一点都不简单,它包括很多权利,如左图所示。但归结起来最重要的就是两大类:财产权(钱)和话语权(权)。钱与权可以合二为一,也可以分而治之。

创始人最应关注控制权(表决权),所以在做股权架构设计的时候必须考虑到创始人控制权,能在经历两三轮稀释后依然能对公司拥有控制权。

合作伙伴最关心的是,当创始人一意孤行的时候,自己手里有没有制衡的办法?例如,表决权超过(或合起来超过)10%,就可以召开股东大会,超过34%,就有了一票否决。

核心员工的诉求是分红权,在早期做股权架构设计的时候需要把这部分股权预留出来,等公司处于快速发展阶段时,期权就能派上用场(通常建议初次分配完之后同比例稀释预留10%~25%)。

投资人追求高净值回报,对于优质项目,他们的诉求是快速进入和快速退出,所以在一定程度上说,投资人要求的优先清算权和优先认购权是非常合理的诉求,需要创始人予以理解,但也需要对其可能产生的后果有充分认识。

不同团队成员对股权的期望不同,在实际中创始人很难独自掌握67%(完美控制线)的股份。下面,我们从创始人如何获得控制权的角度,介绍几种常用的控制权设计工具。

任务 5.2 设计创业团队的股权

一致行动人

联合几个股东建立"小股东会",每次先在"小股东会"上讨论出一个结果,再在股东大会里抱团一致对外。如果有人违背一致行动人决议,将会受到约定条款的惩罚,如罚金、赔偿股份等。

委托投票权

说服持股较少的股东在股东大会召开之前,用委托投票权的方式,将表决权授权给最大的股东,以方便形成公司的实际控制人。

AB双层股权

管理层试图以少量资本控制整个公司,减少被投资者控制的压力,管理层持有B股,每股有N票的投票权;一般股东持有A股,每股只有1票的投票权。B股一般流通性较差,一旦流通出售,即从B股转为A股。

23. 初创企业股权结构计算表

 **分析工具** 初创企业股权结构计算表

任务 5.2 设计创业团队的股权

事项	量分	理由
初始基数	100	我们给每个人创始人 100 份初始股作为计算基数
担任项目发起人	+20~50	项目发起人可能是 CEO，也可能不是 CEO，但如果是他发起了项目，召集大家一起来创业，他就应该可以额外得到更多股权
迈出第一步	+20~100	如果某个创始人提出的概念已经着手实施，如已经开始申请专利、已经有一个演示原型、已经有一个产品的早期版本，或者其他对吸引投资或贷款有利的事情，那么这个创始人应该可以额外得到更多股权
担任总经理	+10~50	CEO 作为对公司贡献最大、并最终负责的人应得到更多股权
全职创业	+200~300	全职创始人工作量更大，而且项目失败的情况下冒的风险也更大。因此，所有全职工作的创始人都应该额外得到更多股权。另外我们认为，项目发起人全职创业是很有必要的
有投资信誉	+50~300	如果创始人是第一次创业，而他的合作伙伴里有人曾经参与过风险投资成功了的项目，那么这个合作伙伴比创始人更有投资价值。在某些极端情况下，某些创始人会让投资人觉得非常值得投资，这些超级合作伙伴基本上消除了"创办阶段"的所有风险，所以应该额外得到更多股权
现金投入者：参照投资人股权份额		这个表格第一栏的初始状态是假设每个创始人都投入了等量的资金，构成了最初的平均分配。如果某个人投入的资金相对而言较多，那么他应该获得较多的股权，因为最早期的投资，风险也往往最大，所以应该获得更多的股权。现金投资可以参考投资人的股权份额计算：例如公司第一次融资时合理估值大概是 50 万元，那么投资 5 万元的人，可以额外获得 10%
综上所述，做好计算		把所有股东的计算结果加和，得出分母。把每个人的计算结果做分子，即可计算每人的持股比例。举例，若 3 个股东计算总额分别是 800、400、200，则分母为 1400，三个人的持股比例分别为：57.1%、28.6%、14.3%

任务 5.3　资源拼凑与链接人脉

创业资源有哪些

创业资源是新企业在创业的过程中所投入和利用的各种资源的总和。它包括经济管理资源、人力资源、财务资源、市场资源、政策资源、信息资源、科技资源等直接和间接的资源。

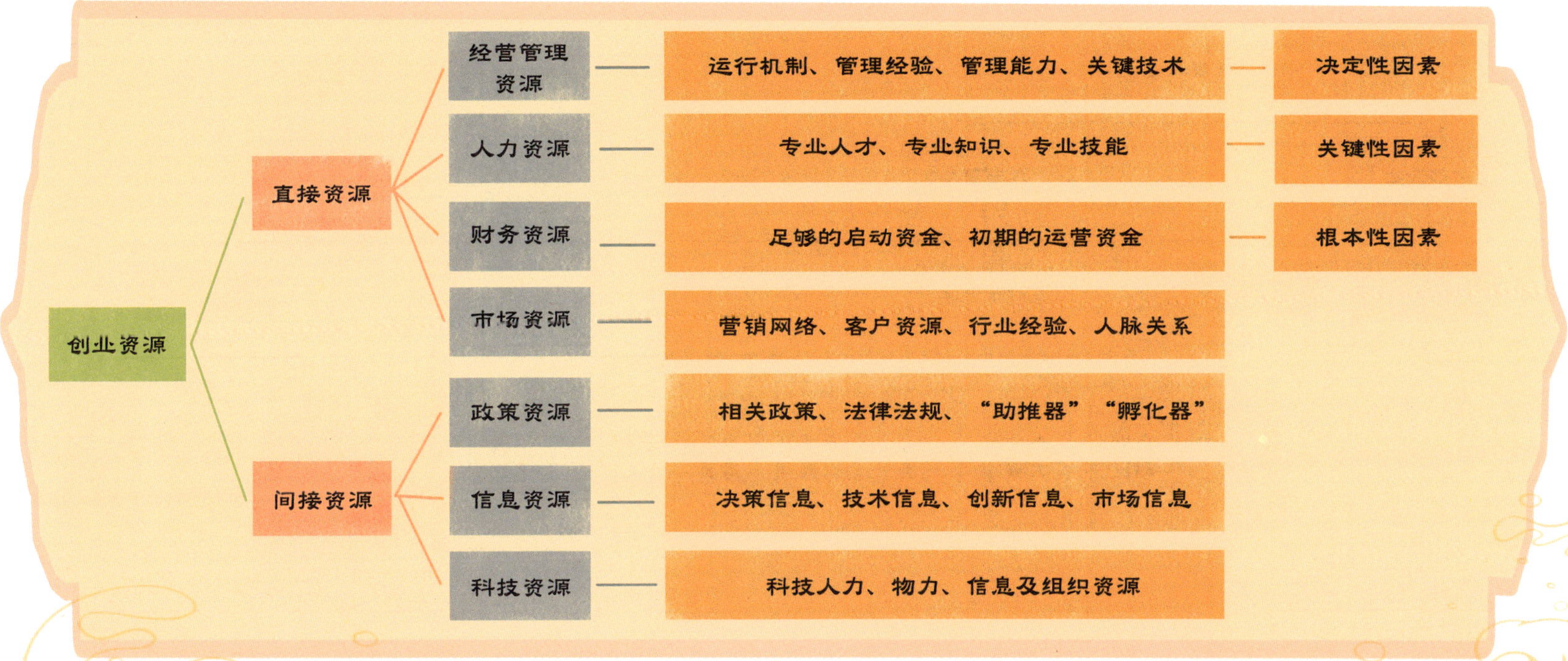

创业资源			
直接资源	经营管理资源	运行机制、管理经验、管理能力、关键技术	决定性因素
	人力资源	专业人才、专业知识、专业技能	关键性因素
	财务资源	足够的启动资金、初期的运营资金	根本性因素
间接资源	市场资源	营销网络、客户资源、行业经验、人脉关系	
	政策资源	相关政策、法律法规、"助推器""孵化器"	
	信息资源	决策信息、技术信息、创新信息、市场信息	
	科技资源	科技人力、物力、信息及组织资源	

创业资源对创业的影响是巨大的，不管是人力、财务、科技资源，还是经营管理和政策资源，都能给创业带来很大的推动作用。对创业者而言，获取创业资源的最终目的就是组织这些资源，利用好创业机会，获得创业的成功。

 创业资源从哪里获取

创业资源的获取是指在确认和识别资源的基础上，利用其他创业资源或途径取得所需资源并使之为新企业服务的过程。不同的创业资源可能需要不同的获取途径，同一资源获取方式也可能获得多种资源。

创业资源获取的途径，从获取来源区分可分为外部获取和内部开发两种方式。新创企业资源匮乏，大部分为非核心资源，如资金资源，应当从外部获取。而核心资源，则需掌握在团队自己手里，应当优先在团队内部开发获取。

任务 5.3 资源拼凑与链接人脉

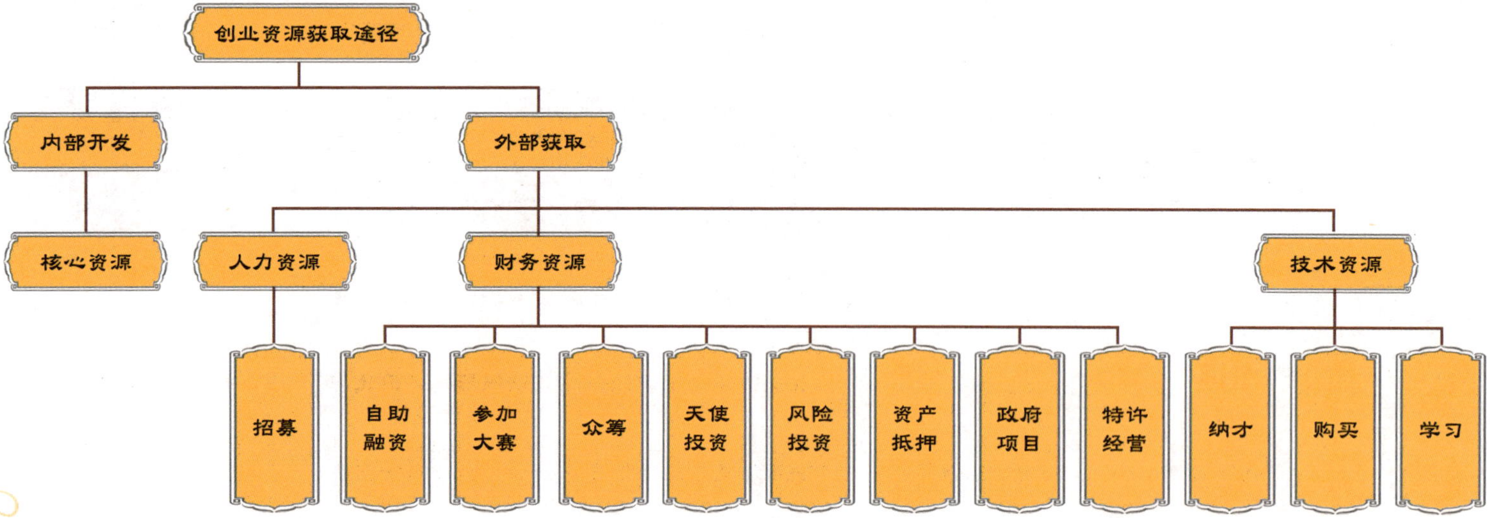

```
创业资源获取途径
├── 内部开发
│   └── 核心资源
└── 外部获取
    ├── 人力资源
    │   ├── 招募
    │   └── 自助融资
    ├── 财务资源
    │   ├── 参加大赛
    │   ├── 众筹
    │   ├── 天使投资
    │   ├── 风险投资
    │   ├── 资产抵押
    │   ├── 政府项目
    │   └── 特许经营
    └── 技术资源
        ├── 纳才
        ├── 购买
        └── 学习
```

创业资源的获取对大学生创业而言至关重要。相对于已经步入社会的创业者而言，大学生创业者在经验、技术、资金等方面存在一定的劣势。大学生获取资源的关键是要积极拓展社会关系，并充分利用一些有利的条件（如国家政策支持）。

 **分析工具** ## 资源拼凑

资源约束的三种选择

多数新创企业都具有"新生弱性",即缺乏足够的资本、物质或专业人员、开发机会等。资源约束成为许多新创企业发展中的常态。

面对资源约束,新创企业通常有三种选择。

- **资源搜寻**
  - ◆ 借款、招股
  - ◆ 有时迫于时间压力,会错失创业机会

- **维持现状 放弃现有机会**
  - ◆ 缩减企业规模
  - ◆ 解散创业团队

- **资源拼凑**
  - ◆ 突破资源约束
  - ◆ 重新整合和构建手头资源

第三种选择——资源拼凑,就是受资源约束的企业为了解决新的问题,整合手头现有的资源,以及通过现有社会网络关系获取的资源,根据新目的进行评估、筛选、分类和设计,以完成资源重组、创造利用的行为。资源拼凑作为一种资源贫乏克服手段与方式,普遍存在于创业型企业。

简而言之,无须等待所有优质资源聚齐,现在就开始应用能够找到的资源,重新组合起来,将就拼凑地抓住新机会、解决问题。

资源拼凑 MRR 三模式

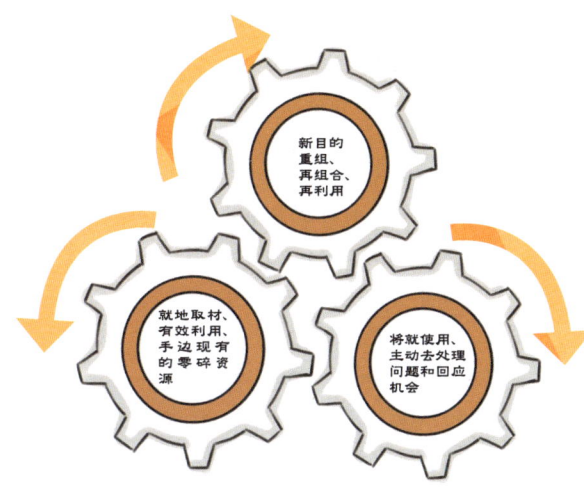

将就使用(Making Do):不管手上资源是否有优势,主动去处理问题和回应机会,只要拼凑的资源能真正奏效就行,而非拖延至获得最合适或最适当资源才采取行动。

就地取材(Resources Hand):有效利用手边现有的各种零碎资源去解决问题,而这些资源可能相当的廉价,甚至是免费的,因为它们通常被他人视为无价值或用处,因此也相对容易获得。

新目的重组(Recombination of Resources for New Purposes):突破原有用途,根据新目的产生、进行资源重组,产生新的用途。

任务 5.3 资源拼凑与链接人脉

分析工具：通过你的人脉链接资源：六度分隔理论

1967年，哈佛大学心理学教授斯坦利·米尔格拉姆（Stanley Milgram）想要描绘一个联结人与社区的人际关系网，因此做过连锁信实验，结果发现了"六度分隔"现象："你和任何一个陌生人之间所间隔的人不会超过六个，也就是说，最多通过六个人，你就能够认识任何一个陌生人。"

"六度分隔理论"说明了社会中普遍存在的"弱纽带"发挥着非常强大的作用。通过弱纽带，人与人之间的距离变得非常"相近"，"朋友的朋友也是朋友"。我们一生可能会认识千百人，他们有的对我极其重要，有的对我无足轻重，我们联系建立的原因和方法也是千差万别的。有父母亲属这类生而固有的联系，也有因为地理位置接近而发展出来的邻里联系，还有因为共同学习生活而发展出来的同学及同事关系。

微软公司的研究人员利用网络信息对"六度分隔理论"进行了实验，他们对2006年某个月通过微软即时通信工具MSN发出的300亿个即时信息的地址进行了研究。通过计算发现，78%的发信息者都可以通过6.6个信息联系在一起。研究还表明，这个结果并不随着人口增长或通信技术的进步发生改变。研究人员埃里克·霍维茨说："确切地讲应该是'6.6度空间理论'。也就是说，最多通过6.6个人，你就能够认识任何一个陌生人。"

Facebook的团队对注册的15.9亿使用者资料进行了研究。2016年2月4日Facebook Research公布了标题为"Three and a half degrees of separation"的研究结果，发现这个神奇数字的"网络直径"是3.57，意味着每个人与其他人的间隔为3.57人。

这种现象，并不是说任何人与人之间的联系都必须要通过六个层次才会产生联系，而是表达了这样一个重要的概念：任何两位素不相识的人之间，通过一定的联系方式，总能够产生必然联系。显然，随着联系方式和联系能力的不同，实现个人期望的机遇将产生明显的区别。

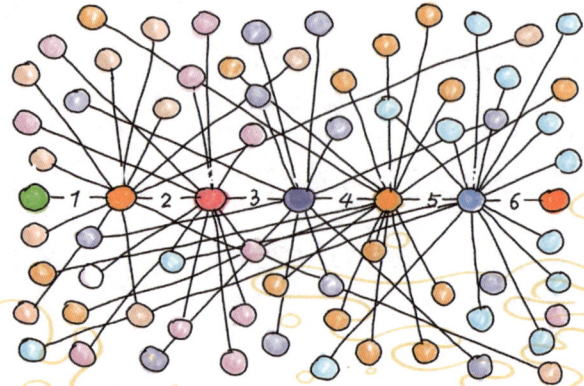

项目 6　做原型小验证

项目 6 是 PIRT 创新方法论的第四步

我们已经开发了产品创意，设计了商业模式，计划了创业条件，在项目 6 中，我们要做的行动是模拟产品、服务和商业模式，让创意第一次能被看到、被摸到，让用户能"眼见为实"地提供反馈。

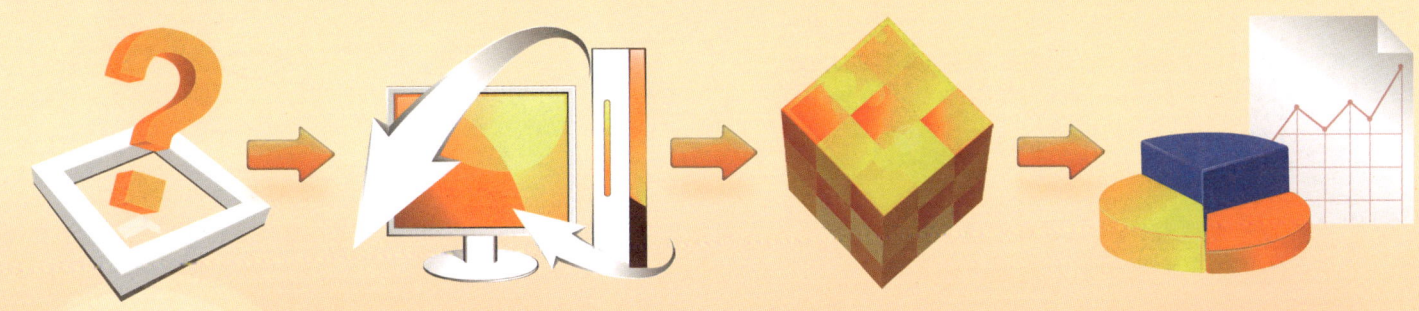

发现问题	创新方法	创造条件	验证执行
观察能力训练 共情能力训练 批判思维训练	创新流程掌握 创新方法学习 创意激发手段 商业价值分析 商业模式设计	团队组建 股权顶层设计 资源获取与拼凑	最简可行产品 用户测试 商业计划书 路演呈现

知识目标
1. 能理解最简可行产品的必要性
2. 能掌握常见的可视化原型呈现方法
3. 能掌握用户测试的方法

能力目标
1. 能设计与制作最简可行产品
2. 能通过情景演练测试最简可行产品
3. 能运用多种方法分析用户反馈

素质目标
1. 培养动手能力和劳动精神
2. 培养精益求精的工匠精神和脚踏实地的工作态度
3. 培养分工负责、支持配合的团队精神

任务 6.1　设计最简可行产品

知识准备

什么是最简可行产品

最简可行产品（MVP）
Minimum Viable Product

是指用最小的代价、最快的速度、最具可视化的效果、最简洁的方式建立一个可用的产品原型，只关注最必要的功能。

传统的产品开发过程，我们常常会遭到这样的打击：直到最后一天新品发布时，用户才第一次见到产品；而耗费几个月甚至几年时间开发的产品，可能根本不是用户所需要的。

最简可行产品不需要耗费很长的筹划时间和反复推敲，也不需要把产品做到完美，它是更科学地把产品从实验室转移到生产线的一个方法和过程。最简可行产品是以验证用户需求，可用性，甚至商业模式为目的，而不是用来回答或解决技术方面的问题。

越简越好 无需美化	越粗越好 无需精雕	越快越好 无需等待	越省越好 无需花钱
不要"爱上"原型，必须及时放弃验证失败的原型	不要全面的产品功能，只专注关键功能或关键体验	快速识别问题和挑战，尽早经历失败，持续迭代	拼凑手边资源，开发成本最低甚至为零，降低风险

 **知识准备** ## 为什么要做最简可行产品设计

在创业的初期,我们还没验证用户的真正需求到底是什么?仅凭假设就投入巨大人力物力去开发产品,产品出来后市场和用户并不买账,这样的创业成本太大,失败的风险也高,而且失败后可能没有信心和足够资源再来一次。

最简可行产品设计是解决问题的方法,它是一种文化,一种语言,既是团队内部互相理解沟通的媒介,也是联接用户的桥梁。"最简"意味着可以低成本试错;"可行"意味着确保产品有市场价值。

大众点评网的创始人张涛最初花了三天时间,做出了大众点评网第一个不太美观的网页。当时他没有跟餐馆签任何协议,而是将旅游手册里的一千多家饭店录入网站系统。他想验证一件事,网友在一家餐馆吃完饭,是否愿意进行点评?这个认知的获得是大众点评网商业模式最重要的起点。他拿着这个最初的网页去询问网友的建议和意见,这便是大众点评网早期的最简可行产品。

你可以为任何东西做最简可行产品——一种新产品、一种新服务或者一次特别的营销。你能更高效、更低成本、更低风险地进行产品与服务开发,重要的是不要浪费时间,坚持把工作向前推进,再向你的目标靠近一步。在设计、制作、验证最简可行产品的过程中,伴随着参与和讨论会出现一些新的问题,"做中学"这句话在这里完全适用。

因此,好的创意只有可视化、具象化,才是从天马行空的虚无向现实迈出的第一步。不面向市场去测试用户反应,永远无法了解用户的需求,自然就不能抓住用户的真痛点,赢得他们的青睐,最终创意也只能是"理想很丰满,现实很骨感"了。

如何设计最简可行产品

最简可行产品的表现形式是多样的，既可以是有形的物理形态，也可以是无形的一种商业模式或者服务，甚至视频、PPT、网络链接、直播等新媒体都可以成为最简可行产品的展示方式。因为无形的创意必须依托一定的物质媒介将其转化成可感知、可视的表现形式，不能只是想象或者口述。

各行各业都创造了自己最简可行产品的设计方法，建筑设计领域的最简可行产品可以是沙盘模型等，工业设计领域的最简可行产品可以是3D打印模型等，软件和应用程序开发领域的最简可行产品可以是手绘线框图等，服务业领域的最简可行产品可以是情景故事再现等，文创营销领域的最简可行产品可以是众筹预售等。

最简可行产品设计的本质是，精准地瞄准测试目的，找到合适的载体，让用户精简地进行体验。

最简可行产品的形态	具体描述
手稿图	采用绘画的方式把产品形态、功能展现出来
实体模型	用各种简单的资源做一个实体的产品微缩模型
软件工具展示	利用用户端交互原型设计软件等方式对产品进行展示
产品概念演示视频	用视频展示产品预期想达到的功能
投放广告	通过传统广告或新媒体的方式测试用户的态度
预售筹款	利用众筹网站发起产品预售，判断市场体量并获得早期用户支持
模拟体验	在产品正式问世前，在后台用人工进行模拟，让用户感受真实的服务流程
现有资源的拼凑	将市场上现有的工具和服务组合起来变成一个可运行的演示 demo
情景故事展现	通过营造故事情景，模拟用户使用经验，挖掘用户使用情绪、感受和反应
网页测试	开发登录页面，测试用户的关注度和兴趣点
A/B 版本测试	开发两版产品并推送用户，了解用户对不同版本的反应
……	最简可行产品的形态不限，可以有两种以上的组合。例如，将产品演示视频与预售筹款结合起来，将投放广告与 A/B 版本测试结合起来

 **分析工具** 搭建用户需求地图，规划最简可行产品功能

25. 如何快速确认MVP要实现的功能

搭建用户需求地图，设计用户"接触产品—使用产品—结束体验"的过程，分析用户的需求，并按照优先级排序，最终通过满足用户优先级最高的需求来设计我们的最简可行产品。这样的方式有利于确定用户的真实需求，如果在某个环节我们对用户需求的假设与用户实际需求有偏差，也可以快速地调整，从而确定产品的优化方向。

（1）将收集到的用户需求进行分类

我们在前面已经对用户的需求有了比较清晰的了解，但用户的需求可能无法通过一种功能来解决，这时候便需要我们对需求进行分类与排序。

在分类排序后，会得到一页这样的纸。以打车软件的设计为例。

归纳后的需求

| 我想要可以在手机上叫车 | 我能够选择接送时间以及车的品牌和车型 | 在坐车的过程中，我的安全/体验能得到保障 | 我希望支付的价格是统一的 |

↑归纳总结　↑归纳总结　↑归纳总结　↑归纳总结

用户零散的需求表达

| 我不想在路边暴晒才能拦到车辆，还要和其他人抢车，最好能在手机上叫车 | 我想要提前叫好车，这样我出门就能上车了 | 如果司机对我态度很差，我希望能够马上投诉他 | 我不喜欢讨价还价，希望价格公正 |

| 我不想下载软件，最好在微信上就能解决叫车的问题 | 我比较喜欢安静点的电动车，如果可以选择车型就好了 | 如果遇到危险，我能第一时间报警以及获得平台的有效救助 | 支付的详情最好都在平台上显示，这样方便我报销车费 |

小贴士

分类：把相似的需求放到同一列中，然后对这一类的需求进行总结。

排序：在最上方，按用户体验的时间顺序从左到右进行排序。

任务 6.1　设计最简可行产品

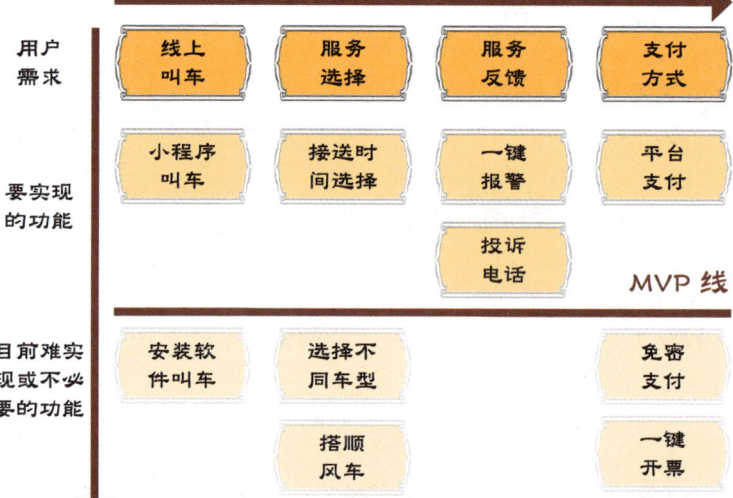

（2）根据用户需求，设计功能

这个阶段的目标是为你的最简可行产品提出一个功能列表。按照用户的体验顺序，做一个横向的坐标轴，再按照功能的优先级（用户的需要程度）顺序，做一个竖向的坐标轴。然后在功能坐标轴上，根据功能完成的难易程度，画一条分线。在 MVP 线的上方即为要实现／展示的功能。这样便对要实现／展示的功能有了清晰的规划。

（3）设计 MVP 实现方式

在得到 MVP 的功能列表后，我们怎么去实现它？这时便可以参考前面的最简可行产品形态表格。例如，做一个线上叫车的平台，要满足其中的下单叫车功能，不必花费大量的时间去制作软件、设计算法、录入资料等。只需要制作一个 UI 界面，后台用人工操作，根据用户的订单需求打电话给出租车公司即可。

MVP 要实现的功能

小程序叫车

接送时间选择

一键报警

投诉电话

平台支付

MVP 计划——模拟体验

搭建简易的原型包含定位与目的地选择、接送时间选择、支付功能等。接收订单的后台由人工处理，完成与出租车司机沟通接送时间的工作。配备投诉电话，用户的反馈会被记录下来，遇到特殊情况将由客服报警。

任务 6.2　制作最简可行产品

知识准备：最简可行产品要做到的程度

在阐述这个要点之前，我们先介绍一个相关概念"原型"。它本来的定义是指原来的类型或模型，特指文学艺术作品中塑造人物形象所依据的现实生活中的人。按照这个定义，任何能够将想法从脑海中表示出来并让其他人看见的东西都可以是原型。后来，被产品经理发展成一种新产品开发的工作方法。不同行业、不同岗位的开发人员，制作的原型也不同。例如，对于数字化软件产品，原型是用户界面开发软件设计的可交互界面；对于新房装修，原型是装修设计3D效果图；对于机械设备，原型是开放式硬件拼装成的实验机。无论原型的形式如何，它都是解决方案的实验模型，可以让想法与用户进行互动，用于测试或验证概念。

初代苹果电脑原型机

装修设计3D效果图原型

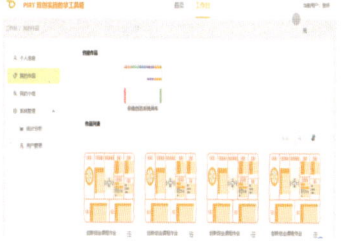
为价值创造系统画布开发在线工具所做的交互式原型

广东某科技科普展上中小学科技爱好者制作的无人车原型（左一）、智能家居原型（中）和智能灯原型（右一）

26. 原型要做到什么程度

最简可行产品与原型,很多时候两者含义相同,有时又有所区别。从目的来说,两者都是为了验证解决方案,以快速改进。但两者的制作程度不同,最简可行产品多应用于早期开发阶段,越接近最终产品时,最简可行产品便越少适用了。原型有从简单到复杂的不同阶段,越接近最终产品时,外观设计、功能交互等的仿真度越高。两者的形式载体也有所区别,最简可行产品要完整展示产品的核心功能,用户对其的体验流程要完整,而原型可以是拆分的局部;最简可行产品可以用众筹等商业形式验证,也可以用情景演练等模拟形式验证;而原型一般来说都有实物或软件的载体。

最简可行产品,通常来说做到原型的低保真、中保真程度即可,具体取决于你要在多长时间内完成,现有条件下能获得的材料和工具,以及项目的进度。请与小组成员及老师探讨,现阶段原型需要做到什么程度合适。

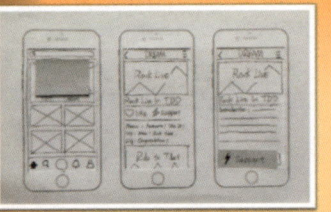 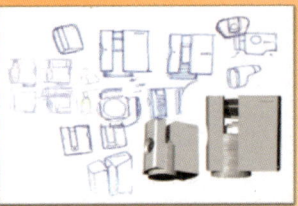 

低保真 / 探索性原型:主要用于需求分析阶段,探索各种方案可行性。快速制作实物"草模",对产品功能、体验、造型等进一步发散性探索。达到预期目的后,原型本身可被抛弃。

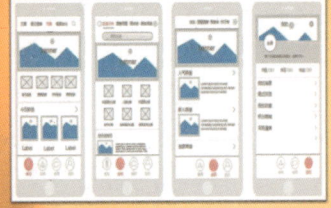  

中保真 / 实验性原型:主要用于设计阶段,证实设计方案是否合理与可行。这一阶段主要考虑功能实现的系统性整合,以及不同设计细节带来的用户体验对比。

高保真 / 演化性原型:主要用于向用户模拟最真实的产品效果,被当作最终产品的规格说明和演示版本,开发重点转移到构件的精确化。

 **分析工具　纸板原型制作**

纸板原型是一种常见的实体产品可视化展示方式，通过收集简单易得的材料来展示创意产品。尽管无法通过纸板原型实现产品的功能，但其可视化、快速制造、低成本的方式可以让我们在早期快速测试用户对产品的在意程度与功能实现的可行性。例如，你可以拿着纸板原型问用户：

"假如有这样一款产品，你会喜欢它的外形吗？"
"这样的尺寸是否符合你的需求？"
"你能找到它的按钮吗？"
"你觉得哪些地方需要改进？"

通过这种方式，我们可以快速地检验产品的不足之处。有时候，一些功能可能在想象时是可行的，实际情况却存在一些矛盾之处，这时候也可以借助纸板原型的可视化特点来检测。

有些时候，我们做的产品，只关注核心功能，却不考虑实际产品的外形、触感、操控感等是否能够被用户接受，又或者忽略了很多体验上的细节。有时候是开关的位置放在了用户难接触到的地方，有时候是尺寸太大或太小、难以清洗、边缘过于锋利等。这都会影响用户对产品的体验。

建议

- 纸板原型应尽可能还原产品的真实外形与尺寸。
- 纸板可以通过快递箱之类的方式获得。
- 条件允许应为产品添加上颜色。
- 纸板可以通过情景演示的方式展示功能（人工模拟）。

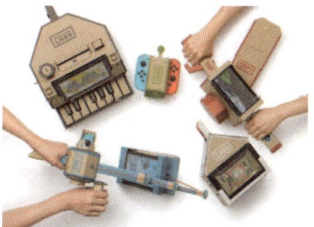

任天堂游戏机纸板原型

谷歌头戴式耳机和运动控制器纸板原型

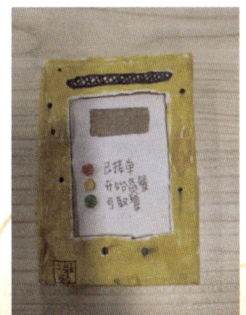

学生案例
取餐叫号器原型

学生案例
红外线按摩器原型

学生案例
自动手机贴膜机原型

学生案例
美瞳清洗机纸板原型

任务 6.2 制作最简可行产品

27. 可视化呈现：手绘图、模型等

分析工具 手绘线框图原型

线框图（Wireframe）通常用于APP构思早期的概念阶段，在白板或者白纸上手绘完成，只需表达出基本的界面功能及内容布局，利用基本的几何图形如方框、圆和线段表达产品雏形，参与讨论的人明白大概意图即可，设计成本低，能够随时进行修改。

依据用户使用流程，选择最重要和最具代表性的视图界面，团队讨论后把需要的界面内容全部罗列并写在便利贴上，通常包括：启动页、登录页、导航页、二级详情页、个人中心页等，然后将便利贴在白纸上排序。在代表页面（便利贴）旁标注每页需要的视觉效果元素（可以用更小的便利贴协助），包括但不仅限于以下内容。

输入元素：按钮、文本框、下拉列表、选取框、列表框等。

导航元素：搜索栏、分页、滑块、图标等。

信息元素：进度条、状态提示、模式窗口等。

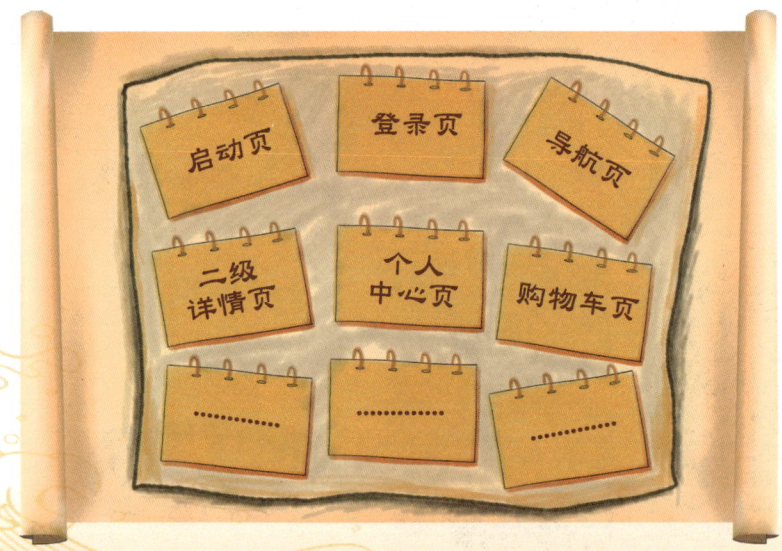

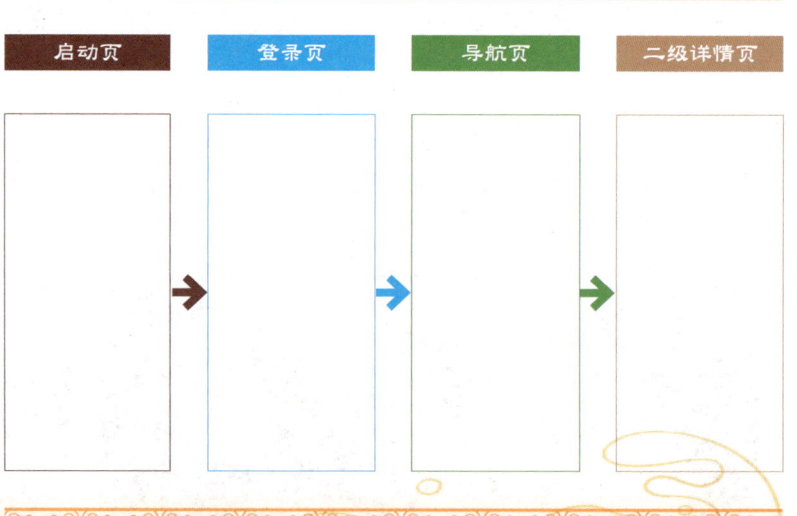

把这些视觉元素按优先级降序排序,并写在代表页的便利贴上。

设计视觉元素,并把它们整合规划,组合在一起,绘制线框图。线框图设计制作过程就是评估视觉元素之间优先级、平衡性和互动关系的过程,通常优先级最高的元素占据最醒目的位置。

把画好的原型图按顺序和逻辑关系粘贴到白纸上进行展示,各团队相互模式用户体验并点评,为产品下一步迭代打基础,尽可能使得用户与界面的交互简单高效。

学生手绘线框图界面

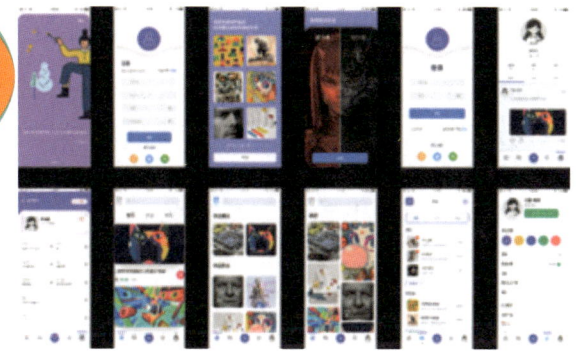

学生用软件做的界面

注意

手绘之前先打草稿,如果要画 APP 的线框图,可以先下载一些手机界面手绘图的样板,打印出来,然后在样板上开始打草稿,用铅笔画出主要的板块。

多打印几张手机界面手绘图的样板,在线框图的绘制过程中,涂改是不可避免的。

建议用浅色马克笔上底色,如果颜色不够可以补色。

用黑笔描出轮廓线、写字,上重点色,最后画上外框。

你也可以使用一些软件工具,如 Mockplus、Axure 等,自学教程,将手绘线框草图做成交互界面原型。

任务6.3　测试最简可行产品

 **用户测试的目的——低成本试错及持续优化**

　　用户测试是以用户为中心的一种低成本试错方法，通过观察和询问用户（被测试者），记录产品的使用体验情况，界定产品设计的可用性问题。用户测试大致方式及流程其实并不复杂，选择合适的用户作为测试对象，向他们提出一系列产品使用的目标，记录他们的行为及口头陈述反馈，或者只是简单介绍产品及项目，观察用户的反应和理解。

◆ **产品从 -100 到 0 时，市场潜力大和用户价值高的需求是首选**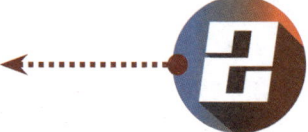
　　这个阶段是产品形态最模糊、把握市场需求最笼统的时候，产品雏形定位要具有针对性，选择人群规模大，发生频率高并且痛点急需解决的需求，换言之就是"人多＋常有＋刚需"。

◆ **产品从 0 到 1 时，"小而优"是目的**
　　这个阶段由于资源有限，用户体验又很关键，比起上一个阶段的"做什么"来说，这个阶段要把握好"怎么做"（程度）和"做多少"的问题。如果这个阶段没有把握好，好的创意就成了一次性的噱头。所以，要考虑哪些是非常必要且容易实现的需求，舍弃暂时不那么必要或暂时无法实现的需求，同时还要考虑非常必要的需求满足到何种程度，不能浪费资源。

◆ **产品从 1 到 10 时，根据市场反馈进行产品迭代**
　　这个阶段，最简可行产品已经经历了市场和用户的一轮"洗礼"，相对前两个阶段来说已经具有方向性了，这个时候要根据市场的反馈采取相应的产品修正和迭代。

　　最简可行性产品所处的不同测试阶段，对应的产品的精细程度、满足的需求阶层也是不同的。要让最简可行产品足够简单，就要求能在从开始到迭代的不同阶段中，能对需求进行选择。
精简流程——简单明了的操作流程
　　太过复杂的操作流程会让用户失去耐心，就无法达到测试的效果。
精准需求——明确做什么，做到哪种程度
　　用户需求足够精准才可使产品核心价值精准，"精准"是指能准确找到目标用户并专注于某个用户群体的某个需求，不能满足的需求果断舍弃。

"绿野仙踪法"——让用户拥有沉浸式体验

"绿野仙踪法"是一种沉浸式的用户测试方法,由用户界面专家杰夫·凯利(Jeff Kelley)提出,他的灵感源于电影《绿野仙踪》,电影中的魔法师给多萝茜创造了一个虚假的环境,但是体验却是真实的。我们在测试最简可行产品时,也可以参考这种方法。前提是设计者需要制作一个产品的可视化原型,并尽可能实现产品的使用实况,让用户在体验产品时有沉浸感,容易引起共鸣。

绿野仙踪法——听式打字机(IBM 1984)

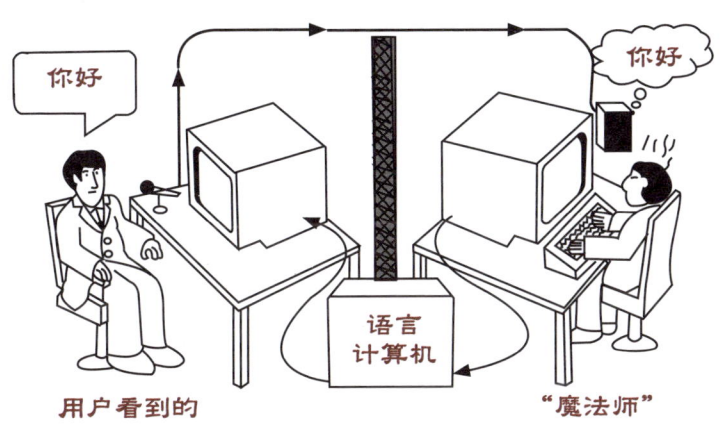

1984年,IBM在真正着手开发听式打字机之前,就用"绿野仙踪法"做了测试。用户坐在一个房间里对着麦克风讲话,而"魔法师"则坐在幕布后面,手动打字录入用户所说的话,这样面向用户的屏幕上就会显示出用户的语音输入,就好像这是由计算机完成的一样。用户是在不知道响应是由人工完成而不是计算机完成的情况下,与界面交互的一个过程,实际上在幕后有人拉动控制杆,或拨动开关。

"绿野仙踪法"在实施过程中要先准备一个剧本,一个或多个演员扮演"魔法师"(隐形人)。模拟完整产品使用时的运行;需要注意的是,扮演用户进行体验的人最好没有提前了解过产品的功能,以便更真实地测试用户的反馈。

建议 综合利用实物原型、软件原型、视频原型等,能帮助用户更好地营造沉浸式体验环境等。

  ## 鼓励用户进行"出声思考"

出声思考（Think Aloud），也被译为发声思考，是指测试的参与者在执行某项任务的过程中，要说出自己思考的所有内容，是心理学和认知科学研究中收集研究数据常用的方法之一。1982年，IBM公司的克莱顿·刘易斯在《以任务为中心的界面设计》一书中将其引入可用性领域，现在发展成为产品可用性测试中常见的一种方法。

出声思考最大的优势是让测试的参与者体验产品过程中的思维可视化。测试的参与者在执行任务的过程中需要一边操作一边表述自己的感受，通过这个方法，开发者可以获取大量对产品开发的有价值的信息，包括测试的参与者如何执行这个任务（执行时的思维模式）、对产品评价如何、对产品设计是否存在误解和疑惑的地方、为什么会产生误解和疑惑等。这些信息都可以帮助开发者对产品原型进行有效验证，还可以有针对性地对产品进行优化改良。

此外，出声思考的方法还有易操作、可信度高、低成本等优势。但此方法也有一定的局限性，并不是测试的参与者所说出的评论都是有用的。测试之前，测试的参与者需要经过培训，知道需要怎么表述（尽量不要过滤观点，要把最直接的想法说出来）。产品开发人员需要提供有特点的任务让测试的参与者完成，时刻关注测试的参与者的状态，毕竟保持长时间的自言自语并不是一件简单的事，因此我们需要学习一些引导技巧。

让用户"出声思考"的技巧

让用户成为老师

这里有一个非常创意的解决方案：在用户边上放一只塑料鸭子，告知用户鸭子的姓名，并说："你看，鸭子Frank有一点儿不聪明。他不知道怎么使用这个产品。"面对老用户，你可以说："希望你能够帮我教导鸭子Frank如何使用这个产品"；而面对新用户，你可以说："希望你能和鸭子Frank一起探索这个产品怎么使用/这个任务怎么完成"。

示例演示

我们可以在测试前给用户看一段视频，视频中演示一段理想的"出声思考"。让不熟悉"出声思考"的人们有一个明显的模仿及参考标准。演示视频不要超过1分钟，不要与被测试的产品/任务重复。

明确问题

在用户进行任务前，强调需要他们思考的一系列问题，并尽可能地用语言表达出来。而在测试过程中，如果用户表现出沉默和停顿，直接询问："你现在在想什么？"如果这些都不起作用的话，在测试后与用户一起回顾他们的测试过程，并询问当时他们是怎么思考这些问题的。

 **分析工具** 测试指南针

将所有用户的数据整理到"测试指南针"中。"测试指南针"有四个维度：
东（E）——代表用户感到兴奋（Excited）。
西（W）——代表用户的担忧（Worrisome）。
南（S）——代表用户提出的前进性意见（Suggestion for moving forward）。
北（N）——代表用户需要进一步了解（Need to know）。
通过整理、归纳用户测试的结果，把所有用户的回答总结在"测试指南针"内，就能清晰地知道产品的可行性和改进方向。

E：用户非常满意我们的设计，给他们带来了惊喜

S：用户对产品或服务的某些部分提出了新的构想或建议

N：用户对展示的产品或服务原型不清楚，不懂得如何使用，需要进一步了解

W：用户非常不满意我们的设计，担心这个项目很可能失败

30. 如何做用户体验地图

 **分析工具** 用户体验地图帮你找到可改进的地方

实际上，用户的体验总会与你预期要达到的效果有所差距，没有一次就能达到完美的设计，所以我们需要不断迭代和优化，直到能满足用户的真正需求。用户体验地图能帮我们找到需要改进的地方。

用户体验地图是用来定位和描述一个产品（服务）体验过程中各阶段的情绪状况。换句话说就是，用户做了什么？感受是什么？由此发现原型的改进点。例如，当你使用打车软件叫车时，从打开APP确认叫车一直到司机师傅将你安全送到家的整个服务流程；又或者是"春运"期间抢火车票，从开始抢票到最后获得火车票的整个流程；又或者是网上订酒店到入住酒店的整个流程等。

任务6.3 测试最简可行产品

第一步，画横坐标，归纳触点。

右图标了一些黄色圆点，这些点称为触点，就是整个产品的使用过程中，不同角色之间发生交互的地方。例如，我们打开"大众点评"搜索餐厅，到进店后看见正在搞优惠活动，开始点餐到就餐完毕，最后完成支付的整个过程中，人与人、人与产品等之间的互动，就是流程中的触点。

触点：整个使用流程中，不同的角色之间发生互动的地方

第二步，画纵坐标，标注情绪感知点。

一般将用户的情感表达划分为：平静、高兴和不高兴（也采用一般、满意和不满意）三种类型。

第三步，画出用户在每个触点的体验感受。

观察用户体验行为（包括表情），如果用户在这个触点"满意"则放在情感线上方，"不满意"则放在情感线下方。把情绪点连接起来，得到用户体验地图的情感曲线。

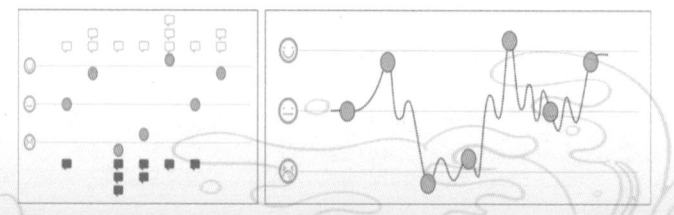

第四步，分析可优化改进的地方。

找到整个体验地图的最高情绪点，思考是否可以为它多做点事，将产品体验推向极致；找到最低情绪点，思考用户为什么在这个环节出现如此多的问题，或者有如此强烈的不满意情绪；再找到用户结束体验时的情绪点，我们必须让用户在高兴的状态下结束体验，因为这会影响用户是否会再次使用我们的产品与服务的决策。

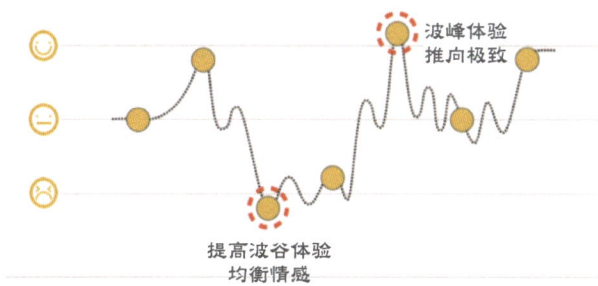

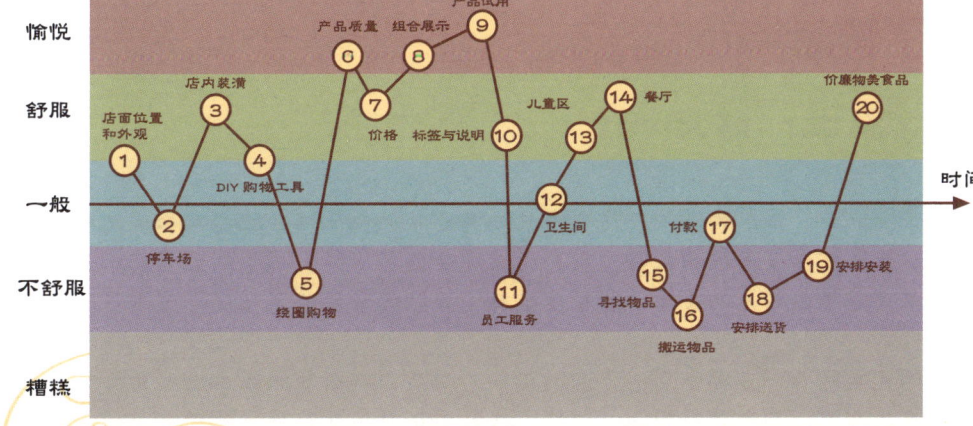

左图是在某知名家具零售大卖场的用户体验地图，我们能清楚看到这一过程中有很多不愉快的体验，如只买一件家具也需要走完整个商场，店员很少，自己得在货架上找货物并且搬下来等。但是用户的"峰值"体验是很好的，包括物有所值的产品，实用高效的展区，随意试用的体验，美味便捷的食品。用户离开时的体验也是很好的，就是出口处的2元冰淇淋。所以我们可以发现，身边有不少朋友在逛了一天卖场后，可能什么也没有买，而仅仅买了一个价廉物美的热狗套餐，但大多数的心情都还是不错的。

  **KANO 模型**

基于行为科学家赫兹伯格的双因素理论启发，KANO 模型被设计出来用于用户测试。KANO 模型对用户需求分类，并进行优先排序，分析用户需求对用户满意的影响，展现了产品性能与用户满意之间的非线性关系，从而可以确定产品实现过程中的优先级。KANO 模型将影响用户满意度的因素归类成了五个类型，分别是"基本型需求（必备型需求）""期望型需求（意愿型需求）""魅力型需求（兴奋型需求）""无差异型需求""反向型需求"。

基本型需求：能用吗？

基本型需求也被称为理所当然需求或必备型需求，用于解决用户的痛点，满足用户在产品或服务上的基本要求，也是用户默认产品或服务必须满足的需求。当需求被满足时，用户会认为理所应当，哪怕远远超出用户所需，满意度也不会因此显著提升；但当需求满足不充分或者没有满足时，用户会对产品或服务的满意度大幅下降，甚至不会选择该产品或服务。

例如，通信功能对于手机而言是必备的功能，用户在使用手机时不会因为它能打电话而感到满意，相反，若因为手机质量问题导致不能正常通话时，用户会感到很不满意。

期望型需求：好用吗？

期望型需求也被称为意愿型需求，相当于用户的"痒点"。需求的满足程度与用户的满意状况成正比，此类需求得到满足或远超于用户期望时，用户的满意度会显著上升，反之，此类需求没有被满足时，用户满意度会随之下降。尽管期望型需求并非产品不可或缺的属性，用户对此需求也相对宽松。但如果商家根据用户的反馈不断对其进行完善，那么能够满足这一需求很可能会成为产品在市场竞争中脱颖而出的关键因素。

例如，新能源汽车让人焦虑的续航里程以及漫长的充电时长一直都受到消费者的诟病，但某品牌新能源车推出可拆卸电池，当电量较低时到专门更换电池的网点更换一个满电的电池即可，充电就跟加油一样快，这种举措自然能获得消费者更高的满意度和更多的消费人群。

魅力型需求有超出期望吗?

魅力型需求又被称为兴奋型需求。用户对该需求不会有过高的期望,甚至也不会想到,但需求一旦被满足(哪怕是产品或服务并不完善),用户的满意度会急剧上升,若不提供此需求,用户满意度也不会因此降低。该需求会为用户带来惊喜,会提高用户黏性,但该需求并不容易发现,哪怕是用户本身,因此需要企业洞察并挖掘。该需求可以成为企业占领先机的关键。

例如,某酒店会为当天生日的顾客赠送蛋糕和鲜花,这会让顾客感到惊喜和感动,但其他酒店没有提供该项服务也不会使顾客感到失望和不满。

无差异型需求:根本不在意!

无差异型需求是指不论产品或服务是否具有此项功能,都不会影响用户体验。但对于企业而言该需求可能是一种资源浪费。

例如,购物时商家提供的没太大实用价值的纪念品。

反向型需求:快点撤掉吧!

反向型需求又被称为逆向型需求,是指会诱发强烈不满和导致低水平满意度的质量特性,提供的程度与用户满意程度成反比。

例如,用户需下载一个软件时发现软件会捆绑下载其他软件,占用内存空间或拖慢计算机运行速度,这对于用户来说是一个非常不爽的体验。

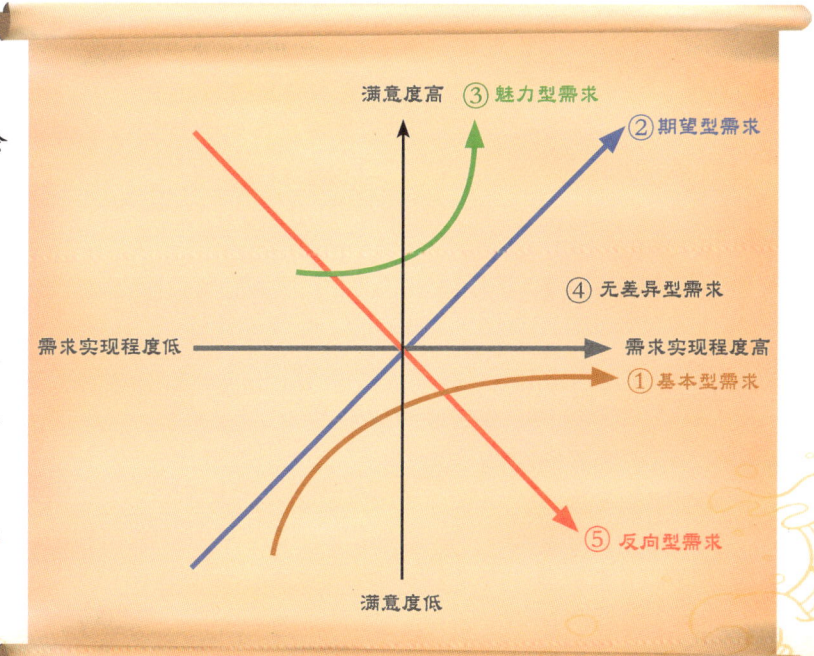

 # 用 KANO 模型判断用户是否在意你的设计

第一步，找到 10 个受访用户，选择一个功能对用户进行提问，分为产品具备这个功能与不具备这个功能两种情境，用户按五级评分量表说出自己的感受，5 选 1。

如果产品具备这个功能，你对产品的感受是：喜欢产品有这个功能 / 产品本身就应该有这个功能 / 产品有没有这个功能无所谓 / 产品有这个功能还算能忍受 / 产品有这个功能非常不喜欢。

如果产品不具备这个功能，你对产品的感受是：喜欢产品没有这个功能 / 产品本身就应该没有这个功能 / 产品有没有这个功能无所谓 / 产品没有这个功能还算能忍受 / 产品没有这个功能会非常不喜欢。

第二步，填好受访者的回答，在评价结果分类对照表中，根据用户回答的正向问题与负向问题的交叉点，找到相应的英文代号。

魅力型需求(A)：有，非常满意； 没有，不会失望。
期望型需求(O)：有，开心； 没有，不开心。
基本型需求(M)：有，没感觉； 没有，不开心。
无差异型需求(I)：有，没感觉； 没有，没感觉。
反向型需求(R)：有，不开心； 没有，开心。
可疑结果(Q)：没有确定的满意程度，或其他不明确的因素导致回答无效。

×× 功能创意

如果具备这个功能，你觉得如何？（正向问题）

1.喜欢	2.应该	3.无所谓	4.能忍受	5.不喜欢

如果没有这个功能，你觉得如何？（负向问题）

1.喜欢	2.应该	3.无所谓	4.能忍受	5.不喜欢

KANO 评价结果分类对照表

产品/服务需求		负向问题（没有该功能）				
	量表	喜欢	理应如此	无所谓	能忍受	不喜欢
正向（有该功能）	喜欢	Q	A	A	A	O
	理应如此	R	I	I	I	M
	无所谓	R	I	I	I	M
	能忍受	R	I	I	I	M
	不喜欢	R	R	R	R	Q

第三步，整理评价结果，统计英文代号数量，换算成百分比。占比最多的结果，就是该功能的测试结果。假如 M 占比最多，那么该功能属于基本型需求。

评价结果	A	O	M	I	R	分析结果
百分比	%	%	%	%	%	

第四步，根据上表的百分比数据，套用公式，计算满意影响力 SI、不满意影响力 DSI 的数值。用影响力数值当坐标，将由数值形成的坐标点标记在右图象限的相应位置。根据统计学原理，结论是：影响力数值落在扇形区域里说明用户对此敏感性不大，暂时不予考虑，离原点越远的优先程度越高。

满意影响力 SI＝ (A+O)/(A+O+M+I)
不满意影响力 DSI=(−1)×(O+M)/(A+O+M+I)

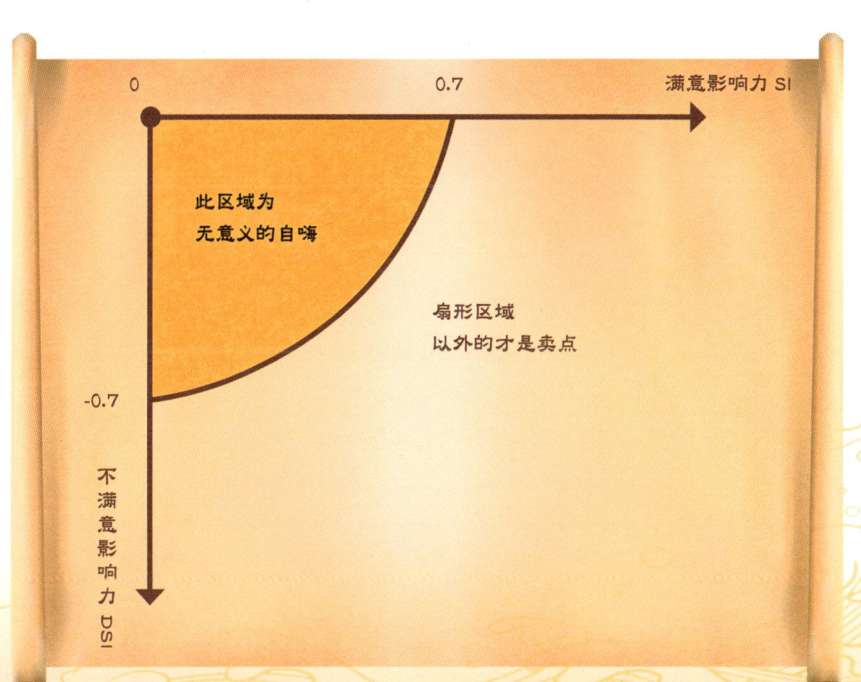

项目 7 策划营销卖点

项目 7 是 PIRT 创新方法论的第四步

经过前面六个项目,我们已经逐步把解决方案做出了产品雏形。接下来,就应该做把产品推向市场的策划了,为打响营销第一战做足准备。

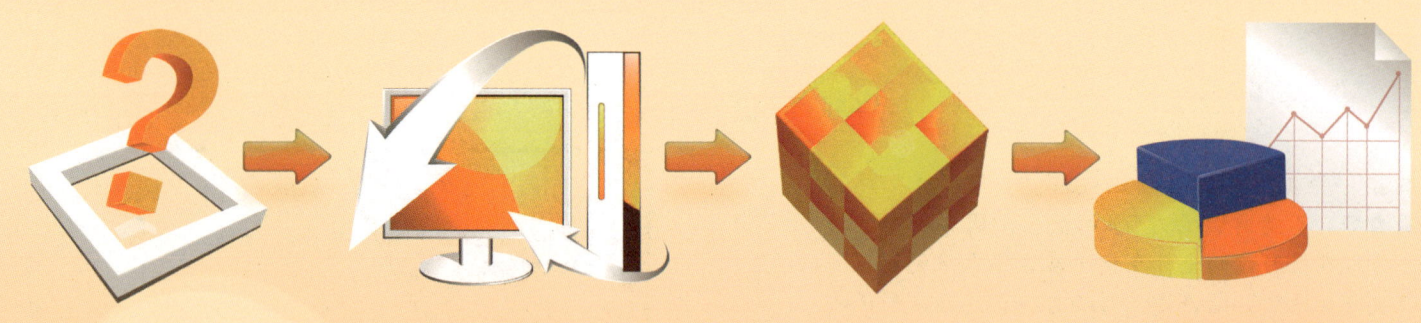

发现问题	创新方法	创造条件	验证执行
观察能力训练 共情能力训练 批判思维训练	创新流程掌握 创新方法学习 创意激发手段 商业价值分析 商业模式设计	团队组建 股权顶层设计 资源获取与拼凑	最简可行产品 用户测试 商业计划书 路演呈现

知识目标
1. 能理解私域流量的含义
2. 能掌握搭建私域流量的步骤
3. 能领会内容营销的系统

能力目标
1. 能布局私域流量池的搭建
2. 能挖掘营销卖点,撰写文案与制作短视频
3. 能制定冷启动营销活动计划

素质目标
1. 培养诚信、合规的行为习惯
2. 培养传播家国情怀、正能量的使命感
3. 培养公平竞争的经营理念

任务 7.1　私域流量池的搭建

31. 什么是新媒体

 **什么是新媒体**

联合国教科文组织对新媒体的定义是：以数字技术为基础，以网络为载体进行信息传播的媒介。新媒体的概念是动态的，以前的门户网站、应用论坛、电子邮件也叫新媒体；随着时间的推移和技术的发展，现在的新媒体多指移动互联网涵盖的社交类、资讯类、娱乐类等手机应用。它以较低的推广成本、年轻且付费意愿强的客户群、与消费者面对面沟通的机制等优势，成为越来越多的企业首选的营销平台。

新媒体的优势

01 个性化更加突出
新媒体面向更加细分的受众，用户可以通过新媒体定制自己需要的内容。

02 受众选择性增多
在新媒体中，人人都可以接受信息，人人也都可以充当信息发布者。

03 表现形式多样
新媒体形式多样，可融文字、音频、视频为一体，做到无限地扩展内容。

04 信息发布实时
新媒体真正具备无时间限制的特点，随时可以加工和发布信息。

新媒体的渠道覆盖面

从门户网站到微网站	从手机报到新闻客户端
从邮件到 Email 营销	从数字电视到直播
从论坛到知乎	从淘宝到微店
从博客到微博	从装机工具到推广渠道
从搜索到知识问答	从网络游戏到虚拟现实
从 QQ 到微信	从自媒体到社群
从视频网站到短视频	从 APP 到小程序
……	……

113

  ## 适合大学生进行创业营销的几种新媒体

 **微信公众号** —— 利用微信公众号平台，进行一对多的传播推广。微信公众平台的营销工作是为了推广品牌，提高产品的知名度及关注度，是一种极为有效地进行客户转化和延伸客户的途径。

特点：1) 熟人社交网络分发，小众传播，传播有效性更高；
　　　2) 提供的信息和服务便于用户随时随地地阅读和使用；
　　　3) 富媒体内容（Rich Media，具有动画、声音、视频、交互性信息），便于一对多分享传播，信息达到率高。

 **电商直播** —— 通过网络的直播平台发掘用户、推广产品，使用户能直观了解产品各项性能，促成购买。目前，较为主流的电商直播平台有淘宝直播、京东直播、抖音直播等。

特点：1) 实时交互形成的强互动，打造全新用户体验；
　　　2) 形成粉丝效应、群体效应，打造高黏度、高信任度用户群体；
　　　3) 抢占用户的注意力与时间，引入更多的流量，促进流量转化和留存。

 **短视频** —— 以短的视频内容为载体，一般时长5分钟以内，有自拍、纯原创、混剪等。目前比较"火"的短视频平台有抖音、微视、秒拍、火山小视频、西瓜视频等；还有综合视频渠道也在做短视频，包括爱奇艺、优酷、腾讯视频等。

特点：1) 能较好地保护原创，精彩的内容创作可以带来快速的传播速度；
　　　2) 内容制作、粉丝维护的成本相对较低，只要用户喜欢，就能持续传播；
　　　3) 精准针对垂直领域的目标用户，指向性极其明确。

经典两级传播理论在新媒体传播中的应用

1940年，拉扎斯菲尔德（P.F.Lazarsfeld）等人通过调查发现，信息从大众媒介到受众，经过了两个阶段：有关的信息和想法都是首先从某一个信息源通过大众媒介达到"意见领袖（Opinion Leader）"，然后再通过意见领袖把信息传播到普通民众那里，这就是著名的两级传播模型（Two—Step Flow Hypothesis）。

第一阶段，主要是信息传达的过程；第二阶段，主要是人际影响的扩散。意见领袖起着重要的中介或过滤的作用。第一阶段的大众媒介渠道和第二阶段的人际传播渠道在人们的信息获取和决策中有着不同的角色和作用。用户采用新产品或服务，经历了以下五个阶段。

认知 → 说明 → 决策 → 使用 → 确认

（认知：大众传播更有用；决策：人际传播影响更显著）

联结大众媒介传播和人际传播两个阶段的"意见领袖"，在新媒体中有了新的应用。我们来梳理一下新媒体中出现的"意见领袖"，看看我们能从中得到什么启发。

KOL：Key Opinion Leader 关键意见领袖

是指某一行业内有话语权的人。在新媒体营销中，特指以"头部网红"（社交平台粉丝数位列前茅）为主的流量明星，他们在各类社交媒体拥有大量粉丝，成为电商平台、品牌商争抢的对象。

KOC：Key Opinion Consumer 关键意见消费者

是指能影响自己的朋友、粉丝，产生消费行为的消费者。相对于KOL而言，KOC的粉丝较少，影响力较小。但其优势是在垂直用户群中拥有较大的决策影响力，更能带动其他潜在消费者的购买行为。

KOS：Key Opinion Spreader 关键意见传播者

是指某一垂直细分领域的达人，具备一定行业类的专业知识，有能力引领某个圈层的风潮。例如，汽车发烧友对汽车市场了如指掌，对于基础用户购车有协助购买与专业知识引导作用；他们在私域流量中比较活跃，如朋友圈、社群、贴吧、论坛等。

KOF：Key Opinion Follower 关键意见追随者

是指一个品牌的忠实粉丝，如一些用户是某些品牌的"死忠粉"，偏爱某一品牌的口红、香水，一出新品就会去购买，并给他的好友们分享推荐，激发他人购买欲望。

 ## 从公域流量到私域流量

2018年以来，互联网的流量增长已经到了瓶颈期，现在获客越来越难，流量越来越贵。面对这样的情况，很多企业的增长变得有心无力，投资回报率越来越低，利润空间也越来越小。很多人认为流量红利消失了，但其实是流量的来源发生了变化，从集中式流量走向了分布式流量，从公域流量走向了私域流量，社交平台的崛起创造了新的流量规则，优秀的内容、产品、购物分享都成为获得流量的新途径。

下面我们来看看社交电商领域的两个概念：公域流量与私域流量。

公域流量也叫平台流量，是被集体所共有的流量，如商家通过淘宝、京东、拼多多、携程、大众点评、美团、饿了么、猪八戒等平台进行销售所获取的流量。公域流量是属于各个平台的，商家入驻后通过搜索优化、参加活动、使用促销活动等方式来获得用户和成交。商家在公域流量的运营核心是要熟练掌握平台规则，根据平台的发展规律顺势运营。换句话说，就是初次主动或被动参与到开放平台的内容曝光中的流量。公域流量的范围很大，如今日头条、腾讯新闻等基于兴趣推荐的信息流资讯内容聚合平台。

私域流量是相对于公域流量来说的概念，是指不用付费，可以在任意时间、任意频次，直接触达用户的渠道，如自媒体、用户群、微信号等，也就是KOC（关键意见消费者）可辐射到的圈层。换句话说，私域流量是在初次产生关系基础上相对封闭的信任流量。如果一个人通过了你的好友验证，你才有可能看到他／她的朋友圈，说明了你们之间是基于之前的某种关系而产生的交集，这个交集关系是双向的，我们可以称之为信任度。微信个人号和朋友圈就是基于信任关系的封闭性平台上的私域流量。

公众平台的流量		单一个体或垂直领域的流量
大部分是一次性的，稳定性不强	**公域流量** VS **私域流量**	更稳定，可触达性较高
推广范围广，精准度不高	花钱在其他平台买来的，大部分是一次性的流量 / 自己可以掌控的，反复使用不增加成本	更加精准，转化率更高
大部分需要付费		免费

我们把"流量"比作一片大海，用户是大海里的鱼，运营人员就是捕鱼人。以前，捕鱼人很少，而鱼也源源不断地从大江大河中进入大海里。捕鱼人只要到海里捕鱼就好了。但是后来，大江大河里的鱼少了，游到大海里的鱼也少了，但大海中的捕鱼人却越来越多了。每次出海捕鱼的成本越来越高，能够捕到的鱼却越来越少了。

这个时候，私域流量好比从大海中挖了一个渠道，精准筛选适合自己鱼塘的鱼，将大海里的鱼导入自己的鱼塘当中，在自己的鱼塘中养鱼，同时让他们鱼生鱼，我们就可以直接从私有的鱼塘当中捞鱼了。

公域流量和私域流量并不是绝对概念,而是相对概念。以社交为代表的抖音、QQ等属于什么流量池,就不能一概而论,要依据这些社交平台是否具有开放性来区分,它们既有公域流量又有私域流量。例如,今日头条的用户属于公域流量,你自己"头条号"(今日头条创作者平台)的粉丝属于私域流量。

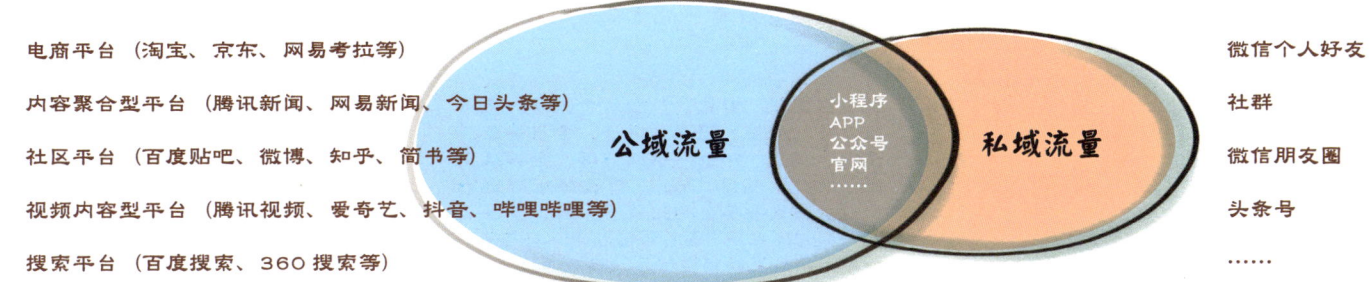

对于公域流量池中的个体来讲,他们只能以付费或活动等方式,在满足平台规则的原则下获取流量,用户留存率较低,因为商家对流量没有支配权,只能跟随平台的发展规律顺势而为,且流量始终属于平台,商家稍有过分的营销嫌疑就会被封号。很显然,商家需要依靠公域流量平台获取流量,优点是流量获取方式相对简单,付费即可,平台会根据商家付费的级别来定制推送计划。这种形式所带来的弊端是每次流量的使用需支付高昂的费用,且这种推广方式无异于大海捞针。比如我们在百度上做推广,想利用百度的流量来曝光我们UI设计网络课的新网站,但是每天使用百度的用户来自各个阶层、各个岗位,需求五花八门,可能100个访问用户中,只有1个是具备目标用户条件的,所以平台流量不能精准地曝光到目标用户所在的群体。

私域流量则属于单一个体的流量。比如某个抖音号的关注用户都是UI设计师,那么这个抖音号的私域流量就是推广UI设计网络课的首选目标,因为粉丝群都有这个需求,都来自这个领域,只不过需求的渴望程度不一样而已。在100个阅读用户中,可能有10个会仔细了解。所以这种推广方式的精准度要比公域流量更高,可以完全掌控自己的流量分发,直接触达用户。

私域流量的特点与价值体现在:更可控、更省钱、更丰富的营销玩法,更高的用户稳定性,更利于塑造品牌与IP。

私域流量在短时间之内能带来明显的用户增长,但也有弊端,它的曝光率、影响范围、用户热度是临时性的,这就是"极速获客""热点获客"。

 ## 搭建私域流量的三个闭环步骤

私域流量可分为四种类型：企业CRM（客户关系管理）体系（如自有APP）、淘宝体系、微信体系和短视频体系。下面，我们以微信私域流量体系为例，简要描述如何搭建私域流量。在微信私域流量的体系中，个人号、公众号、小程序、微信直播以及视频号，组成了微信的生态私域流量玩法。大家要记住：私域流量≠微信流量，微信的私域≠个人号。

打造私域流量闭环有三个核心步骤：获取流量—运营流量—流量变现。

任务 7.1 私域流量池的搭建

把流量变成"留量"，微信个人号、微信公众号、网站、简书、抖音、今日头条、微博、淘宝、知乎、小红书等，全部采用统一的ID、名字、logo，打造好矩阵进行引流。注意各平台的政策不一样，要细心观察别的商家用"图片带微信号水印""评论区用小号互动留微信号"等攻略。

01 获取流量 大海引流
从公域流量的大海中引流，获取种子用户。

03 流量变现 下网收鱼
促进多场景转化，努力实现现金收益。

02 运营流量 扩建鱼塘
扩建自己的私域流量池，进行用户增长裂变。

有一个词叫"被窝红利"，用户躺在床上，专心玩微信的时候，是最容易成交的。可以说私域流量是看不见的，是在碎片化时间拦截用户的天罗地网。实现私域流量价值转化，就是用户关系的建立、经营和维系。通过有信赖感的互动，在合适的时机促进用户在多场景实现转化，乃至多次转化。例如，电商平台成交、小程序商城成交、线下门店成交、微信个人号收款成交等。

设计裂变方法，这里介绍三种常见的裂变方法。一是公众号裂变，用户邀请三位好友助力（关注公众号），任务完成后用户获取奖励；二是社群裂变，用户扫码进入社群，社群公告告知用户领取奖励的方式，一般要求用户将海报发送至朋友圈，三人助力成功后，用户获取奖励；三是个人号裂变，用户还需要添加企业微信好友，才可以领取奖励，实现了企业个人号的引流。

私域流量池的布局

从权属程度看	自有 APP 是终极的私域流量池，因为其他的形式都不得不接受平台的规则。但对于大部分企业来说，发展自己的 APP 并不现实，即使做了 APP，用户的使用度也非常低，交互性也比较差。自有 APP 更适合于平台型企业（如电商）、高频刚需性业务（如生鲜）、政府服务（如交管）或者捆绑式方案（如在线教育）
从交互频率看	微信仍然是最佳的私域流量池，其他各种平台似乎最后都会以"加个微信"来结束。微信生态里也有排序，好友关系最佳，社群关系其次，小程序和公众号最后。公众号触达的机会太少，打开率太低，微信视频号、腾讯直播正在兴起。总的来说，微信是以社交为核心的私域运营首选
从流量特征看	我们可以在全网做私域引流，但也要注意各平台流量人群的差异，广泛撒网没错，但精准引流更有效。例如，针对年轻人的产品要在"B站"，女性产品要在小红书，知识类 IP 产品要在知乎等，微博、今日头条则是综合性的平台
从交互形式看	有图文、语音、短视频、直播，甚至将来会有虚拟现实（VR）、增强现实（AR）等形态。目前，短视频平台最受欢迎，直播快速崛起，图文擅长深度解读，淘宝、京东、拼多多直播是购物直播，语音适合驾驶、宝宝听故事等场景

对初学者布局私域流量池的几点建议：

1）用户在哪，私域流量池就建在哪里。起步时，资源和精力有限，要精耕一个平台，其他的顺带"试水"；发展到一定体量，寻求与平台的战略合作，获得扶持；到条件成熟时，一定要结合自己的产品属性做全域、全内容布局。

2）线下的用户一定要云端化。可以通过小程序线上下单、线上会员注册、预约服务等。

3）重视微信交互的穿透力。无论线上还是线下，电商还是自媒体，所有流量的归宿，仍然需要导向微信端，尽量采取六合一的方式，即"公众号＋个人号＋微信群＋小程序＋视频号＋直播"。

任务 7.1 私域流量池的搭建

任务7.2 挖掘卖点与策划内容营销

 ### 挖掘卖点

"卖点"是指产品能打动消费者的与众不同的特色。"核心卖点"是指卖点中,那些有着超越同行的竞争力,且别人难以复制的明显差异化特色。

营销文案的终极目标是销售商品,通常一个企业中20%的产品贡献了约80%的销售额,这些产品就是爆款。例如,爆款豆浆机成就了九阳品牌。打造产品爆款,在营销阶段首先要找到产品的核心卖点。例如,"不伤手"是立白洗衣液的核心卖点,使它与其他品牌区别开来。通常洗衣液主打的卖点都是无添加、柔顺、洗得干净等,而"不伤手"是消费者非常重视的一个需求,也便于从关爱家人、关爱自己的情感角度触动消费者。

核心卖点能够引起消费者的强烈共鸣,激发他们的好感,促使购买行为的产生。下面,通过几个小案例来展示挖掘卖点的常见角度。

挖掘卖点的常见角度	案例
一见钟情的外观	开创口服液蓝瓶时代
璞玉浑金的材质	我们只是大自然的搬运工
匠心独具的工艺	5S压榨,留住营养葵花香
人有我优的功能	柔光双摄,照亮你的美
真实准确的数字	充电5分钟,通话2小时
专业权威的专家	没有人比松鼠更懂坚果
真心实意的情怀	沟通从心开始

内容营销的系统设计

要想做好私域，必须在内容上下功夫。否则，运营成本居高不下，后劲不足。因此，持续的、优质的内容生产能力，将是衡量私域经营水平的重要指标。做内容营销需要系统设计，下表给出了一些指引。

内容的目标	以品牌、产品信息传递为主的告知性目标；以聚焦关系建立、维护为主的公关性目标；以刺激欲望为主的"种草"性目标；以订阅、下载、注册、评论、转发等为主的行动性目标
内容的类型	颜值类，搞怪类，才艺类，知识类，段子类，新闻类，观点类，测评类，访谈类，记录类，萌娃类，宠物类，创意类，话题类，综艺类，游戏类，PK类等
内容的形式	方便深度沟通的图文类；特殊场景选择的音频类；短视频类；直播类；容易引起参与和裂变的话题；微综艺、微栏目、微赛事等
内容的来源	与产品相关，溯源、知识、测评、开箱、生活化分享；与企业相关，创业故事、创始人、文化；与行业相关，行业历史、发展趋势、行业知识；与环境相关，热点事件、话题、人物的切入；与用户相关，这是最能引起用户共鸣的内容来源
优秀内容的制造	好看，好奇，有趣，有用，共鸣；从热点、新鲜点、冲突点、趣味点寻找突破
内容的风格	精致的美好生活，淳朴的原生态，搞笑的娱乐，精益求精的严肃，认真的科普知识。还有一种是在危机关头，接纳用户的情绪释放，也能"化危为机"。例如，当钉钉的监督和反馈系统运用于校园教学时，学生们感到了压力带来的不适。他们涌入了应用商店，给钉钉打起了一星，受此影响，其评分一度跌至1.3分。很快，钉钉用官方账号在B站发布了《钉钉本钉，在线求饶》的视频，以诙谐欢乐的形式向用户们求好评
内容的分发	自有媒体，达人的自媒体，专业媒介，分发平台，线下
内容的组织	内容策划者，想策略、做审核，做评估；内容创作者，写脚本，侧重文字组织及设计创意；内容制作者，做执行，包括拍摄、表演、剪辑，侧重技术；内容投放者，侧重内容分发，投放优化

接下来我们将从适合初创项目的文案和短视频策划来切入。

任务 7.2 挖掘卖点与策划内容营销

  知识准备 **新媒体营销文案**

随着新媒体推广活动越来越方便快捷，许多企业和组织都把线下营销搬到线上，活动策划方式也随之改变。如何紧跟时代步伐，策划出令人惊艳的文案和活动，是每个企业做营销时都要重视的问题。

营销文案，顾名思义，指用文字来表现商品或表达诉求，其概念最早来源于广告行业，由国外传播而来。

新媒体文案，主要是基于新型的移动互联网媒体，来重点输出广告的内容和创意。

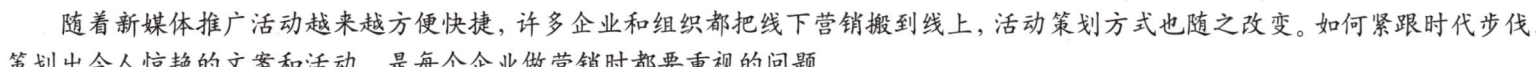

好文案的标准

① 抓住用户痛点	② 打造画面感	③ 选择合适的文案风格	④ 选择合适的语言风格	⑤ 巧设关键词	⑥ 加入情感因素
抓住用户痛点，才能让文案成功吸引读者。	打造画面感强烈的文案，让读者身临其境。	选择跟产品相符的文案风格，提升客户的认同感。	选择契合产品的语言风格，让客户体验更优质。	巧设关键词，提高曝光率。没有关键词投放的文案是没有营销价值的。	"动人心者莫先乎情"，文案要打动人心，就需要有情。

新媒体文案常见的类型	按广告的目的划分	销售文案：能够立刻带来销量的文案，如商品销售页介绍商品信息的文案，为了提升销量而制作的引流广告图等。需能够立即打动人，并促使立即行动。 传播文案：为了扩大品牌影响力的文案，如形象广告、节假日情怀营销文案等。侧重于是否能够引起人的共鸣，引发受众自主自发传播
	按文案篇幅的长短划分	长文案：1000字以上的文案，需构建强大的情感场景，通常应用于用户决策成本较高的行业。 短文案：1000字以下的文案，重点在于快速触动用户，通常应用于用户决策成本较低的行业
	按广告植入的方式划分	软广告文案：不直接介绍产品与服务，受众不易直接察觉广告目的，如在故事情节中植入品牌。 硬广告文案：直白地介绍产品与服务，目的是直接带动销量
	按投放的渠道划分	可分为微信公众号文案、朋友圈营销文案、微博文案、APP文案等
	按表现的形式划分	可分为纯文字、图文、视频、语音等文案及其组合形式

 **分析工具** 如何写出一篇吸引力强、转化率高的新媒体文案

在拿到一篇文字（或图文）类的新媒体文案时，受众一般会按照标题、开头、正文和结尾的顺序进行阅读，文案也常以此结构来进行设计。用标题来激起受众的点击欲，用开头和正文来降低受众的跳出率，用结尾来引导受众采取相应的行动。想要写出一篇吸引力强、转化率高的新媒体文案，就需要从这几个方面展开文案的具体写作。

如何写标题

1. 宣事式标题：不玩文字游戏，直接点明产品的宣传意图，开门见山地宣告某件事情，或者直接告诉受众会获得的利益及服务。某些打折促销活动、产品上新活动、抽奖活动等就常用这种标题，让人一目了然。

2. 恐吓式标题：对心里存在某种担忧的用户来说，引起他们的危机感，从而引导他们对推广的产品与服务产生认同。要注意，采用这种写法可以有一定夸张成分，但不能歪曲事实。

3. 提问式标题：用提问的方式促使用户去思考，加深他们对文案的印象，使受众想要读完全文一探究竟。在设置问题时，要从受众关心的利益点出发，才能引起他们的兴趣，否则很容易让他们产生"与我无关"的想法。

4. 猎奇式标题：利用受众的好奇心和追根究底的心理，制造噱头吸引眼球。这种写法可以用背离平常人思维的方式，让人觉得匪夷所思。

宣事式标题

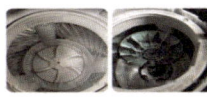
恐吓式标题

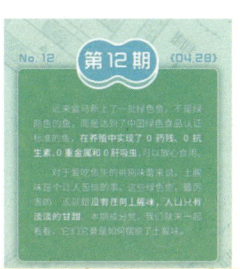
提问式标题

猎奇式标题

任务 7.2 挖掘卖点与策划内容营销

5. **对比式标题**：进行竞争产品之间的比较，突出推广产品的性能和特点，借助差异来凸显自己的高性价比。

6. **新闻式标题**：这种方式能给人一种权威性的感觉，是对事实的一种表述，多用于新产品发布等。

7. **证明式标题**：以见证人的身份阐释产品与服务的好处，增强受众的信任感。可以是自证，也可以是他证。

8. **号召式标题**：用鼓动性的话语，号召人们做出某种决定或行为，语言具有暗示性和指向性，一般用祈使语句。

9. **数字式标题**：数字干净利落，更有表现力，能增加事情的可信度，激起受众的阅读欲望。

10. **话题式标题**：话题选用网络热门词语与热搜，这些话题具有时效性，适合在人们的热烈追捧和讨论时适时推出。

任务 7.2 挖掘卖点与策划内容营销

吹风机"新国货"崛起！戴森压力倍增，徕芬究竟有何实力？

原创　石头日谈　王石头科技
2022-09-26 06:00　发表于湖南

收录于合集
#徕芬 7　#吹风机 1　#戴森 4

现在有很多年轻人讲究生活品质，都在追求消费升级，简单来说就是专门挑贵的商品买，思想上变得不再理性，比如一台日常使用频率极高的吹风机也愿意花三千元购买。

近几年里，原本很普通的吹风机突然间变得奢侈起来了，原因就在于戴森的出现，一定程度上颠覆了传统的吹风机小家电，将原本百来块钱的产品定义成了"奢侈品"。

新年专属仪式感，从换上兔年臻享系列表盘开始

华为运动健康
2023-01-06 07:00　发表于广东

7款白象方便面大测评，最适合中国胃的是这一包！

原创　支持国货的　超人测评
2022-03-18 16:11

uu们，不会有人不知道白象方便面吧！

上次我们测评了9款超贵高端速食面，就有很多热心朋友给我们留言表示：

我为什么不去吃便宜又好吃的白象呢？

广东唯一！湛江上榜《全国烧烤图鉴》，跟着吃准没错！

网信湛江　2023-05-04 17:11
发表于广东

5月2日
《南方周末》图文并茂发出《全国烧烤图鉴》
引起广泛关注和热议

18年只做蒸饭，全靠一道微焦的叉烧饭火到现在！

yoyo　吃喝玩乐IN广州
2023-03-30 22:09　发表于广东

18年！只靠单单一种肉类就吸引无数食客，尤其是店里的封神之作——叉烧饭，有人连续5天都点它，实在让我没理由不来这家店一探究竟。

广东多地文旅局局长"花式出圈"，网友：好拼，感动！

信息时报　2023-03-10 20:52
发表于广东

深耕社区　落地有声

近年来
全国各地一批"网红"局长
走到镜头前，
借助互联网推广
文化旅游和特色产品，
不断突破传统模式宣传家乡。

最近，广东多地的文旅局局长
也陆续走到镜头前，
不少看过这些
文旅局局长视频的网友
纷纷@当地文旅局，
希望自己家乡的文旅局局长
也可以大力宣传本地文化旅游资源。

| 对比式标题 | 新闻式标题 | 证明式标题 | 号召式标题 | 数字式标题 | 话题式标题 |

如何写开头

1. 悬念式开头： 悬念常与刺激、恐惧联系在一起，这样开头扣人心弦，容易吸引受众的好奇心。

> 一对夫妻穷尽一生积蓄买了一套房，住进去之后"灵异"事件频发，他们皮肤瘙痒，掉头发，失眠，气色越来越差，他们各种求医问药，都无济于事……（后面引出解决他们问题的产品：一款新上市的除甲醛空气净化器）

2. 故事式开头： 故事式开头也就是情境导入，可以用富有哲理的小故事，也可以直接写一段故事，然后在其中进行商业植入。

> 他微信说："我们分手吧！""嗯，好。"我回复后，放下手机，又埋头做事，心里有些空荡荡，却也如释重负："并没有特别难受啊，外面天气真好，出去玩吧。"失恋的痛苦并非排山倒海一样猛烈袭击，更像南方冬天的雨一滴一滴，慢慢寒到彻骨……（后面植入的是腾讯视频的软文）

3. 直接式开头： 开门见山，直奔主题，如推广某事物，一开始就直接表述产品或服务是什么，有什么好处，能解决什么问题。

> 和秋冬季相比，小伙伴们在夏天往往容易忽视肌肤"补水"的重要性，以为夏天吹空调不会大量流汗，就不用补水，其实骤冷骤热的空调房，反而会加剧肌肤水分的流失。当你发现皮肤出现暗沉、细纹、紧绷和容易敏感的情况时，就是缺水的细胞在给你发警告信号啦……（后面直接推荐便携式保湿喷雾）

4. 提问式开头： 以提问的形式开头总能引起人们的好奇，还能引起受众的思考，显得文案主旨鲜明、中心突出。

> 上大学应该选择什么专业？要不要辞职？应该下决心转行吗……我们的生活中充斥着选择，却无法预知自己的选择是否正确……（后面推荐新书《逻辑思维》）

5. 名言式开头： 在开头设计一则短小精练、意蕴丰富的名人名言、谚语、诗词，来凸显全文的主旨与情感，让受众觉得文采盎然。

> 这两天看王小波的书，他说："人在年轻的时候，最头疼的一件事就是决定自己一生要做什么"……（后面引出职业培训的服务）

任务 7.2 挖掘卖点与策划内容营销

6. 诱惑式开头： 人们总是会关心自己能得到的好处，即时没有购买需求，大多数也会继续查看相关信息，因此借助利益诱惑受众对文案的关注也是一种好的开头方式。

> 上周我们推出了账户绑定功能，希望能够在未来持续为大家带来精选优惠信息和一手书讯，甚至还可能送出专属福利。只要在4月14日之前完成账户绑定，还能额外获得绑定福利——500元电子书折扣大礼包……（后面引出亚马逊Kindle星评4.5分以上的书单）

7. 内心独白式开头： 以第一人称视角，在文案开头把自己的心路历程用内心独白的方式表达，让受众产生亲切感，拉近距离，引起共鸣。

> 很多人都很羡慕我目前的生活状态，说现在就像空中飞人一样，隔几天就飞不同的城市，体验不同的生活，太惬意了。我苦笑，其实都是围城……（后面引出航班管家"519鸟人节"国际航线9元秒杀活动）

8. 名人代言式开头： 将想要推广的产品，与影响力大的人物联系在一起，把受众对权威人士的信任，嫁接到产品身上。

> 元气森林品牌在2022年五四青年节时，推出了一篇《今天，为元气新青年献礼！》的微信公众号图文，开篇提出"天生元气，不被世俗标准定义"，紧接着分别呈现出"不被世俗标准定义"的谷爱凌，"不被年龄大小定义"的苏翊鸣，"不被他人目光定义"的徐梦桃……（后面引出与新华社客户端联名的青年节限定版礼盒）

9. 蹭热点式开头： 人们总是对新发生或引起广泛讨论的事情有较高的关注度，如在推荐衣服时，从红毯活动、电影节入手，分析明星穿搭，吸引受众的阅读兴趣，再引入自己推荐的单品，顺势植入推广广告。微博热搜、今日头条、百度风云榜等都可获取热点即时信息。

> 有多少朋友已经踏上回家的路途了？就着空闲的时间，给大家强烈安利一部年初就掀起一波热议的爆款剧《精英律师》。过年，不愁没剧看……（后面引出林肯汽车全系车型）

10. 修辞手法式开头： 运用比喻、夸张、排比、比拟等修辞手法，可以让文案开头变得更加生动。

> 三毫米，瓶壁外面到里面的距离；一颗葡萄到一瓶好酒之间的距离，不是每颗葡萄都有资格踏上这三毫米的旅程。它必是葡萄园中的贵族，占据区区几平方公里的沙砾土地，坡地的方位像为它精心计量过，刚好能迎上远道而来的季风……（后面引出葡萄酒）

如何写正文

1. 总分式正文： 总分式结构是微信文案中比较常见的一种布局方式，"总"是指文章的总起，起点明主题的作用；"分"指的是分层叙述，即将中心论点分成几个横向展开的分论点进行论证，逐层深入；最后呈现出一个发散的结构。因为有的文案太长，受众已经不需要总结了，只要看到了自己想要的信息即可。

> "成都景区直通车"微信公众号的文案就经常用总分式这样的结构。例如推广2019四川航展的文案，第一段总括航展的主题、内容、地点；接下来分别介绍航展的看点，包括国际航空航天专业领域全面展示、超一流特技飞行全天候呈现、抖音顶级流量大咖献唱、吉祥物"星宝"文创高颜值亮相、特色小吃美食挑动味蕾等；最后进行购票与交通指引，将方方面面讲得非常清楚。

2. 片段组合式正文： 片段组合式主要是将要体现共同主题的几个生动、典型的片段有机地组合起来，用于叙述事件，描写商品特点，烘托品牌。这种方法主要是以叙事的手法来写作，但要注意每个片段的内容不要太多，且不能分散主题，一定要多角度地围绕主题进行展开推广。

> 脑白金的推广软文《人类可以长生不老吗》就采用了片段组合的形式，用《新闻周刊》的权威论断的片段说明产品的特性，最后再以"脑白金是什么"来烘托产品。

3. 并列式正文： 并列式一般是从推广对象的各方面特征入手，不分先后顺序和主次，各部分并列平行地叙述，各组成部分间是相互独立的、完整的，能够从不同角度、不同侧面来阐述推广的对象，各部分前后位置互换，并不会影响文案主题的表现。

> 如某微信公众号推广一款切不烂、砍不断家务手套，就分别描述了该款手套使用的不同场景。例如，切菜不怕切到手、防宠物撕咬、不怕被烫坏、拿鱼防滑、还可以触屏等。这些场景描述交换位置，也不会影响文案的表达。

4. 递进式正文： 把受众关注的问题层层剥开、步步推进、环环相扣，前后的逻辑关系不可随意颠倒。这类正文结构主要针对一些比较复杂的产品。例如，可以用"是什么"—"为什么"—"怎么样"的递进结构。

> 新崛起的国货黑马个护品牌——徕芬吹风机，在2020年8月3日发布第一条微信公众号推文时，使用了递进式的结构，向大众清楚陈述了品牌的产品与优势。首先讲徕芬是什么：新一代高速吹风机，拥有黑科技和超高研制，是对标国外一线大牌的国潮新品牌。然后讲为什么一款好的吹风机对用户重要：快速干发，减少头发损伤，方便造型，价格实惠。最后讲徕芬怎么样实现用户的需求的：自研超高速马达相当于F1方程式赛车发动机转速的5倍，喷气量被放大3倍，实现快速干发；高精度温度传感器，每秒30次测量出风口温度，智能控温避免秀发损伤；负离子发生器，每秒产生数千万个负离子，让秀发柔亮；人体工学设计，精致小巧，使用更轻松。

5. 三段式正文： 这里的"三段"不是指自然段落，而是全文三个部分。第一个部分以简练的语言总括核心卖点，第二个部分交代详细的技术细节，第三个部分强化产品独特优势与使用效果，刺激受众的购买欲望。

> 一篇推广小米7的文案就是这样运用三段式进行介绍的：文案第一部分直接点出"雷军确认，小米7屏幕指纹识别"，第二部分开始详细介绍小米7的技术信息，并对坚果3和HTC U12的配置做了相关介绍，第三部分对本文案进行总结概述，得出结论：还是更偏好小米。

6. 穿插回放式正文： 叙事线索超越时空，将描写的内容通过回忆插入、倒放等方式，融合成一个整体。

> 一篇名为"去年的衣服再贵，今年也不喜欢了"的文案，通过与闺蜜购物聊到消费观，再穿插回忆闺蜜入职时候的事情来证实"去年的衣服再贵，今年也不喜欢了"的观点，并借机推广一个购物的小程序。

如何写结尾

1. 神转折式结尾：以出其不意的方式结尾，营造出人意料的效果，让受众留下深刻印象。

原来，他是故意安排出差来这里看她，却没想到遇到了她的婚礼。她从婚礼上追着跑了出去，茫茫人海，她突然在地上看到了他遗落的手机。这个手机型号是VIVO X5Pro，双面2.5D弧面玻璃，第一感觉就是一个无限放大的"美"。当X5Pro静静地躺在大理石上的时候，你能感受到它的静谧。而当第一缕阳光从其表面流过的时候，你能感受到它非常特别的魅力……

2. 金句式结尾：用名言类金句或原创金句结尾，使受众升华对文案主题的感悟和认同感。

《人民日报》的《用心一者事必成》一文这样结尾："守少则固，力专则强。"剪去人生之树上不必要的"枝丫"，主干才能充分吮吸养分，向上生长，叶茂枝繁。当专注成为习惯，就会内化为一种强大力量，支撑我们把每一件事做到极致，踏上事业精进之路。

3. 话题讨论式结尾：在文末用提问的方式留下话题讨论，可以激发受众的互动积极性，促进受众主动留言，增加文案的热度。

哪本书或哪场电影看过之后令你失眠？我们将选取一个最佳留言，下期一起来聊聊。

说一说，当下你最渴望发生什么奇迹？

你有什么改善肤色的小技巧呢？给我留言吧。

4. 引导行动式结尾：在结尾将利益或好处最大化，引导受众积极产生行动，包括关注、评论，以及购买。

2017年，365天的美好与感动，你值得拥有。倒计时的日子，美啊。干嘛，有钱任性！掌柜！包两本！（2017年某原创手绘日历的文案结尾。）

5. 固定式结尾：无论文案的内容是什么，结尾的内容及其排版都不变，目的是通过长期重复，给读者留下独特的标识性印象，增加自己IP的可辨识度。

不得不说，这样的微创新还是很赞的哈。（微信公众号"摄影日记"，所有介绍科技产品的软文，都以这句话结尾。）

任务 7.2 挖掘卖点与策划内容营销

分析工具：如何为产品与服务制作创意短视频

短视频不同于微电影和直播，短视频制作并没有像微电影一样具有特定的表达形式和团队配置要求，具有生产流程简单、制作门槛低、参与性强等特点，又比直播更具有传播价值。其超短的制作周期和趣味化的内容对短视频制作团队的文案以及策划功底有着一定的挑战。可是我们很多人到现在都停留在观看短视频的阶段，年轻人赶快行动起来吧！现在给大家简单说说推广产品类的短视频制作攻略。

演员实拍型：通过故事情节植入广告，适用于大部分行业。针对具体产品，根据其核心卖点及用户痛点创作故事脚本，用符合目标用户设定的演员进行实景拍摄，在演员与产品的互动之中传达产品的优势，让用户在观看故事情节时潜移默化地接收产品信息，并产生进一步了解或购买的欲望。

产品展示型：直接展示产品广告，适用于机械、车辆、房产、生活服务行业。没有具体故事情节，直接对产品进分析，策划最适合产品的展现方式，进行实景、实物拍摄。

定格动画型：用定格动画创意形式展现，适用于教育培训、生活服务行业。拍摄产品多角度定格照片，全方位展现产品特点，运用后期剪辑技巧呈现视频，适用产品以美食、实物商品为主。

特效包装型：通过后期剪辑、特效包装呈现，适用于无实物产品的招商、商业服务等虚拟产品。根据产品风格选取匹配的视频特效，通过后期剪辑特效并配合文案进行综合呈现。

素材剪辑型：利用现成素材进行二次编辑，适用于房产、金融、服务行业。记住这些素材要么得到正规授权，要么通过合法途径在网上购买。对原有视频素材进行再次编辑，可达到比原视频更好的效果。

分析工具　打造优质短视频

引流的核心是围绕清晰的账号定位，基于算法持续地生产优质内容。虽然各平台推荐机制不尽相同，但做出优质内容都是至关重要的。内容的优质不是自以为是的优质，而是算法界定的优质，所以必须确保你创作的内容被算法识别，同时围绕算法中的核心指标进行优化。短视频内容的创作是能者居上，只有不停奔跑，才能不被优胜劣汰的算法抛弃。

第一步要打造IP人设。IP人设是短视频的灵魂所在，否则就算爆款带来了流量，也留存不住，因为人与人的关系才最长久。特别是当产品与竞品的差异度难以让消费者感知时，用人设输出就是破局的出路。出镜的真人要让用户有身份认同感，把用户喜欢的场景做成系列化。

第二步要设计结构。一般情况下采用的结构为：悬念开局，触发观看；中间冲突强化，音乐烘托，吸引完播；最后剧情反转、直奔高潮，激发点赞、转发、关注。针对知识性的内容，采用的结构则是问题开局、故事吸引、数字强化、理念颠覆。前三秒是黄金时间，三秒钟内不能吸引用户，就不会有完播率，更不会有互动率。

第三步投放测试。发布时间要契合平台用户的活跃时间。可以发布4～5个不同思路的作品，测试究竟哪个才是更适合自己定位和用户群喜好的形式。对于数据较好的作品，做好分析拆解，进行优化复制。

第四步做好评论维护。评论区是内容运营的重要区域，评论做得好，可以带动整个内容，甚至有的用户就是冲着看评论来的。对于用户的评论，尽量回复，有技巧地提升互动量和关注度。

明确告知：知识类、学习类视频告知"一个简单的动作让你轻轻松松瘦下来""如何快速成为街拍达人？"

视觉奇景：旅游类博主气势恢宏的航拍

惊喜夸张：带货视频采用夸张的效果或惊喜的发现，如家居射灯产品营造出梦幻氛围，能一下砍开椰子的厨刀

背景音乐：搞笑类视频采用听了开头就知道后续有反转的音乐

成品展示：美食类，制作工艺类，摄影类

熟悉场景：剧情类视频设置熟悉场景，并发生矛盾、误会、悬疑

（视频开头让人留下来的常用手法）

任务 7.3　策划冷启动营销活动

 **冷启动营销**

所有创业者都希望能在短时间内研发出产品，一上线就大卖。然而，现实却相反，由于创业早期资金缺乏、资源匮乏、经验不足，再加上产品不够精细，必然面临冷启动这个问题。但我们也要有信心，所有创业项目刚起步时都要遇到冷启动的问题，我们要把忧心转化为专注，聚焦于怎样通过低成本营销找到第一批"种子用户"，怎样获取并运营"种子用户"。在冷启动营销时期，要做好以下事项：

其一，打造内容。通过文案介绍清楚产品的设计理念和主要功能，并精准投放宣传渠道。

其二，建立渠道。在主渠道提升服务，同时寻求资源合作方的渠道支持。

其三，快速试错。渠道选择错误，效果不佳是常见现象，要快速进行分析调整。

其四，明确阵地。各种新媒体阵地都有独特规则属性，一般只选择一个主阵地，其他的作为辅助。

其五，提供价值。想让种子用户测试产品，必须提供独特的价值，如某品牌新能源车对首批用户承诺可在合作电桩终身免费充电。

其六，用户传播。除了用户自发传播，还要通过优惠活动、邀请奖励等方式，引发用户分享。

常见的吸引新用户方式如下。

知识准备　线上营销　VS　线下营销

营销传播的载体可分为线上与线下。线上营销活动包括但不限于：电视广告、电话营销、网络广告、E-mail营销、搜索引擎竞价推广、微信社群营销、自媒体平台推广（头条号、百家号、微信公众号等）、软文推广（贴吧、豆瓣、地方论坛、与企业产品相关的行业论坛等）、短视频推广（抖音、快手、火山、视频博客等）等。线下营销活动包括但不限于：店面促销活动、行业会议会展、线下活动营销、商家联盟互惠、广告牌等。

体验经济时代，怎能不懂营销？随着移动互联网技术的发展，线上营销成了近年来热门的营销方式，似乎已占据了时代主流。线上营销的确有很多优点，如覆盖面广、成本低、精准度高，以及可以实时监测效果等。尽管线上营销发展势头迅猛，但线下活动重新有了崛起之势，因为它能为消费者提供更直观的互动体验场景。近年来的线下营销活动也变得时尚起来，除了快闪风潮、地铁广告，还创新出具有互动参与感的沉浸式戏剧，以及各式各样的艺术展。其实无论是线上营销，还是线下营销，成功的营销活动往往都是有趣好玩的。而且，线上与线下营销没有明显的边界，线上与线下融合才是未来的趋势。下面我们来看看在体验经济时代，如何策划一场能够制造话题、热点的"网红级"营销活动。

【小案例】这些巧妙创意，让你重新认识线下营销活动

——**网易云音乐打造了一面"镜面长廊"。** 2018年1月4日，网易云音乐推出了"2018，照见自己"线下主题活动，在北京团结湖地铁站打造了一条"镜面长廊"。在全长数十米的完整镜面上呈现了14组网易云音乐用户乐评。如，"我只有一句话：你的江湖，多远我都来""我要漏出一点马脚，好让你发现我喜欢你""你那么年轻，你可以成为任何你想成为的人"，这些有关温暖、爱情的文字，让不少人产生共鸣。

——**"得到"在菜市场举办了一场经济学的主题展。** 在知识付费平台"得到"上，"薛兆丰的经济学课"备受欢迎，199元每年的价格已经有近27万人订阅，贡献了超过5000万流水。2018年6月15日，"得到"在北京三源里菜市场开设了一场与众不同的主题展"菜市场遇见经济学"，而这也是《薛兆丰经济学讲义》的新书首发。展览之外，"得到"还在其APP上发布了一组"菜市场经济学"的主题海报，每张海报以经济学家的学术理论和日常小人物的"对话"为主要内容，体现出经济学是一门与人们日常生活最贴近的学问。从知乎到腾讯，从网易新闻到饿了么，从花样百出的主题展，到吸引流量的快闪店，走到线下成为越来越多互联网品牌的营销宝典。究其原因，消费者对于互联网品牌的虚无感可能是最大的

影响因素。这个时候，选择到合适的线下场景，植入恰如其分的内容，就显得至关重要。

——网易LOFTER推出"城市晚安帐篷"艺术展。LOFTER作为网易旗下深受年轻人喜爱的兴趣社交平台，包括了二次元、摄影、绘画、娱乐、旅行在内的多个兴趣领域。2017年7月，LOFTER推出"不打烊展览馆"，致力于通过不同的装置艺术，传递青年文化理念。2018年6月，网易LOFTER联合Kinbor（广博文具旗下的文创生活品牌）、日食记（微博知名美食视频博主）、二更视频（国内知名的原创短视频内容平台）打造了一场只在晚上8点后才接受参观的"城市晚安帐篷"艺术展。此次展览以"年轻人你为什么不睡觉"作为切入点，通过帐篷将晚安后的个人空间具象化，设置了六大年轻人晚安主题，分别为发呆主题的"放空洞"帐篷，音乐主题的"瘾音室"，游戏主题的"玩物吧"，加班主题的"无底洞"，夜宵美食主题的"味觉屋"，故事主题的"晚安放映厅"，全景式展现了年轻人不睡觉的多元生存状态。在展览创意上，网易LOFTER还加入了投影技术，将不同主题的鼓励金句投射在帐篷上，如加班主题的"无底洞"对应的是"知道自己在哪条路，所以凌晨三点也并非残酷"，游戏主题帐篷则是"无法游戏人生，但可以在游戏里过另一种人生"，通过对当下年轻人心理的精准洞察传递出品牌态度。网易LOFTER掀起的艺术展，是在洞察到当下青年的小情绪而进行的。

——苏宁易购开了一个家电博物馆。2018年4月，为了给苏宁易购电器购物节造势，苏宁不仅承包了地铁通道、公交站牌、道路两侧的广告牌，还在南京新街口苏宁生活广场开了一个真实存在的家电博物馆。不过与大多数艺术展不同的是，这次展览的主角既不是时尚潮流单品也不是高科技产品，而是老式电扇、马桶、搓衣板、铺满油污的洗碗池、破旧的飞毛牙刷、老式电饭锅等物品，在智能家电大军的进攻下，这些"古董家电"变成了展品被放置进陈列柜里。通过线下展览的形式，用老旧家电的展示来反衬智能家电给生活带来的便利和舒适，在新旧对比之间探索着消费习惯的变迁。

——今日头条打造"冬日森林"创意互动展。2018年，今日头条生机大会为内容创作者和用户送上了一场创意互动展，利用"打卡"心理、年轻化场景和多重奖励机制策划出优秀的体验营销线下活动。互动展共分为6大区域和29个主题创意展位，其中随处可见"打卡爱好者"们热衷的INS风、古风、Geek（极客）风等"网红式"主题，用户还可以现场参与制作风筝、刺绣等活动，让打卡有了可"晒"性。创意体验展面临的最大挑战，就是如何将抽象的内容"实体化"，解决方案是提取每一位创作者内容中的"基因关键词",并围绕这一关键词衍生创意,通过构建年轻化、有网感的场景,让用户产生沉浸式的体验。例如,头条号"脑洞历史观"就搭建了一座颇具科幻感的"脑洞时光隧道",反光的墙面容易让人联想到光怪陆离、五光十色的"脑洞",具有纵深感的场景和内部陈列的书籍则与历史主题相互呼应。场景的年轻化和体验的沉浸化,让今日头条上的内容打破次元壁,成功地用趣味"圈粉"现场参与者。此外还有多重激励设置,头条号作者"大胃mini"发起的"吃货大作战",挑战大胃家族的12道美食题,就能瓜分万元奖励,让用户在"闯关"和"竞争"中收获刺激感;头条号"小陶农夫"则让用户可以亲手体验陶瓷制作过程,体验"目标达成"的满足感。

我们常见的线上营销活动有打折、秒杀、免单、满减、满送、满返、买送、搭售、试用、积分换购、抽奖、团购、预售、满一定金额包邮等。这些其实都是商家的促销方式,其中很多也是线下促销会用到的方式。

随着数字技术的发展,线上的营销方式已经千变万化,这也使得我们每个人的手机成为线上场景化营销的重要战场。HTML5、长图、AR等数字技术手段为我们提供了广阔的创作空间和丰富的表现形式,诞生出众多富有体验感和冲击力的线上场景营销案例。

【小案例】这些巧妙创意,让你重新认识线上营销活动

——AR扫一扫,在汉堡王餐垫上"开战"。快餐品牌与游戏IP除了联名卖玩偶,还可以玩出什么花样呢?来自美国的快餐品牌汉堡王(Burger King)与芬兰Supercell旗下的游戏IP《部落冲突》野蛮人之王(Barbarian King)一起联袂出演一部《餐垫上的部落冲突》。他们从用餐体验场景切入,设计了一款特别的汉堡王餐垫,用户只需要根据说明将皇堡(WHOPPER)与可乐放置到餐垫上的特定位置以后,即可通过QQ的AR扫描功能扫描出一段野蛮人之王与汉堡可乐的AR动画。为了能让这款餐垫触达到更多的人,用户除了可以在主题门店获得之外,还可以在全国范围内通过饿了么APP下单汉堡王主题套餐,获得这款AR餐垫。

——1篇微信软文,勾起你对自由远方的向往。航班管家与微信公众号新世相曾联合推出"逃离北上广"营销活动,当时新世相的一条微信文章《我买好了30张机票在机场等你:4小时后逃离北上广》刷爆了朋友圈和各大社交圈。无论从"说走就走"的创意,还是"逃离北上广"本身释放压力的寓意,都是一次撩动用户痛点的传播,这样的内容往往能击中人们那颗脆弱的心。此次营销活动共带来近1500万曝光,新世相公众号涨粉11万。

分析工具 新产品如何做营销活动

我们研发出新产品，向市场和用户进行推广，是令人兴奋而极具挑战性的。成功的营销活动不仅要形成流量的传播，更要有实际效果。下面，我们通过三大步骤教大家如何做一个成功的新产品营销活动。

 **第一步** 找到产品对用户的价值点

我们做推广时，会一直说产品哪里好，但也许实际上这些优点用户都不关注，在用户心中这些东西都是没有价值的。而用户真正想要的东西，他／她自己也难以表述。我们要主动找到产品和用户的结合点，把它清晰地表达出来。你是谁不重要，用户认为你是谁更重要，这是关键的第一步。脉脉刚推出时，没人知道它是干什么的，于是它打出了"生活用微信，工作用脉脉"的标语，受众立刻就能明白，它就是工作版的微信。

 **第二步** 将价值做成可传播的内容

A. 强化场景。我们需要占领用户的心智，跟竞争者建立足够的区隔。用户一旦在某种场景记住了这个产品，记住第二个产品非常难。如果我们的产品具有创新性，更应该选择一个细分的场景，让用户在某个时间、某个空间、某个事件的时候，能够自然而然地想到这个产品。"今年过节不收礼，收礼只收脑白金"，脑白金一直在强化自己的送礼场景，受众在过年送礼的时候首先就会想到它。

B. 强化卖点。在竞争比较激烈的市场中，强化卖点可以准确地切下一块属于我们的市场"蛋糕"。各品牌手机都在寻找自身的特点，并通过主打这个特点影响用户。比如VIVO公司高性价比子品牌iQOO，以"新手大神"唤起年轻一代认同，传达产品在电竞领域的性能优势，成为智能手机市场异军突起的后起

之秀。OPPO手机"充电五分钟，通话两小时"，是在强调自己的快充功能。

C. 强化符号。符号跟人的五感相关，包括视觉、听觉、嗅觉、味觉和触觉。如果把场景或者卖点变成一种符号，可以缩短用户感知的路径，产品更容易传播和记忆。可口可乐与百事可乐最大的差别是颜色，一个是红色，一个是蓝色；共享单车也是如此，通过颜色来区分自己的符号，并扩大符号的影响力。又如，美团将所有线上线下产品与服务统一成黄色视觉体系，包括美团充电宝、共享单车、美团外卖等。

第三步　找到合适的载体对用户进行传播

线上、线下营销没有完全的优劣之分，也没有泾渭分明的边界，我们要根据产品定位选择能接触到用户的最合适的渠道载体，线上与线下的营销活动是可以结合起来的；还要考虑投入产出比，不管是线下推广活动与投放户外广告，还是线上推广活动与投放信息流广告，都涉及费用成本。也许我们作为初创团队，通常都是从低成本的新媒体"养号"开始起步，但是不要忘记，如果你要找的用户并不在你找的载体上，就会发生错位。我们不要固执于低层次起步，尽力获取必要的资源，找到最有效的传播推广载体才是关键的。

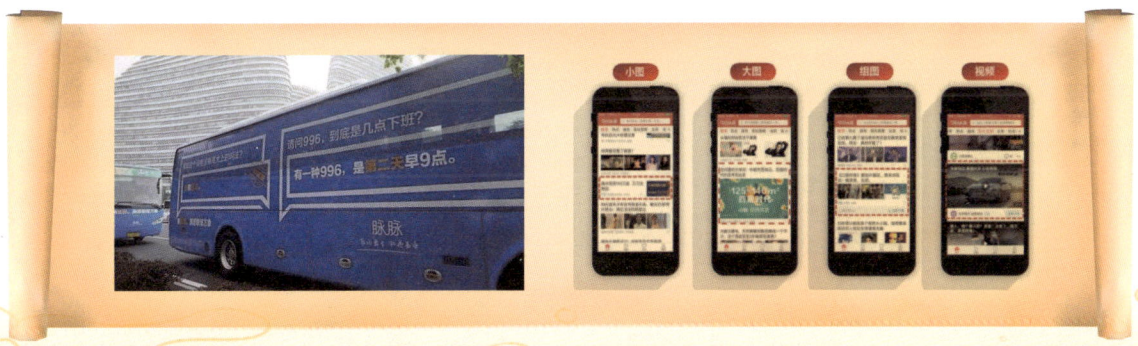

项目 8　写计划练路演

项目 8 是 PIRT 创新方法论的第四步

这是本书的最后一个项目，商业计划书和路演是对学习成果的总结与呈现。同时，撰写、打磨商业计划书，以及演讲和答辩的练习过程，也是团队不断迭代提升项目思路的过程。

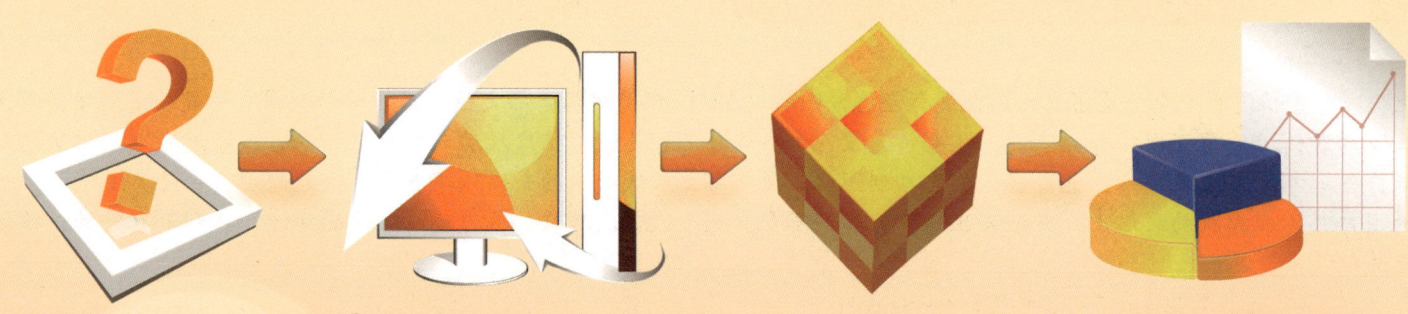

发现问题
- 观察能力训练
- 共情能力训练
- 批判思维训练

创新方法
- 创新流程掌握
- 创新方法学习
- 创意激发手段
- 商业价值分析
- 商业模式设计

创造条件
- 团队组建
- 股权顶层设计
- 资源获取与拼凑

验证执行
- 最简可行产品
- 用户测试
- 商业计划书
- 路演呈现

知识目标
1. 能领会商业计划书的结构与内容
2. 能掌握商业计划书的撰写方法
3. 能掌握路演展示与答辩的技巧

能力目标
1. 能撰写结构完整的商业计划书
2. 能制作路演展示的幻灯片
3. 能完成路演展示与答辩

素质目标
1. 培养胸怀天下的大局意识与高尚情操
2. 培养有梦想、有实干、有坚持的创业精神
3. 培养逻辑思考能力与快速思辩能力

任务8.1 撰写路演PPT

路演

"路演"一词出自英文"Road Show"。最初是国际上广泛采用的证券推广方式,起到广而告之和达成销售的目的。当时股票经理人在股票发行前经常在街上搭台,向投资者大声演讲,兜售自家股票。后来,股票进入电子交易时代,路演的形式和作用也随之发生了变化。现在路演不仅仅是金融推介形式,也包含创业融资、项目介绍、新品上市、电影发行和其他台上介绍宣传的形式。

创业融资路演就是项目创始人在台上向众多投资方讲解自己的产品,商业发展规划,融资需求。按照一般惯例,要求演讲者在5~10分钟之内将项目介绍清楚,以引起投资人的兴趣,以进一步获得资源对接的可能。创业融资路演实现了创业项目与投资人、相关资源方的零距离对话,是国内外众多创新创业企业实现融资的重要渠道。

对于初出茅庐的路演者来说,可能并不知道在项目路演时应该着重讲什么,即便是路演的组织者规定了要展示的内容结构,演讲者也可能并不知道应该如何组织手头错综复杂的素材和信息,有些演讲者只展示了项目内容,但却并没有留心是否在短短的几分钟之内传递出了项目的核心优势。还有很多演讲者缺乏公众演讲技巧,无论准备得多好,走向演讲台的过程中已经开始双手发抖、心跳加速、呼吸急促,大脑一片空白,并且在面对评委的提问时,也无法回答得像平常那样有理有据、切中要害。

成功的路演聚焦于你传递的意义和价值,是一个综合系统。

34. 一页纸商业计划书九步框架

任务 8.1 撰写路演 PPT

知识准备 商业计划书

商业计划书（Business Plan，BP）：创业者准备的书面计划，通过自我评估，分析和描述创办一个企业或项目所需的各种因素，并按照一定的内容和样式编写，用于招商、融资或其他发展目标的展示和说明。它是企业/项目完整、深入、具体的行动指南，分为文本商业计划书和PPT商业计划书两种形式。

其中，融资路演的内容用PPT幻灯片（Power Point）展示，其逻辑与结构应与文本商业计划书一致，但展示形式上有图片、文字、声音，以及动态素材搭配的特殊效果。

商业计划书的作用：系统梳理企业/项目的工具
向合作伙伴提供的介绍信
吸引投资人融资的敲门砖
凝聚团队和对外展示窗口

一份优秀的商业计划书要讲清楚 3 个问题与 10 个逻辑点。

为什么要干？
① 痛点有多痛？急需解决吗？
② 用户数量多不多？潜在市场大不大？

怎么干？
③ 你的解决方案是什么？创新点是什么？
④ 与同行相比有什么优势？
⑤ 你怎么定价？怎么收费？
⑥ 你怎么推广？怎么获取用户？怎么销售？
⑦ 你的团队实力如何？

如何发展？
⑧ 你的项目做到什么程度了？财务依据是什么？
⑨ 下一个阶段的目标是什么？措施是什么？
⑩ 计划融资多少钱？出让多少股份？怎么使用资金？

商业计划书九步框架

一、项目简介
二、行业痛点
三、解决方案
四、核心优势
五、商业模式
六、营销方案
七、团队介绍
八、发展规划
九、融资计划

一份好的商业计划书应体现的内容

（面面俱到不现实，择优总结 4～6 点即可）

产品：痛点是否清晰？产品是否真正解决了用户的痛点，而且是在用户可以接受的价格之内。如果产品解决痛点的方式具有独特性，难复制。那说明用户需要你，而且别人还不能轻易地模仿。能展示具有市场空间的同时，又能说明未来不会有太激烈的同质化竞争。

政策：所选择的行业是否处于政策红利期？关注国家鼓励和扶持的产业方向，抓住专项资金政策红利，可在创业路上获得事半功倍的效果。

布局：未来计划是否体现了前瞻性的布局？创业拼的是未来，在市场瞬息万变的情况下，如果不能做前瞻性布局，便可能处处落后和被动。一份好的计划书应该是与未来共谋大计，在风口到来之前就提前准备好。

时机：时机指的是市场机遇。是否处于最佳切入点？如果已经过了窗口期，布局已经来不及，投资人会谨慎进入。如果还未到爆发期，投资人也会思考是否进入太早，衡量是否要"烧"很多钱才能熬到黎明。

资源：知识、经验、人脉、资本都是创业不可或缺的资源。创业团队拥有独占性或稀缺资源可以让创业路走得更顺畅。

技术：具有独占性的技术带来的先发优势主要有两方面。
第一是技术壁垒。竞争对手研发同类技术、绕过保护的专利需要时间和更多成本。
第二是用户心智壁垒。当一个产品发布以后，如果竞争对手还没来得及在 180 天以内反应，先行者就能很快建立起自己的口碑和用户基础，从而大大增加了竞争对手的赶超压力。

团队：投资人可以根据项目创始人的经历判断创始人是否熟悉了解项目所在的行业，还可以根据创始人是否有过创业经历判断其是否有抗挫折、抗风险能力，还可以根据创业团队的构成判断团队是否便于管理。

模式：业务模式是否符合逻辑，有盈利的可能性吗？且随着业务的发展，可以体现更大的盈利空间与可复制性吗？

中心：**投资人的视角**

任务 8.1 撰写路演 PPT

撰写路演 PPT 主要内容与演讲稿

Step1. 项目的总介绍

尽可能用一句话说清楚，我是什么人，在做什么事，想解决什么问题，有什么亮点。

这是投资人对项目的第一印象，如果没能在开始吸引他们的注意，引发他们的兴趣，那么后面的内容准备得再好也有可能功亏一篑。

试试回答以下问题

1. 我们是 _____。
2. 我们项目在为 _____ 的人群解决问题。他们会购买我们的产品／服务。
3. 我们在做 _____。
4. 我们的核心产品／服务是 _____
_____。
5. 我们首创了 _____。
6. 我们的市场估算有 _____。
7. 我们是为 _____ 服务，这个工作处于 _____ 领域的 _____ 环节。

Step2. 行业背景和现状，引出痛点（痛点与市场规模）

1. 项目相关的行业背景是什么？
2. 发现了一个什么样的痛点，规模如何？
- 我们在什么人群中找到了这个痛点？（细分客户、目标市场）
- 痛点带来的损失有什么（可以感性描述痛点带来的感受，辅以案例）
- 有多少人有这个痛点？（宏观损失计算，最好用数据描述）

试试回答以下问题

1. 由于 _____ 等不必要的中间商在赚差价，所以导致我们成本高昂。
2. 现有的解决方案只考虑了 _____ 的人群的需求，没有考虑 _____ 人群的需求。
3. 现有的解决方案，在 _____ 环节做得还不够好。受到影响的人群有 _____。
4. 每次用 _____，我都觉得 _____ 不爽。
5. 对于 _____ 类型的服务，服务风格都是偏老化的，未能满足新新人类（90+、00+）的需求。
6. 由于当前 _____ 环节的低效率，总体给整个生产活动带来了 _____ 的影响，这种影响降低了生产效率／提高了生产成本，带来了高达 _____ 的损失。
7. 新技术出现后，我们需要用更有效率的方法来替代目前 _____ 的环节。

Step3. 我们有一个很棒的解决方案（解决方案）

1. 用一两句话讲清楚准备做什么事。
2. 解决方案或者是产品是什么，提供了怎样的功能？（要专注聚焦，不追求大而全）
- 解决方案要和用户痛点对应起来。
- 要谈产品和技术带来的成果，即用户使用后的体验和好处，要让人能听懂，而不是用听不懂的专用名词对技术细节侃侃而谈。

试试回答以下问题

1. 我们帮人解决了＿＿＿＿＿＿问题，满足了＿＿＿＿＿＿未被充分解决的需求。
2. 别人因为＿＿＿＿＿＿没有看见商机，或因为＿＿＿＿＿＿无法提出满足需求方案。
3. 我提出的解决方案可以在＿＿＿＿＿＿范围复制和＿＿＿＿＿＿范围被接受。
4. 我基于＿＿＿＿＿＿的技术提出解决方案。
5. 和原来解决方案最大的不同是＿＿＿＿＿＿。
6. 我解决了被替代品的＿＿＿＿＿＿缺点。
7. 能不能列出具体的设计图、商业模式关系图，拿出最简可行产品或正在／已经测试的产品？

Step4. 我们比别人厉害"买他！"（优势、竞品分析）

1. 说明产品或解决方案的优势或核心竞争力。
- 项目与众不同的地方是什么？
- 你的核心竞争力是什么？（即使别人看懂了也一时半会儿学不会）
- 你的技术有没有门槛？（有没有专利、软著等保护）
2. 对比分析横向竞品。（选取代表性竞品的关键维度做对比分析，要客观、真实）

试试回答以下问题

1. 我们的产品／服务代表了＿＿＿＿＿＿，在＿＿＿＿＿＿方面最与众不同。
2. 因为＿＿＿＿＿＿优势资源让我们与竞争对手拉开距离。他们大约要花＿＿＿＿（时间）才能追上我们。
3. 我就这一解决方案申请了＿＿＿＿＿＿等＿＿＿＿＿＿个技术专利。
4. 我们最大的创新点是＿＿＿＿＿＿。
5. 我与竞品相比在＿＿＿＿＿＿等维度最具竞争力。
6. 我的解决方案与竞品相比，成本降低了＿＿＿＿＿＿，效能／效率提升了＿＿＿＿＿＿，增加了＿＿＿＿＿＿等客户迫切需要的功能。
7. 我的商业模式里面＿＿＿＿＿＿等环节即使竞争对手看懂了也模仿不了，因为＿＿＿＿＿＿。

任务 8.1 撰写路演PPT

Step5. 我们很有前景，我们能赚钱（商业模式）

未来打算如何实现盈利。（商业模式）
- 我们如何为客户创造效益的？（肯定是为客户创造了价值，客户才愿意付费）
- 我们卖的是什么？产品本身，使用权，服务，还是其他？
- 谁将愿意为此付费？（商业模式的设计）
- 通过对成本与销售收入的计算，多久才能开始赚钱呢？

试试回答以下问题

1. 我们的产品／方案为客户创造了 ＿＿＿＿＿＿＿＿ 价值（或节约了成本，或减少了恐惧），因此客户愿意为了 ＿＿＿＿＿＿ 付费。
2. 我们基于 ＿＿＿＿＿＿ 而定价，成本 ＿＿＿＿＿＿，利润 ＿＿＿＿＿＿。
3. 我因为 ＿＿＿＿＿＿ 而能够持续盈利。
4. 除了付费，我们还有 ＿＿＿＿、＿＿＿＿、＿＿＿＿ 等多个不同的营收渠道。
5. 我们大概在 ＿＿＿＿、＿＿＿＿、＿＿＿＿ 等方面会产生成本，大约是 ＿＿＿＿ 元。随着规模扩大，这个成本会下降到 ＿＿＿＿＿＿。
6. 在 ＿＿＿＿＿＿ 时段内每单位营收 ＿＿＿＿＿＿。
7. 我们预计从 ＿＿＿＿＿＿ 开始赚钱。

Step6. 我们是怎样让客户买单的（营销方案）

1. 我们的客户是谁？
2. 我们打算如何触达我们的客户？（营销渠道、销售计划）
3. 我们如何获取种子用户？（推广、拜访、洽谈、互动）
4. 我们的后续服务是什么？与客户如何建立长期联系？

试试回答以下问题

1. 我们的目标客户群是 ＿＿＿＿＿＿＿＿＿＿＿，最近的客户在 ＿＿＿＿＿＿＿＿＿＿＿。
2. 客户的消费习惯是 ＿＿＿＿＿＿＿＿（时间、地点、方式），所以我们可以通过 ＿＿＿＿＿＿ 的方式触达他们。
3. 我们用 ＿＿＿＿＿＿＿＿ 的方式去营销最有效。成本大约是 ＿＿＿＿＿＿＿＿。
4. 我们通过 ＿＿＿＿＿＿ 方式将产品打入市场。
5. 我们最重要的销售／推广渠道是 ＿＿＿＿＿＿。
6. 我们会用到 ＿＿＿＿＿＿ 等特别的营销方法。
7. 我们的产品／方案预计有 ＿＿＿＿＿＿ 的市场占有率。
8. 我们可以通过给客户 ＿＿＿＿＿＿ 等好处，让客户把产品／服务转介绍给其他客户。

Step7. 团队很棒，我们能把项目做好（团队）

1. 团队的人员规模和组成。
2. 创始人的故事。（过去经历和成果、做这个项目的原因，为这个项目做的努力）
3. 团队主要成员的分工、背景和特长，并说明个人能力与岗位的匹配度。
4. 团队的核心竞争优势。

试试回答以下问题

1. 不是别人而是我们能把事办成的原因是 _____ _____。
2. 我们的团队人员有 _____ 人，组成结构是 _____。
3. 创始人的学习背景、特长与经历是 _____。
4. 每一个团队成员的学习背景与特长是 _____ _____。
5. 团队分工计划是 _____。
6. 团队核心竞争优势在于 _____。
7. 核心发起人有 _____ 资源，核心技术人与团队是 _____ 关系。
8. 团队股权分配方式是 _____。

Step8. 目前的进展和未来的计划（规划）

1. 我们都做了哪些可以让投资人相信我们能成功的事情？（已发生的成功事件）
2. 未来我们的计划有哪些？（要让人相信我们有计划、有步骤、有条不紊地向前推进工作）

试试回答以下问题

1. 我们项目启动于 _____（时间）。
2. 截至目前我们已经取得 _____ 等阶段性成果。我们的经营数据是 _____。
3. 产品/方案在 _____ 迭代，系列化产品研发进度是 _____。
4. 目前阶段已经达成的关键指标（产品、研发、销售等）_____ _____。
5. 我们基于 _____ 制定未来规划。
6. 未来6个月经营业绩预测曲线图 _____，1年业绩预测 _____，3年业绩预测 _____。
7. 我们通过 _____ 措施控制市场发展风险。
8. 未来三年我们计划要达到 _____ 的增长率，具体通过以下计划来实现：（产量、团队规模、市场规模）

任务 8.1 撰写路演PPT

Step9. 我们项目能赚钱，投我投我投我（融资）

1. 收入预估是多少？
2. 融资计划（前期融资情况、股权结构）。
- 计划融资多少钱？
- 计划出让多少股份？
- 打算如何使用这笔资金？

试试回答以下问题

1. 我们在 _____ 阶段收入预估为 _____。
2. 我们在经营预测的基础上未来1~2年的利润表为 _____。
3. 我们前期已经获得 _____ 融资资金，用于 _____，成效为 _____。
4. 我们计划融资 _____（多少钱），主要用于 _____、_____、_____ 等方面，做 _____ 事情，这些钱可用到 _____（时间）。
5. 我们计划融资 _____（多少钱），出让 _____%的股权。
6. 目前估值 _____，基于 _____ 的方法来计算。
7. 到下一轮融资之前，我们计划在（产量、销量、研发进度）等方面进展到 _____ 程度。

小结

项目路演结构布局有多种形式，以上结构方便让初学者理清思路，并不是放之四海皆准的定律。例如，用痛点问题开场是最常见的方式，但开场设计也可以各有特色，若创始人的经历和资质是亮点，那么适合一上台就自我介绍；若创业初心更能打动评委，适合用创业故事引发共情；若数据很惊人，适合用一组形象化的数据让人震撼。

这些填空式的问题引导，可以帮你组织演讲语言表达，提炼出路演PPT上的文字。当然，也需要你根据自己的风格特点进行提升与完善。

要注意的是，演讲稿与路演PPT的内容是相互配合的关系，切忌把PPT上的文字照着读一遍。

路演 PPT 幻灯片的制作技巧

在创业项目融资路演中，一方面要注意展示的内容是否完备，另一方面还要注意展示的形式是否妥当，PPT 幻灯片中的内容用不同的方式表达，会产生完全不同的路演效果。

对于初学者来说，制作路演 PPT 幻灯片要注意以下几大问题：

逻辑通顺详略得当

◆ 路演 PPT 有较为通用的逻辑顺序，一般按照"背景—问题—解决方案—项目进展—商业模式—团队—财务—未来规划"的顺序展开，尽管可能微调，但不会有太大差异。按照通行做法展开叙述，有助于帮助观众迅速掌握重点。

◆ 应有充分的信息量。在不同的阶段，可能有不同的侧重点，要掌握好应该展示的详略分配。

插图与主旨要相匹配

◆ 每一页 PPT 的标题是全页的主题，该页面所有的内容都应围绕这个主题展开。

◆ 图片是很好的佐证材料，要注意尽量以实物照片佐证，如果放不相关的图片补位或仅为了美观，可能会起到反效果。

◆ 团队的工作过程也应得到充分的展示，以佐证项目的真实性。

◆ 如果一定要借用网络图，一定要注明出处，并且不能侵权。

单页文字不宜过多

◆ 把大段文字放到 PPT 中，会使得 PPT 失去最佳的展示效果。

◆ 可以提炼主题句，把要表达的核心主旨用一个精简的短语表达出来。

◆ 可以考虑用图片、表格、动画、视频来支撑我们想说的内容，并辅以美工设计，通过字体、数字的铺排位置、大小变化来突出要点。

字体与背景颜色统一

◆ 确定与项目特征相符的主题色，如科技项目、农业项目的主题色不同。

◆ 不同颜色的数量不宜太多，否则显得杂乱无章。

◆ 哪怕是配图很好看，也不宜喧宾夺主，应与主题做统一设计，同时检查是否充分突出了该页想表达的内容。

◆ 字体的颜色与底色要有一定的对比，确保在分辨率或亮度不那么好的设备上展示依然保持清晰。

下面展示一版路演PPT，一起看看其中做得出色的地方，如提炼了主题句，用数据证明了市场有多大，较清楚展示了设计的产品功能等。你还可以想想有哪些内容和形式可以改进，如发展规划不够清晰，字体颜色不突出等。

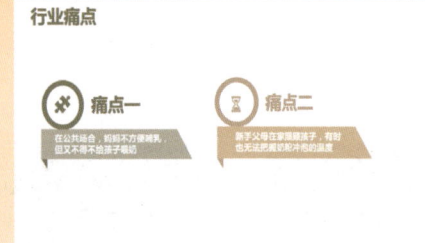
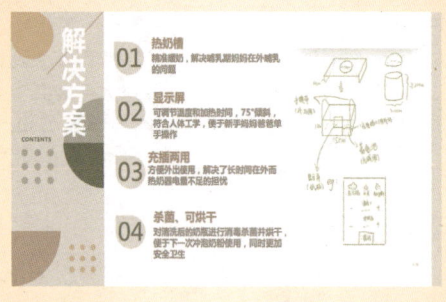

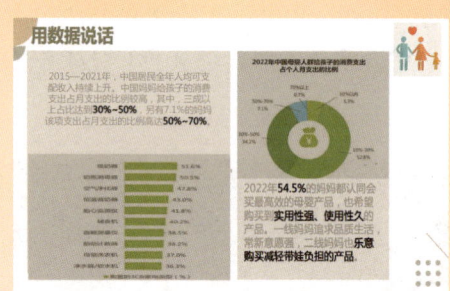
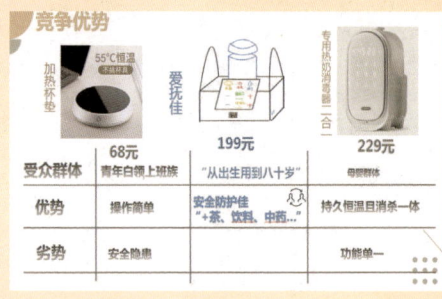
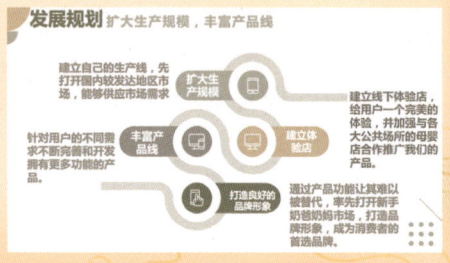

任务 8.2 训练路演技巧

 **路演攻略**

项目路演是商业计划书展示的关键环节，有公开路演、一对一路演等形式。好的路演在内容和视觉的呈现上要注意细节和技巧。

◆ 严格把握时间分配（需要提前进行多次练习）。
◆ 路演方案需要反复修改和打磨，做好充分的准备，而不是寄希望于现场即兴发挥。
◆ 衣着风格与创业项目相匹配。
◆ 应吐字清楚、语句连贯、适当停顿；语速适中、比正常说话略慢；音量较大，有重点变化；用语要清楚、有节奏、无毛病。
◆ 语言尽量简洁、精练、保持平稳的语速，少用"被过度使用"的词语，少夸大或用过于武断的判断。

◆ 仪态自然，情感充沛。
◆ 注意目光交流。
◆ 用讲述的方式演讲，而不是念PPT。演讲中增加互动，刺激投资者的兴奋点，带动投资者参与的积极性。

◆ 结构清晰，风格统一。
◆ 逻辑恰当。
◆ 以简洁明了的图片、数据、图表为主，辅以凝练简短的总结性话语。
◆ 根据路演时间决定PPT页数，一般15~20页，最多不超过30页。

◆ 把握节奏，不平铺直叙，有详有略，重点突出。
◆ 多用有根据且有效数据说明问题。
◆ 参考顺序：项目概述—市场痛点—解决方案—用户分析—核心团队—市场空间—推广方式—商业模式—竞争优势—财务预测—融资规划。演讲时可以根据项目需求修改顺序。
◆ 不断凝练项目的特点，力争用一句话甚至几个字说清楚项目核心。
◆ 如果能在一开始设计一个事件、故事或悬念引起观众注意，可以加分。

路演的语言表达策略

创业融资路演的主角是路演者自己,要用自己的语言来诠释项目的价值,路演PPT做得再好其定位都只是辅助工具。路演者用口头语言来阐述幻灯片的内容时,一定要站在观众的角度来呈现他们想要了解的信息,这样的"利他思维"是项目路演语言阐释的基本立足点。

演讲是一种口头表达。你的语言可以是理性的,也可以是感性的,这是你的个人风格,无论何种风格,关键是把项目的核心主旨表达准确。前面我们强调了不能逐字读幻灯片上的内容,还有一种情况是背诵路演文稿,这也会让观众觉得索然无味,无法共情。路演是需要在台下好好磨炼的。下面有一些可以让观众觉得你在讲述,而不是背诵的技巧。

拓展标题

为了避免单调、重复地把标题读一遍,可以对标题进行补充描述。例如,标题是"巨大的收益增长",你可以说"我们的收益增长速度惊人";标题是"多重市场驱动",你可以说"目前有很多种源动力在帮助我们的市场成长"。

引导视觉

对于比较复杂的图表数据,可以引导观众的视线。例如,某个饼状图,你可以说"最大的一块是占60%的绿色部分,顺时针看去,中间段是黄色的30%,最小的部分是蓝色的10%"。

换页承转过渡

在幻灯片换页的时候,可以通过串联语言来增加信息量,实现连贯性。例如,上一页是"产品线",下一页是"市场份额",当换页时,你可以说"我们的XX产品让我们快速增长,获得了XX的市场份额"。

融情与共

除了逻辑要清楚这些理性层面的要求,还要注意更高层级的情感触动,让观众产生共鸣。这不是故意煽情,而是通过意义营造让观众理解和接受,觉得项目与自己切身相关,对产业、行业、社会有用。例如,某项目路演者想说明电子材料的重要性:"如果说半导体行业是一个巨人,那巨人身体里流动的就是电子材料。我们专注于这个领域"。某项目路演者在介绍自己团队时说:"我们没有拿过任何投资,没有'海归'背景,但我们自力更生,已经发展到400多名员工,服务700多家客户。"

路演的非语言表达策略

在沟通中信息主要通过语言来表达，而非语言行为则主要提供辅助。在舞台上，捋头发、咳嗽、眼神飘忽、缩脖子、含胸驼背、叹气等细节都会被放大，路演者的举手投足都会被观众理解为传达了一定信息。下面从语速语调、肢体动作、面部表情、外观特征、辅助道具五个部分提供一些有效策略。

语速语调　　语调要有轻重，起伏跌宕、抑扬顿挫，语速要有节奏，连贯畅通，切不可全程平淡无起伏，也不可全程重音高昂。一般每分钟说200~230个字的安排比较合宜，当然也可以根据路演者的特点来调整。人在紧张时语速会加快，初学者需要反复训练。

肢体动作　　路演时要体态端正，大方得体，需要特别注意手势动作，尽量让手势范围在腹部以上，手势方向有向上延伸感，手势幅度不要太小或太夸张，手势形状可以多元化和演讲内容配合，整体不拘谨，富有表现力，不要反复做同一个动作。

面部表情　　路演者的面部表情需要体现对项目的热情，投资人会据此洞察推测路演者的可信度、信心、性格特征等。演讲时，要时不时与观众有眼神接触，表达真诚，视角要从左到右、从前到后环视全场，目光坚定。

外观特征　　路演者的梳妆打扮要尽量传递出项目行业特征和体现自己的角色个性，不建议随性穿日常生活装，但也无需一律西装革履。如果是一个程序员来路演一个技术型项目，穿着程序员常穿的格子衬衫，就可以。

辅助道具　　路演时把产品带上现场，这种直观的展示要好于一段长篇大论。如果产品过于庞大或过于微观，也可以用一些缩放比例的实物模型，只要能达成理解的目的就是可以的，还可以用视频等来表达抽象复杂的技术原理等。

任务8.3　提升答辩能力

 **分析工具**　**答辩的应对方法**

演讲完毕并不是万事大吉，答辩环节的成败甚至比演讲更为重要，不少缺乏路演经验的创业者都会在答辩环节"栽跟头"。

倾听问题

首先需要做的就是倾听，用善意的笑容与投资人的目光对视，表示出自己诚恳的态度，要等到对方提问完毕再进行回答，不能迫不及待地打断。

保持耐心

当面对一些尖锐的问题时，不要有情绪的波动，越是尖锐的问题越是要有耐心回答。对项目感兴趣的投资人才能问出关键问题，回答得好能赢得更多肯定。

承认不足

当遇到答不出来的问题，不能强词夺理，而应勇于承认自己不足。例如，给不出具体经营数据时说："非常抱歉，我会与运营部门沟通后专程发给您。"当然，也不能对所有问题都不清楚。

由于答辩是路演过程中必不可少的环节，因此尽管不能完全掌握和穷尽投资人提问的内容，但路演者还是有必要提前准备。罗列出提问可能涉及的方面，进行分类，并准备好回答的内容。有些提问是评委想了解更多细节，有些提问是针对演讲中没有讲清楚或暴露出的缺陷。

常见的大学生创业项目答辩提问及回答思路

既然提问内容不可能预先全部穷尽,那么理解投资人问题的含义和希望得到的信息就尤为重要。下面列举了一些大学生创业项目在路演答辩环节常被问到的问题,并进行回答思路示范。

1. 目前你们的项目在创意阶段,之后你们会成立公司,将这个创意落地实现吗?(还有一种问法:你们毕业后,会继续进行这个项目的创业吗?)

答辩提示:如果项目团队只是以参加比赛或者短期实践为目的,而不是真正要将项目落地,那么,很难得到评委的认可。

2. 你们的项目如何实现盈利?如何持续实现盈利?

答辩提示:这是项目的商业价值,一定要结合项目自身定位,给出可信的盈利模式和预测收入,不虚夸,也不要过于保守。

3. 你们为什么想到做这个项目?

答辩提示:这是一个关乎初心的问题,回答好了,既能体现团队精神,又能彰显项目的社会价值。

4. 为什么你们有机会将这个项目做成?

答辩提示:项目团队有什么独特的能力与资源,使你们有机会将这个项目做成。

5. 现在市场上已经有xxx做了类似的项目,你们与他们比有什么特色?

答辩提示:如果评委提出的竞品名字,你之前没有听说过,说明你不够了解所做的项目领域。在路演中,竞品分析是一个重要的环节,好的竞品分析可以突出项目的独特性与差异化。

6. 如果让你们从现在想做的所有功能中,只选择做一个功能,你们会选择做哪一个?

答辩提示:一般问到这个问题,可能出现在目标客户不清晰,或想做的事情太多,以及想实现的功能太多的情况。这个问题,是每个项目团队要经常问自己的问题,切记不要"大而全",而要"小而美",先从一个小的机遇把握,一个小的改变做起。

7. 你在团队中是什么角色?

答辩提示:问到这个问题,说明演讲中没有把自己角色交代清晰。另外,这个问题的潜台词可能是你对这个项目好像不是很熟悉。

8. 你们的数据是如何预测出来的?

答辩提示:当评委提出这个问题的时候,是对项目数据合理性与可行性提出了质疑。对于路演中呈现的数据,一定要经得起推敲,不要拍脑袋编造。

9. 如果用一句话(或30秒)来描述你们所做的是什么,你如何描述?

答辩提示:无论评委是否会问,每位创业团队都要能用一句话说清楚项目和价值主张。

拓展阅读

发现问题 Problem Discovery

《创业：行动胜于一切》	作者：（美）伦纳德A·施莱辛格等，郭霖译
《创新与企业家精神》	作者：（美）彼得·德鲁克，蔡文燕译
《创新者的路径》	作者：（美）斯蒂芬·温克尔等，符李桃译
《创新者的任务》	作者：（美）克莱顿·克里斯坦森等，洪慧芳译
《社会企业与中国社会发展的创新实践》	作者：余晓敏等

创新方法 Innovating Method

《创新从效仿开始》	作者：金南局，王笑天等译
《伟大创意的诞生：创新自然史》	作者：（美）史蒂文·约翰逊，盛杨燕译
《产品经理创新手册》	作者：（美）杰奎琳·贝克利等，吴彤译
《商业产品经理：腾讯教我的产品工作思维》	作者：何文彬
《从点子到产品：产品经理的价值观与方法论》	作者：刘飞

创造条件 Resource Accessing

《商业模式教科书（高级篇）》	作者：（日）今枝昌宏，王晗译
《商业模式创新设计大全》	作者：（瑞士）奥利弗·加斯曼等，聂茸等译
《小团队管理的7个方法：全图解落地版》	作者：任康磊
《股权架构解决之道：146个实务要点深度解析》	作者：于强伟
《创新管理：赢得持续竞争优势案例集》	作者：陈劲等

验证执行 Testing & Executing

《设计冲刺：谷歌风投如何5天完成产品迭代》	作者：（美）杰克·纳普等，魏瑞莉等译
《精益创业：新创企业的成长思维》	作者：（美）埃里克·莱斯，吴彤译
《新媒体文案创作与传播》	作者：叶小鱼等
《打动投资人：直击人心的商业计划书》	作者：张进财
《创新者的逆袭：商学院的十六堂案例课》	作者：郑刚等

参考文献

[1] 王中强,陈工孟. 创新思维与创业教育 [M]. 北京:清华大学出版社,2017.

[2] 苏杰. 人人都是产品经理——写给产品新人 [M]. 北京:电子工业出版社,2017.

[3] 王可越,税琳琳,姜浩. 设计思维创新导引 [M]. 北京:清华大学出版社,2017

[4] 蒋里,福尔克·乌伯尼克尔,等. 创新思维:斯坦福设计思维方法与工具 [M] 税琳琳 译. 北京:人民邮电出版社,2022.

[5] 彼得·斯卡金斯基,大卫·克劳斯怀特. 创新路径:经过市场验证的创新方法和工具 [M]. 陈劲,译. 北京:电子工业出版社,2019.

[6] 亚历山大·奥斯特瓦德,伊夫·皮尼厄. 商业模式新生代 [M]. 黄涛,郁婧,译. 北京:机械工业出版社,2016.

[7] 亚当·J. 博克,杰拉德·乔治,王重鸣. 商业模式工具书 [M]. 浙江大学全球创业研究中心团队,译. 北京:人民邮电出版社,2020.

[8] 魏炜,朱武祥,林桂平. 商业模式经济解释 [M]. 北京:机械工业出版社,2022.

[9] 魏炜,李飞,朱武祥. 商业模式学原理 [M]. 北京:北京大学出版社,2020.

[10] 帕特里克·范德皮尔,罗兰·维恩,贾斯汀·洛基茨. 商业模式革新:为客户创造全新价值的六大方法 [M]. 梁庆祥,译. 广州:广东经济出版社,2022.

[11] 林咏慈. 商业模式设计时代 [M]. 北京:机械工业出版社,2018.

[12] 劳莘,周杰. 重塑商业新生态:商业模式创新设计实战方法论 [M]. 北京:人民邮电出版社,2016.

[13] 约翰·马林斯. 如何测试商业模式:创业者与管理者在启动精益创业前应该做什么 [M]. 郭武文,叶颖,译. 北京:机械工业出版社,2017.

参考文献

[14] 彼得·柯宁格. 敏捷领导力：团队成长工具箱[M]. 王凌宇，译. 北京：清华大学出版社，2021.

[15] 罗纳德·布朗. 预见：创业型小团队的制胜之道[M]. 李晟，译. 北京：北京大学出版社，2017.

[16] 李利威. 一本书看透股权架构[M]. 北京：机械工业出版社，2019.

[17] 凯瑟琳·麦克尔罗伊. 原型设计：打造成功产品的实用方法及实践[M]. 吴桐，唐婉莹，译. 北京：机械工业出版社，2019.

[18] 骆芳，秦云霞. 新媒体文案策划与写作——从入门到精通[M]. 北京：人民邮电出版社，2019.

[19] 勾俊伟，刘勇. 新媒体营销概论[M]. 2版. 北京：人民邮电出版社，2019.

[20] 王庆云，汪洋. 公域引流私域经营：这样经营用户关系[M]. 北京：北京燕山出版社，2021.

[21] 孙清华. 超级转化力：电商爆品文案写作指南[M]. 北京：人民邮电出版社，2018.

[22] 高臻臻. 冷启动：零成本做营销[M]. 北京：人民邮电出版社，2018.

[23] 沈宇庭. 融资路演，讲好故事：快速打动投资人的融资技巧[M]. 北京：中国经济出版社，2018.

[24] 尚玉钒. 融资路演全攻略：商业融资必备策略与技巧[M]. 北京：北京大学出版社，2019.

[25] 吴隽，邓白君，王丽娜. 从0到1一起学创业[M]. 天津：南开大学出版社，2019.

[26] 吴隽，张建琦. 创业视角下的效果推理理论研究述评与展望[J]. 技术与创新管理，2016,37(03):295-301.

[27] 张惠心. 两级传播论在网络口碑营销中的应用[J]. 现代商业，2011(17):45.

[28] 张建琦，安雯雯，尤成德，等. 基于多案例研究的拼凑理念、模式双元与替代式创新[J]. 管理学报，2015,12(05):647-656

创业小白实操手册

第 2 版

学习任务单

目录 Content

项目1　打开创业思维 /1
任务实施1.1　理解什么是创业 3
任务实施1.2　树立"我能创"的信心 5
任务实施1.3　做好"敢于创"的准备 7

项目2　探索创业机会 /11
任务实施2.1　观察与分析宏观趋势 13
任务实施2.2　找出未被充分满足的需求 15
任务实施2.3　用爱洞见用户内心的声音 18

项目3　打造解决方案 /23
任务实施3.1　找到差异化的价值创新点 25
任务实施3.2　挖掘足够多的创意并筛选创意 28
任务实施3.3　呈现解决方案 31

项目4　设计商业模式 /35
任务实施4.1　透视商业模式 37
任务实施4.2　图解商业模式系统 39
任务实施4.3　填写价值创造系统画布 41

目录 Content

项目 5　建团队找资源 /49
任务实施 5.1　组建高效的创业团队 51
任务实施 5.2　设计创业团队的股权 55
任务实施 5.3　资源拼凑与链接人脉 57

项目 6　做原型小验证 /61
任务实施 6.1　设计最简可行产品 63
任务实施 6.2　制作最简可行产品 66
任务实施 6.3　测试最简可行产品 69

项目 7　策划营销卖点 /75
任务实施 7.1　私域流量池的搭建 77
任务实施 7.2　挖掘卖点与策划内容营销 80
任务实施 7.3　策划冷启动营销活动 82

项目 8　写计划练路演 /85
任务实施 8.1　撰写路演 PPT 87
任务实施 8.2　训练路演技巧 96
任务实施 8.3　提升答辩能力 98

项目1 打开创业思维

项目准备

创业需要正确的引路人。你身边有没有创业的亲戚、朋友、同学，他们的故事能展现出创业者对梦想的热爱与坚持。请根据以下提纲，采访一位身边的创业者，写下他们的创业故事，并与同学分享。

当然，广义的创业者还包括创客、创业团队成员、岗位创业者和创办企业者。

创业故事主人公：	与你的关系：
他／她的创业项目：	
他／她创业的原因：	
他／她认为创业者最重要的素质：	
他／她在创业中遇到的最大困难是什么，如何解决的：	
他／她在创业中最难忘的一次经历：	
他／她认为自己的创业项目对社会的价值：	
他／她对自己的创业项目的发展理想：	
他／她对在校大学生的未来寄语：	

思考提升

1. 开始创业时，他／她的资源条件是否充分？当时他／她是如何利用手边有限资源，寻找欠缺资源的？

2. 当出现意外事件或风险时，他／她的态度是怎样的？他／她是如何做出反应和行动的？

3. 你认为他／她的哪些创业素质最能打动你？这些素质里，你具备了哪些？

4. 他／她的创业项目为社会带来了什么改变，创造了什么价值？

姓名：

班级：

任务实施1.1 理解什么是创业

步骤1：寻找改变生活方式的创业项目

创新创业对于人民的意义是让生活更美好、工作更有效率；对于国家的意义是实现高质量发展的重要动力，创造更多就业岗位和带动共同富裕，增强在国际上的核心竞争力。我国涌现出越来越多的创业者，他们厚植家国情怀、追求进步觉醒、承继奋斗传统，把创新、创业、创造作为人生追求，解决社会问题，引领经济发展，在新时代建功立业。

请找一找改变了我们生活方式的创业项目，并把它们记录下来。

序号	创业项目简介	解决的问题	给人们的生活带来的改变
1	美团外卖于2013年11月正式上线，是全球最大的外卖平台，以"零售+科技"的战略践行"帮大家吃得更好，生活更好"的企业使命。外卖服务包括配送美食、水果、蔬菜、鲜花、蛋糕等	改变数以亿计的人们用餐生活方式、提升用餐品质；解决数百万计的餐饮商家的销售与配送；解决几十万外卖骑手的生存和发展	为人们提供了一种触手可及、经济实惠的新选择，已经成为人们外出餐厅就餐和在家做饭之外的第三种就餐方式
2			
3			

步骤2：锻炼批创思维

批创思维是批判性思维与创新性思维的统称。我们往往对客观世界已经存在的事物习以为常，认为"存在即合理"，这严重阻碍了创造力的发展。爱因斯坦曾说："大学教育的价值，不在于学习很多事实，而在于训练大脑会思考。"思维模式决定了一个人的行为，批创思维的锻炼能让我们思维发展到更高阶阶段，更好地分析问题、做出决策和解决问题。

请尝试使用批创思维，质疑生活当中那些常见的表象，重新分析问题，探寻问题背后的原因，寻求新的解决办法。

提出质疑	分析原因		做出判断	我们可以怎么解决
老人真的不喜欢离乡随儿女住在陌生城市吗	可能生活设施与条件会更好一点；可以天天陪伴儿女和孙辈	不会用智能产品；出门容易迷路；没有熟悉的亲戚朋友，人际圈子小；饮食不习惯；儿女太忙，缺乏交流	老人其实并非喜欢独自待在家乡，只是对异地城市的陌生，加剧了他们的思乡情结。比起向家人倾诉自己的孤独寂寞，表示不喜欢城市、想要回到家乡对于老人来说更容易开口	帮助老人解决在陌生城市孤单寂寞，归属感、认同感缺失的问题，提供解决方案。如设计针对老人的社交产品、适合老人使用的智能家居

任务实施1.2 树立"我能创"的信心

步骤1：写下你曾经完成并认为有价值的事

创业不仅仅是创办企业，任何探索问题、解决问题，把想法变成现实并创造价值的过程都属于创业。创业不仅仅是工作和职业所需，还应该成为一个人的思维方式、行为方式和生活方式。

你的经历中，是否有一件以上能为社会，或他人，或自己创造价值的事。范围与内容不限。做出了一个工具、改进了一个方法、解决了一次冲突、传播了一次民族文化等，都是有价值的事。

事件概述 （时间、地点、解决的问题）	与众不同的创新点 （发现新机会，采用新思维、新方法等）	带来的价值 （更便捷、更低成本、更和谐的关系、更环保、更励志、更广的影响力等）

步骤2：为非物质文化遗产创业出谋划策

我国非物质文化遗产数量居世界第一。非遗文化共同构筑了中华民族的精神家园。非遗文化传承与保护有很多有意义的事情等着大家去实现。下面，我们来挑战一下"非遗创业"。

"非遗创业"指的是，一个地区的民众围绕当地特色非遗项目开发衍生品，在实现项目生产性保护的同时获得经济效益。"非遗创业"需要内容为主、形式创新、目光向前。

你的学校所在地或家乡有什么代表性的非物质文化遗产呢？请任选两种非遗文化进行了解，并尝试写出3个创意使之成为新的产品或服务。与小组成员交换观点，选出你们觉得最有创意的产品或服务。

广州番禺沙湾飘色

深圳云糕片制作技艺

湖南凤凰苗族银饰锻制技艺

江西景德镇手工竹编技艺

广西壮族织锦技艺

陕西西安周至剪纸

非物质文化遗产一：

创意1：

创意2：

创意3：

非物质文化遗产二：

创意1：

创意2：

创意3：

任务实施 1.3 做好"敢于创"的准备

步骤1：理想的工作是什么，如何达到它的要求

有人觉得创新应该是"高精尖"的事，自己将要从事的职业较为"传统"，岗位已经"定型"，没有创新的必要和空间。但在现代社会发展日新月异、竞争日趋激烈的语境下，"知足常乐"难以长久，"抱残守缺"必被淘汰。立足于本岗位，通过独创、改进等方式，在生产、管理、服务等方面创造具有新颖性、独创性和效益性等的制度、措施、方法、工艺、技术等，才能持续地提升自身价值。

你毕业后理想的工作是什么样子的？首先，试着从以下角度去畅想：在什么行业，做什么岗位，工作环境是怎样的，工作状态是怎样的，工作产出对社会有什么价值，期望的薪酬待遇是多少？然后，在网上搜索相关信息（如招聘广告），了解工作岗位要求的业务能力是什么？素质能力是什么？薪酬水平符合你的要求吗？接着，请自省要达到这样的能力与素质，现在的学习方式有什么局限和不足？你是否清楚地知道应该如何习得这些能力与素质？最后，请与老师一起探讨通过哪些锻炼途径能习得理想工作所需要的能力与素质。

就业的理想工作	它要求的能力与素质	已具备的能力与素质	将如何学习与锻炼

姓名：

班级：

步骤2：破除空想，开始创业行动

真正的创业者把创业当作自己实现人生价值的一种方式。如果不敢面对困难，不敢接受挑战，就意味着放弃成功的机会。而创业精神就体现在战胜困难与挑战自我的过程中。也许你心里已经默默燃起了一团想要创业的小火苗，但脑子里肯定还有很多问题和疑惑，现在我们试着来破除空想，开始创业行动。

我的创业理想是什么？	我将选择哪种创业方式？	我没资源，怎么办？	我没钱投入，怎么办？	我害怕创业风险很高，怎么办？	我时间不够用，怎么办？	我对技术研发/营销推广/团队管理不是很擅长，怎么办？
	□当个创客 □在自己的岗位上创业 □加入一个创业团队 □自己牵头带领创业团队进行自主创业	老师的建议：不必等待最佳机遇或最佳资源，从手边可用资源开始，马上可以行动	老师的建议：学会借力，用很小的成本开始行动	老师的建议：想办法将风险控制在自己能承担的范围内	老师的建议：资源都是稀缺的，包括时间和精力，把有限的资源投到有价值的事情上	老师的建议：提升自己，挖掘自己的潜能；建立团队，寻找更多的支持
		具体破解办法：	具体破解办法：	具体破解办法：	具体破解办法：	具体破解办法：

姓名：

班级：

学习评价与总结

指标	评价内容	分值	自评	互评	师评
学习过程 （50分）	能够自学线上资源，完成单元测验	5			
	能够在规定的时间内在线签到	2			
	能够在课堂中积极与老师互动	10			
	能够积极在线上课堂发起讨论	8			
	能够在小组讨论探究过程中，积极与组员交流自己的想法，敢于标新立异	10			
	能够主动站出来代表小组发言	8			
	在小组合作中有团队精神，既能贡献自己的想法，也能够尊重他人的想法	7			
学习成果 （50分）	寻找改变生活方式的创业项目	8			
	锻炼批创思维	8			
	写下你曾经完成并认为有价值的事	5			
	为非物质文化遗产创业出谋划策	10			
	理想的工作是什么，如何达到它的要求	9			
	破除空想，开始创业行动	10			

我的收获感悟：

我存在的不足：

姓名：

班级：

项目 2　探索创业机会

项目准备

善于发现机会的人，首先具有批创思维，"习以不为常，理所不当然"。留心自己觉得不便的事情。虽然许多事情似乎都是由于自己不够聪明、不够勤快造成的，但若是有一大群人跟自己一样都感知到了这种不便，那可能就是一个机会点。因为创新就是要想办法解决这些不便。先暂时收起我们的自责，看看我们都亲身经历过什么不便的地方？例如，可以是一个家居物品、一次酒店住宿、一次订制流程、一条旅行路线、一次购物体验等，然后把主体改为"我的家人""我的老师""我的同学"，再重新发散思考，曾经看到或听到他们工作、生活中遇到什么不便。

我曾遇到的不便

- 想亲手做菜，却不擅长切片、切丝
- 撕开辣条袋子时，辣椒油飞溅到衣服上

我曾听到或看到身边的人遇到的不便

- 妈妈每次拿厨房吊柜里的东西都要搬凳子
- 舍友打球回来，鞋里面湿湿的，很难干

思考提升

1. 原来有这么多地方给人带来不便,哪些不便之处是经常遇到的,哪些是很长时间偶尔才遇到一次的?

2. 那些经常遇到的不便之处,是只有你一个人或者某几个人的特殊情况,还是很多人都会遇到?

3. 针对其中一个不便之处,你想要什么样的产品或服务,更省力、更省时地解决不便?

4. 如果你将这个产品或服务做出来了,你觉得人们愿意花多少钱来解决这个问题?与你预期的价格相符么?

姓名:

班级:

任务实施 2.1 观察与分析宏观趋势

步骤 1：想一想"互联网 +"带来的行业创新

随着"互联网 +"的深入推进，新技术、新业态、新模式促进传统产业转型升级，数字经济让各行各业广泛受益。你在生活中常见的行业与新技术的碰撞会产生什么新风口呢？连连看，并进行畅想。

数字新技术： 人工智能、区块链、大数据、5G、云计算

行业： 居住、装修；买菜做饭；穿衣打扮；美容护肤；幼儿早教；成人教育；文创设计；旅游出行；知识分享；养老相关；理财服务；线下购物；线上购物

示例： 区块链、智慧导游导览

姓名：

班级：

步骤2：看一看党的二十大报告，分析我读的专业的前景

党的二十大报告提出"实施科教兴国战略，强化现代化建设人才支撑"精神，突出强调"深入实施科教兴国战略、人才强国战略、创新驱动发展战略"，这反映了科技、教育、人才在当下和未来对国家发展具有至关重要的作用。现在的大学教育注重对学生思维品质、健全人格、创新能力和价值观等方面的培养。请认真学习党的二十大报告精神，脚踏实地练好本领，向着未来努力奋斗。

姓名：

班级：

党的二十大报告中，我看到的未来创业/就业的行业前景

哪些机会点是你将来能去实现的

需要学习的跨界知识

需要参加的实践活动

其他重要规划

任务实施 2.2 找出未被充分满足的需求

步骤 1：从自己生活中找到未被满足的需求

和自己的小组成员比一比，看谁找出的痛点多。记住，不要对自己产生"容貌焦虑""身材焦虑"，不要单方发泄对他人的不满。

从头到脚

部位	
头	
面部	
上身	
手	
下肢	
脚	

一天 24 小时

时间	
0am-7am	
7am-12pm	
12pm-2pm	
2pm-6pm	
6pm-10pm	
10pm-0am	

姓名：

班级：

步骤2：发掘更多在不同场景下未被满足的需求

请用便笺纸，每个人分别写出5个人物角色、5个场景，一张便笺纸写一个，每个人自制出10张卡。将小组写的场景卡与另一个小组的场景卡进行交换，然后进行叠加、联想、激发。

第一步，叠加：随机取出人物卡、场景卡各一张，进行叠加。写下3个。

第二步，联想：左边框列出人物在生理、心理、行为上可能产生痛点的特征，右边的框列出场景的功能、环境特征。写下2组。

第三步，激发：筛选人物特征与场景特征进行组合，推导出具体的痛点。写下1个。

最后，选出小组中最有创业机会的具体痛点进行分享。

步骤3：立志让世界变得更美好

某些特定的领域可能与我们生活联系不太紧密，但影响人群广泛，属于社会问题。我们作为大学生，要有创新性解决社会问题的使命感，让世界变得越来越好。写下你关注到的社会问题，以及受影响的人们想要得到的改变。

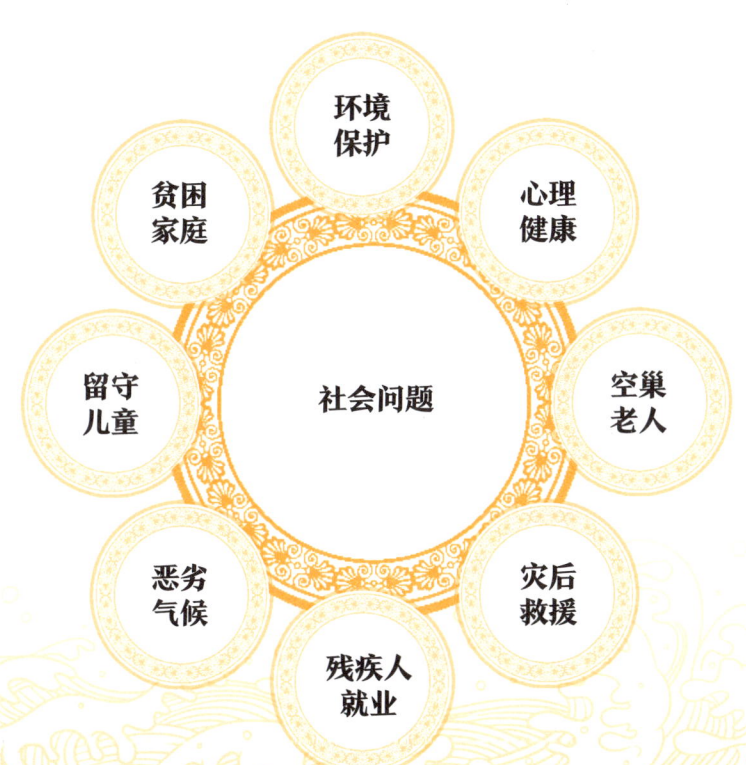

环境保护

空气污染、海洋污染、动物保护、城市的环境问题等是个非常广泛的生态话题。想一想这个领域的需求。例如，想要降低外界污染对我们生活的影响；想要更高效率、更低成本地治理河水污染等

灾后救援

地震、洪水、山火等天灾，建筑倒塌、危险品爆炸等事故，破坏性巨大，灾后救援任务艰巨。想一想这个领域的需求。例如，想要获得心理救援避免心理创伤；想要在广场上能快速搭建的遮风避雨场所等

绿色低碳

碳排放居高不下，能源利用效率还有待提高，垃圾不可降解等问题依旧存在。想一想这个领域的需求。例如，想要更高效的生物燃料；想要更绿色的出行工具；想要能替代塑料制品的可降解新材料等

任务实施 2.3：用爱洞见用户内心的声音

步骤 1：编制访谈大纲

请参考访谈大纲的示例，根据具体场景下的痛点，编制访谈大纲。记住不能诱导受访者朝着你的预想预设回答，提问要能引起受访者用语言、表情、动作表达真实想法和感受。

访谈流程	你的提纲
自我介绍 Self-Introduction	
建立关系 Establish Relationship	
讲述体验 Telling Experience	
回顾细节 Review Details	
致谢和结尾 Thanks and End	

姓名：

班级：

步骤2：进行访谈，将访谈结果整理进同理心地图

与小组成员一起在课外时间，面对面访谈3个"天使用户"。访谈过程中，小组成员分工进行提问、速记与录音，观察表情、动作与拍照记录。记住录音及拍照要提前征得受访者的同意。

完成访谈后，可以将录音转成逐字稿，结合速记、照片，将访谈结果整理进同理心地图。逐字稿可以裁剪成小纸条、照片可以打印出来，贴进同理心地图相应的框内。

想法和感受

听？　　　　　看？

说和做？

痛点　　　　　收获

这个框下一步骤再推导

姓名：

班级：

步骤 3：用 5WHY 分析法洞见用户内心的需求

用 5WHY 分析法一层层深入推导受访者的需求，越往底层挖掘，越能呈现其自我实现、审美、求知、尊重、社交等情感需求。这个推导过程非常考验你的同理心和共情能力，我们给出了一个示例进行引导。例如，随着人口老龄化的到来，一类老年人群体从乡村、小镇到子女工作生活的一、二线城市养老，往往与子女同住，帮忙打理家务和照顾第三代。他们可能出门不会坐地铁，对孙子的教育观念总是与子女不合，总是念叨着想回家乡……

请参考示例，试着推导你的访谈对象的深层次需求。

表述的需求	想回老家	
表层的需求	想有人陪伴与交流	
深层的需求	想排遣寂寞孤独	
人际的需求	想找到认同感与归宿感	
人性的需求	需要被尊重和关爱	

步骤 4：形成完整的洞见观点，找到创新价值点

第一列的对象，代表着有同样需求的一类群体；中间一列的功能需求，代表左脑需求，是用户基本想要的东西，如金融机构进行服务创新，为老人上门服务；最后一列的情感需求，受右脑驱使，代表着用户隐性的、抽象的情绪需求，如金融机构的上门服务让老人心里暖暖的，感受到尊重和关爱。

谁：一个清楚定义的对象	需要：一个动词表示的对某物（产品／服务／事件）的需要（功能需求）	洞见：诠释自我价值，以及人与人的心理关系（情感需求）

功能需求（理性） 情感需求（感性）

学习评价与总结

指标	评价内容	分值	自评	互评	师评
学习过程 （50分）	能够自学线上资源，完成单元测验	5			
	能够在规定的时间内在线签到	2			
	能够在课堂中积极与老师互动	10			
	能够积极在线上课堂发起讨论	8			
	能够在小组讨论探究过程中，积极与组员交流自己的想法，敢于标新立异	10			
	能够主动站出来代表小组发言	8			
	在小组合作中有团队精神，既能贡献自己的想法，也能够尊重他人的想法	7			
学习成果 （50分）	思考"互联网+"带来的行业创新	3			
	阅读党的二十大报告，分析专业前景	5			
	从自己生活中找到未被满足的需求	7			
	发掘更多在不同场景下未被满足的需求	8			
	立志让世界变得更美好	5			
	进行用户访谈，用同理心地图整理访谈结果	12			
	用5WHY分析法洞见用户的需求，形成自己的洞见观点	10			

我的收获感悟：

我存在的不足：

姓名：

班级：

项目3 打造解决方案

项目准备

每一个痛点,都是一个机会。但这个机会并不是只有你发现了,也许市面上已经有了很多种解决方案。先不要灰心,因为即使有现成的解决方案,痛点依然存在,说明还存在创新的可能。现在我们针对自己小组的痛点,一起来找一找市面上已有的解决方案都有哪些。

序号	产品/服务	主要特色关键词	销售渠道	售价

思考提升

1. 现有解决方案，有没有不尽如人意的地方？

2. 能否做得更细分，或者找到其他平行的细分领域？

3. 如果考虑设计一个新的产品／服务，新方案和已有方案差别在哪里？

4. 是否存在某些特定人群或特定的需求，还未被一般化的解决方案满足？例如，有些项目的服务对象已经偏老化，未能满足新新人类（90+、00+）的需求；又如乡村、小城镇居民的特定需求未被满足。

任务实施 3.1 找到差异化的价值创新点

步骤 1：发散差异化方向

现在我们发现市面上已经有这么多解决方案了，但痛点依然存在，说明还有我们创新的机会。我们有两个主要方向，一是重新创造产品，如材料更便宜；二是迁移应用场景，如面向"00后""银发族""小镇青年"等。现在请在下面的方框中，利用思维导图来引导思考尽可能多的差异化方向。你可以补充新的分支。

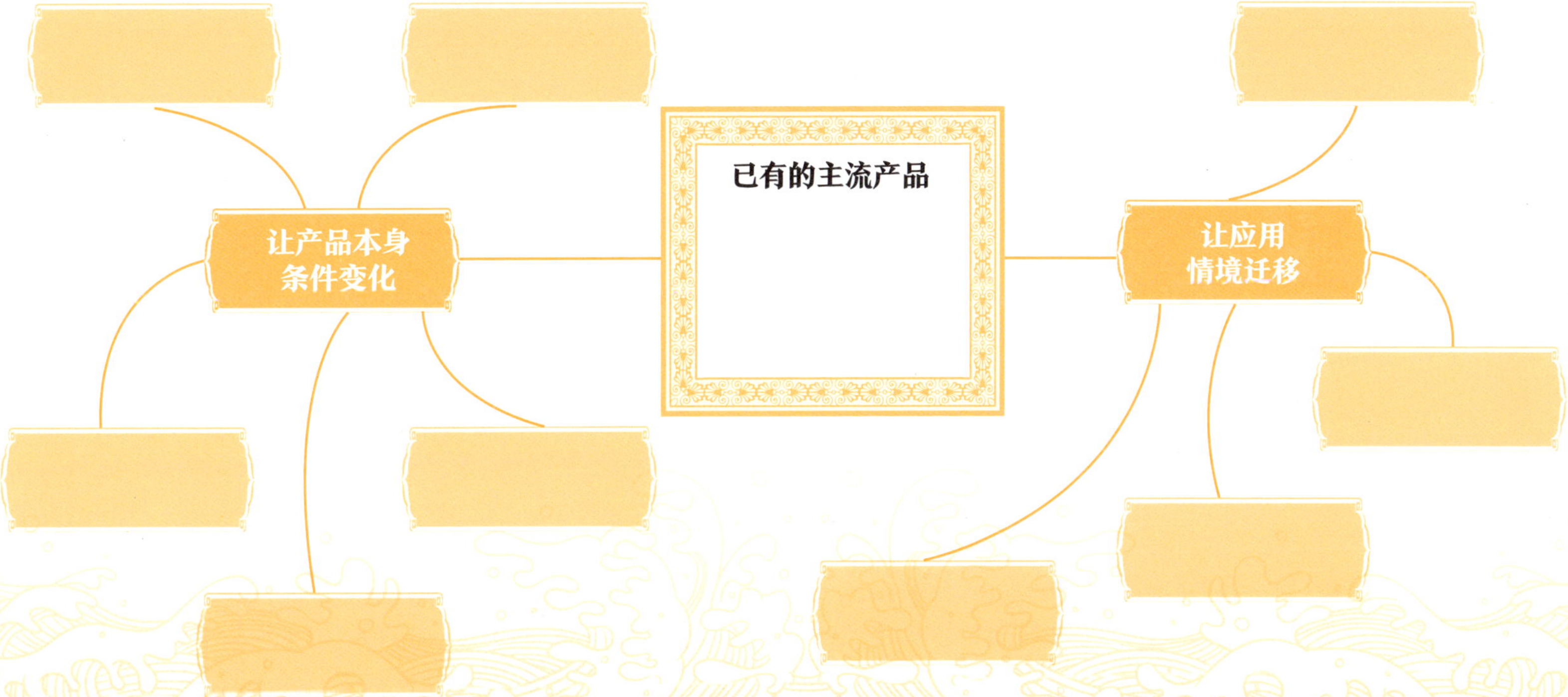

- 已有的主流产品
  - 让产品本身条件变化
  - 让应用情境迁移

步骤2：找到以人为本的体验创新价值点

我们对差异化方向的发散思维，有技术创新层面的，有商业创新层面的，也有需求创新层面的。请在下面的表里，梳理哪些方向具有综合性的创新价值意义。技术创新与商业创新的结合是流程创新，商业创新与需求创新的结合是情感创新，技术创新与需求创新的结合是功能创新，三者的结合是以人为本的体验创新。如果你找到结合点，就在对应的地方写下具体创意，也可以写在便利贴上进行补充。

差异化创新方向	1 技术创新（有/无）	2 商业创新（有/无）	3 需求创新（有/无）	1+2= 流程创新	2+3= 情感创新	1+3= 功能创新	1+2+3= 以人为本的体验创新

第2～4列，填"有"或"无"；第5～8列，在你找到的结合点写下细化的具体创意，无须填满所有空格。

步骤3：选定一个创新结合点

这一步骤是进行收敛与聚焦，我们优先选择上一步骤的三者创新结合点，如果没有，也可以选择两者结合点。对于文科类学生，我们倡导同学们要更关注需求创新与商业创新。

我们如何能 How Might We	
我们如何能（示例）	设计一个不划伤手的蔬菜去皮器，让00后爱上自己做菜
我们如何能（示例）	设计一个零钱管理小程序，将快乐理财融合到年轻人每一天的生活中
我们如何能（示例）	设计一个方便学习幼儿教育方法的音箱，让老年人能轻松照顾孙子/孙女，营造和谐幸福家庭氛围
我们如何能（示例）	设计一个科普故事的儿童动漫IP，发扬文化自信，讲好中国故事
我们如何能（写出小组的HMW）	

任务实施 3.2 挖掘足够多的创意并筛选创意

步骤 1：脑力激写挖掘创意

脑力激写法有 6 个原则：一是追求数量，在预定时间内产生尽可能多的想法；二是延迟判断，评估讨论可行性应延后；三是以他人的想法为基础，在队友的创新想法上叠加创新；四是鼓励疯狂的想法，允许非常规的天马行空；五是每轮只解决一个问题，保持聚焦专注；六是视觉化表达，巧用图像与文字。

接下来，请填写表中 1.1~1.3，随后依次传递下去。也可以写在便利贴上补充。

轮次	创意者	解决方案	解决方案	解决方案
第一轮		1.1	1.2	1.3
第二轮		2.1	2.2	2.3
第三轮		3.1	3.2	3.3
第四轮		4.1	4.2	4.3
第五轮		5.1	5.2	5.3
第六轮		6.1	6.2	6.3
第七轮		7.1	7.2	7.3
第八轮		8.1	8.2	8.3

小组有多少位成员，就要进行多少轮，直到这个表格回到最初填写的人手里。

步骤2：筛选创意

请将所有创意一条条裁剪开，分别放入成本／效用矩阵的四个象限，展开讨论，从第一、二象限中筛选出3个优选方案。

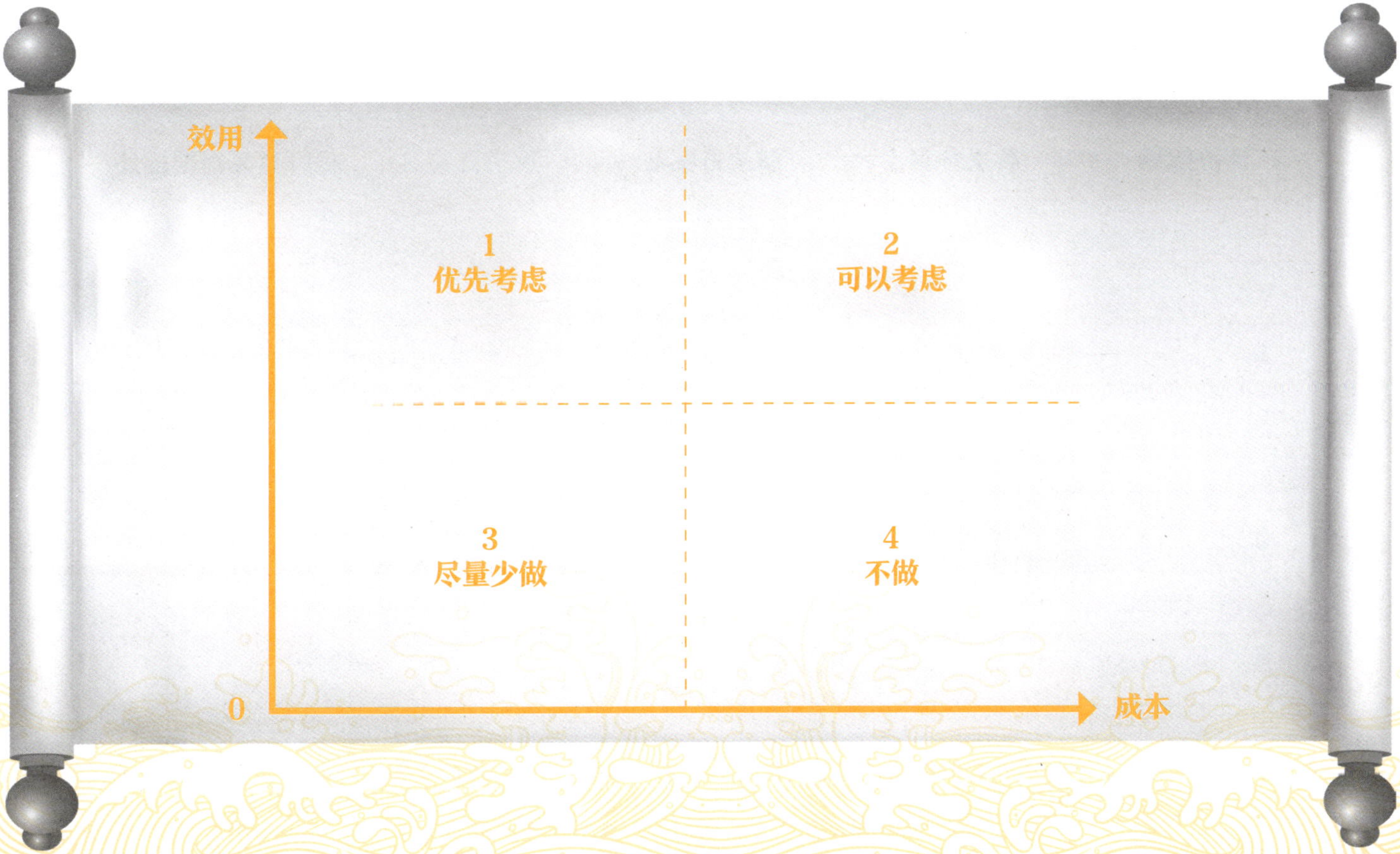

效用 ↑

1 优先考虑	2 可以考虑
3 尽量少做	4 不做

0 → 成本

姓名：

班级：

接着将优选出的 3 个解决方案放入卜氏矩阵，拟定几个关键指标与竞品对比。对比之后进行排序。一般说来，较多 + 号、较少 – 号的排序靠前。

最后各组选出的创意还可以进一步完善，甚至合并几个好的解决方案。

评价指标	解决方案 1	解决方案 2	解决方案 3	标杆竞品简要描述
1.				
2.				
3.				
4.				
5.				
总计（+）的个数				
总计（–）的个数				
总计（S）的个数				

与标杆竞品对比：明确产生更好的效果，评定为"+"，得 5 分；几乎一样的效能，评定为"S"，不得分；明确产生更糟的效果，评定为"–"，减 5 分。

任务实施 3.3 呈现解决方案

步骤 1：用一句话描述产品／服务

首先，每位组员根据自己小组的项目，各自用 4W1H 法从 5 个维度描述产品／服务。

接着，每位组员将 5 个维度串联起来，在一张新的便签纸上写出一句完整的描述。

最后，小组进行讨论、筛选和改进，提炼出最清楚、恰当的一句话描述产品／服务，由其中一位组员大声读出来。

你是谁？

面向什么用户？

提供什么产品／服务？

如何提供？

解决什么问题？

一句话描述产品／服务

姓名：

班级：

步骤 2：画出草图

如果你的解决方案是产品，请画出产品设计图，如内部结构，外观设计；如果你的解决方案是APP，请画出几页主界面；如果你的解决方案是服务，请画清楚主流程与从属流程。即使是草图，我们也要秉承专注、务实、创新的工匠精神，将科学性与美学性融合。

姓名：

班级：

步骤 3：用 3E 评判原则评判草图设计

从对用户的洞察以及价值创新的内涵出发，用 3E 评判原则对草图设计进行评判，并在下表中，详细写下你的设计是如何体现出使用功能、社交功能、有趣价值、有情价值、消除疑虑、减轻负担六个维度的。

你设计的是：	赋能 Empower	赋予使用功能	
		赋予社交功能	
	情感 Emotion	附加有趣价值	
		附加有情价值	
	减负 Ease	消除疑虑	
		减轻负担	

学习评价与总结

指标	评价内容	分值	自评	互评	师评
学习过程（50分）	能够自学线上资源，完成单元测验	5			
	能够在规定的时间内在线签到	2			
	能够在课堂中积极与老师互动	10			
	能够积极在线上课堂发起讨论	8			
	能够在小组讨论探究过程中，积极与组员交流自己的想法，敢于标新立异	10			
	能够主动站出来代表小组发言	8			
	在小组合作中有团队精神，既能贡献自己的想法，也能够尊重他人的想法	7			
学习成果（50分）	发散差异化方向	5			
	找到以人为本的体验创新价值点	5			
	选定一个创新结合点	5			
	脑力激写挖掘创意	5			
	筛选创意	6			
	一句话描述产品/服务	8			
	画出草图	10			
	用3E评判原则评判草图设计	6			

我的收获感悟：

我存在的不足：

姓名：

班级：

项目4 设计商业模式

项目准备

在互联网思维被赋予多重定义的时代,"互联网+"商业模式和传统商业模式的最大区别在于,不再是关于成本和规模的讨论,而是关于重新定义用户价值的讨论。众多创业企业爆发,各种各样的创新型商业模式出现在市场中。下面我们列举了几个具有商业模式创新代表性的品牌,请查找更多相关资料,指出你所看到的商业价值。

品牌	概况简介	请指出你所看到的商业价值
度秘	度秘是百度出品的对话式人工智能秘书,用户可以使用语音、文字或图片与度秘进行沟通,度秘可以在对话中清晰理解用户的多种需求,进而在广泛索引真实世界的服务和信息的基础上,为用户提供各种优质服务。	
瓜子二手车	瓜子二手车借助电子商务从事二手车交易与售后服务,其运营模式是借助互联网打通买卖双方的沟通渠道,消费者个人对个人,不存在中间商,为双方创造更大获利空间。当前,其已经实现了汽车市场的全套服务链接,增值服务涵盖汽车保险、汽车金融、维修保养等。	
多点	多点助力B端商超服务C端消费者,提高零售企业运营效率,改善消费者体验。其Dmall OS统一数据和业务中台,可实现模块化按需配置,帮助商家在会员、商品、营销、服务、管理和员工等零售各环节、各要素实现全面在线化和线上线下一体化。在新零售这条赛道上,不声不响的多点才是新零售OMO(Online-Merge-Offline 线上与线下融合)领域的独角兽。	

姓名:

班级:

思考提升

1. 它们的商业价值分别有什么独特之处？

_____

_____

_____

2. 试着找出向它们付费的人或机构。

_____

_____

_____

3. 它们对以前所处行业的传统模式，分别带来了怎样的变化？

_____

_____

_____

4. 请尝试画出它们与用户、相关利益方之间的交易结构。

任务实施 4.1 透视商业模式

步骤 1：辨别初创项目"好的商业模式"

在设计商业模式之前，要先学会分析、判断、评估商业模式。请根据初创项目"好的商业模式"的八大标准。选取 2 个其他小组的商业模式进行分析与判断，写出评估意见，并尽可能给出一些有用的建议。

你评估的第一个项目名称：								
	有创新	可延伸	易复制	难模仿	快现金	轻资产	高聚焦	可持续
你的评估意见								
给出一些有用的建议								
你评估的第二个项目名称：								
	有创新	可延伸	易复制	难模仿	快现金	轻资产	高聚焦	可持续
你的评估意见								
给出一些有用的建议								

姓名：

班级：

步骤2：设计商业模式导航路径

分析和理解商业模式竞争的逻辑，对于设计好的商业模式，或者对不同的商业模式进行预判和选择，会有很大的帮助。研究如何设计商业模式，可以用商业模式设计导航路径，将你的产品与行业内代表性竞品进行对比分析。

导航路径	产品航向	业务结构	核心资源		盈利模式
代表性竞品 （　　　）	竞品面向哪些用户？目前市场份额多大？主要满足用户的哪些需求？	竞品有哪些功能？使用的体验感如何？最受欢迎的功能是什么？	竞品有哪些基于资源形成的核心优势？是拥有核心技术资源形成产品的独特功能？还是拥有强大的营销渠道资源形成销售优势？是拥有庞大的流量获取资源形成获客优势？还是打通了上下游供应链资源形成产业优势？		竞品定价多少？最赚钱的收入来源是什么？是否达到了规模经济的成本优势？
你的产品 （　　　）	我们面向哪些用户，与竞品的用户重合吗？是更精准地瞄准已有市场里更垂直细分的用户群？还是瞄准全新未被开发过的用户群？他们有未被竞品满足的需求空白点吗？	我们有哪些功能与竞品重合？是完全一样，还是有更好的使用体验？我们全新的功能有哪些？为什么竞品没有这些功能，是根本不看重此领域，还是业务逻辑与我们不同，或者是准备未来才去开发？	与竞品相比，我们无法企及的资源是什么？我们独有的资源优势是什么？我们是否有获取用户的独有资源？我们还能在外界找到哪些资源支持我们？他们为什么支持我们？		我们的定价与竞品相比是更便宜还是更贵？我们有没有新的不同的收入来源？与竞品相比成本更便宜还是更贵？是否有第三方帮我们分担成本？如果有，与第三方如何分配利益？

姓名：

班级：

任务实施4.2 图解商业模式系统

步骤1：图解商业模式逆向创新

请用"敏捷创新"的思维，尝试对自己项目商业模式的构成元素进行逆向创新，如目标用户、价值主张、资源、人力、资金、信息等，尽量越多越好。先完成画图推导，接着在旁边进行详细说明。

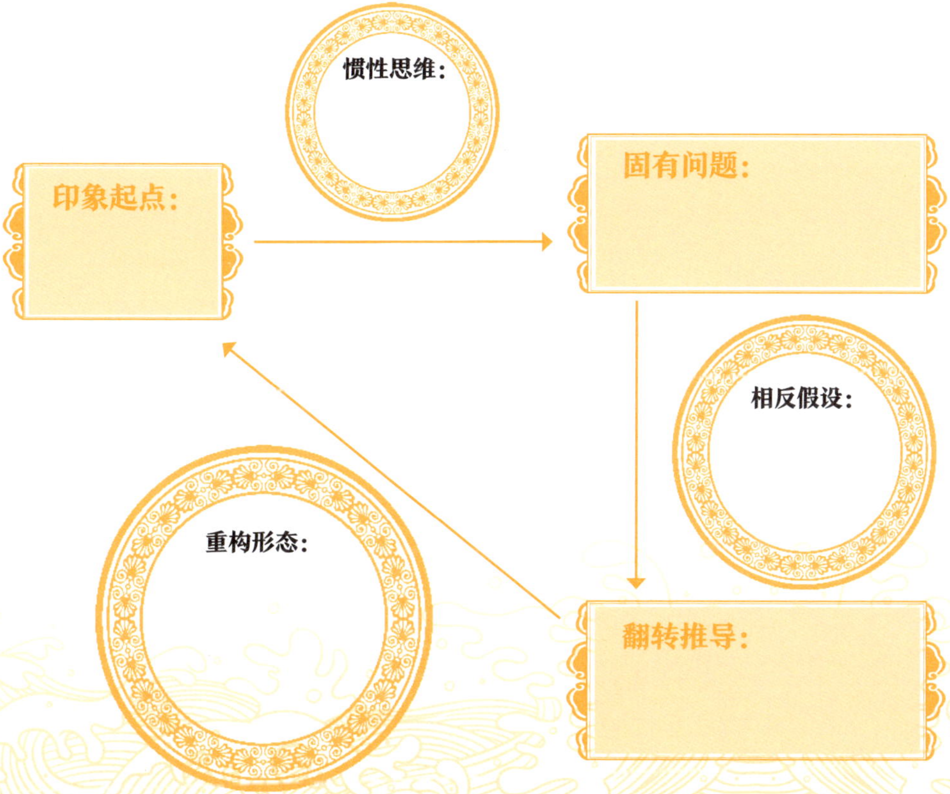

惯性思维：

印象起点： → **固有问题：**

相反假设：

重构形态：

翻转推导：

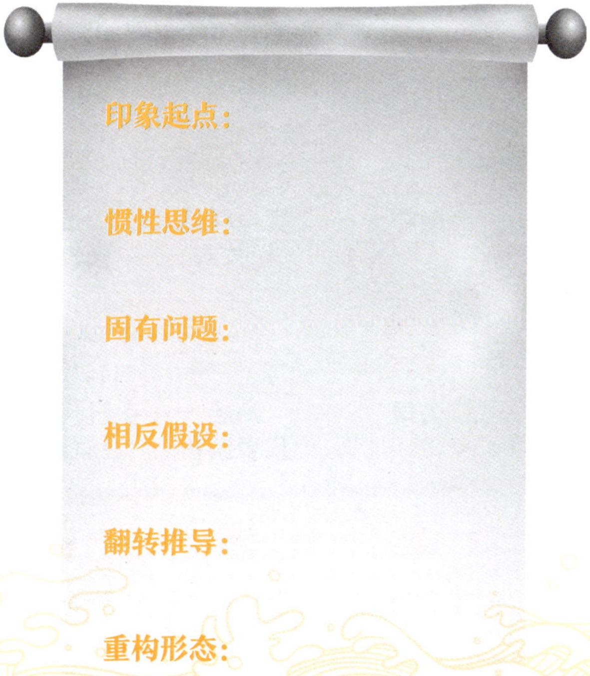

印象起点：

惯性思维：

固有问题：

相反假设：

翻转推导：

重构形态：

姓名：

班级：

步骤2：图解商业模式整体系统

请画出自己项目的整体商业模式图解，按以下步骤进行：先想象有一个隐形的九宫格，其次画中间纵列，再次画中间横行，接着补充四个角落，最后用箭头连接，此外还可以添加注释，自行创作图标。记住要多与团队成员讨论。

图解商业模式可能用到的图标

用户　　其他利益　　工厂
　　　　相关方　　代表制造

公司　　商店　　手机代表移动
　　　　代表销售　互联网相关

信息流向　物品流向　资金流向

A ○────────── B

从属关系：表明B从属于A

任务实施 4.3 填写价值创造系统画布

步骤1：确定为谁提供

用户画像是商业模式画布的逻辑起点，选择典型用户作为原型可以更直观地阐述产品针对的群体。通过收集用户社会属性、行为倾向、兴趣偏好等多个维度的标签，进而对用户的特征属性进行刻画。请在以下表单填写用户画像与付费者，你可以在右下框内画出更具体直观的用户形象。

用户画像	
用户场景	
用户标签	

付费者	
与用户关系	
付费动机	

姓名：

班级：

步骤2：确定价值主张是什么

请用一句话表明价值主张。这个思路能帮到你：首先，用发散思维罗列用户想要的是什么。接着，定位用户最关注的产品功能，如最渴望的收益、最想完成的事。然后，把用户想要的与产品提供的好处，向中间收敛，提炼一句话价值主张。

产品提供的 好处是什么	价值主张	用户想要的 是什么

价值主张思路引导：
◆ 让____享受/体验
　　到____（价值）
◆ 用____（核心技术）
　　改变____（社会）

价值创造链条图可以帮你梳理要素输入与价值输出的过程。上下游都是利益相关者，上游提供价值创造的要素，下游通过市场交易获得价值。请用链条图将3个维度串起来。

上游有谁，　　你为上游创造　　你在产业链中　　你为下游创造　　下游有谁，
为你提供什么　　什么价值　　　　做什么　　　　　什么价值　　　　为你带来什么

步骤3：确定营销方式

填写营销渠道和与用户互动关系前，请与团队成员深入讨论：产品／服务如何触达用户，哪些渠道有资源优势，哪些渠道有成本优势；如何与用户建立联系，要建立何种联系，与用户的互动方式有哪些，互动的目的是什么？

自建销售渠道	
合作销售渠道	
推广渠道	

联系渠道	销售 （一次、二次销售）	
	售后	
互动方式	关系互动 （如会员、直播、有奖活动等）	
	内容互动 （如点赞、收藏、评论等）	
	其他互动	

步骤4：确定运营方式

请完成以下主要工作任务与所需资源匹配表，从流程上梳理提供产品/服务需要完成的主要工作任务，识别资源是一次性投入的，还是需要不同的资源投入组合。辨别哪些优势资源必须掌握在自己手里。如果项目的工作任务有特殊性，跟表格提供的内容不一致，可以用便笺纸更改。

	研发	生产	建立销售渠道	进行宣传	打造品牌	售后服务	……
人力资源							
资金资源							
市场资源							
技术资源							
……							

树立跨界合作与价值共创意识，填写伙伴生态圈。梳理可以合作的外部机构，包括战略联盟合作方、供应商、采购商以及政府等，确定可以从合作伙伴那里获取哪些资源。方框里填合作伙伴，箭头里填合作方式，如果有更多的，可以用便笺纸另行补充。

姓名：

班级：

步骤5：确定盈利模式

请预测项目的收入与支出情况。梳理收入来源，确定交易计费方式。梳理将要发生的成本结构，辨别固定支出、可变支出等。记住要重视现金流入、流出的时间节点，以及考虑什么方式利润最大，什么方式能带来长期稳定的收益。

收入报表

	一次性	计时	计量	共享	免费	其他
即时						
月度						
季度						
年度						

支出报表

	固定支出	可变支出	其他
即时			
月度			
季度			
年度			

姓名：

班级：

请与团队共同完成完整的价值创造系统画布。

学习评价与总结

指标	评价内容	分值	自评	互评	师评
学习过程（50分）	能够自学线上资源，完成单元测验	5			
	能够在规定的时间内在线签到	2			
	能够在课堂中积极与老师互动	10			
	能够积极在线上课堂发起讨论	8			
	能够在小组讨论探究过程中，积极与组员交流自己的想法，敢于标新立异	10			
	能够主动站出来代表小组发言	8			
	在小组合作中有团队精神，既能贡献自己的想法，也能够尊重他人的想法	7			
学习成果（50分）	辨别初创项目"好的商业模式"	2			
	设计商业模式导航路径	5			
	图解商业模式逆向创新	3			
	图解商业模式整体系统	12			
	填写价值创造系统画布	28			

我的收获感悟：

我存在的不足：

姓名：

班级：

项目5　建团队找资源

项目准备

在前面的学习中，我们已经找到了创新性的解决方案，并设计了商业模式。在项目的推进过程中，你感受到团队合作的力量了吗？团队产生过冲突吗？请谈谈你的团队。

与第1节课相比，团队发生了哪些变化？	
哪一次团队合作经历，让你印象最深刻？	
哪一位团队成员，他/她的什么品质或行为，让你觉得值得学习？	
团队有过争执或意见不合吗？如果有，是怎么解决的？	
你喜欢别的哪组团队？他们有什么特点吸引你？	
你现在还想换团队吗？为什么？	
你更喜欢什么样的团队领袖？	

姓名：

班级：

思考提升

1. 你们团队名称的具体含义是什么？与项目有直接的关联吗？

2. 对方案意见不统一时，你们采用什么方法决策？还有更好的团队决策方法吗？

3. 你觉得你们是一个高效的团队吗？有什么特征？如果不是，欠缺了什么？

4. 你为团队做出了哪些贡献？你觉得团队给你带来的意义是什么？

任务实施 5.1 组建高效的创业团队

步骤 1：展示一个值得被信赖的团队

请展示出你们团队要达成的目标，成员的角色与分工。用画图的方式形象地表达出团队精神。

写出团队目标：

画出团队精神：

在扇形的角色分区里写上团队成员的名字，你还可以分割出更多扇形区域来界定你们小组的分工。

姓名：

班级：

请写出团队成员的性格与能力，并为他们创作画像。

成员姓名：
性格：
能力：

成员姓名：
性格：
能力：

成员姓名：
性格：
能力：

成员姓名：
性格：
能力：

成员姓名：
性格：
能力：

成员姓名：
性格：
能力：

姓名：

班级：

步骤 2：用 RISKING 创业者素质模型判断是否找对了合作伙伴

我们基于 RISKING 创业者素质模型的七个方面，设计了以下表格，帮助你判断是否找到合适的合作伙伴。请你根据实际情况，选择最符合他/她特征的描述，在表格相应位置打钩，然后统计各选项总数：

A 非常符合 ____ 个， B 比较符合 ____ 个， C 不确定 ____ 个， D 不太符合 ____ 个， E 很不符合 ____ 个。

要素	具体描述	A 非常符合	B 比较符合	C 不确定	D 不太符合	E 很不符合
想法	他/她的想法通常比别人更有价值，更有创造性					
	他/她具有丰富的想象力，并能把这些想法准确而生动地表达出来					
	他/她的想法并不是天马行空、泛泛而谈，而是切实可行的					
目标	与打工相比，他/她更渴望有一份属于自己的事业，哪怕付出较大代价也愿意为之奋斗					
	有一个很明确的创业目标，有耐心和勇气去实现					
才智	他/她每天都怀着积极的态度面对遇到的每一件事					
	他/她更倾向于主动把握契机和解决问题，而不是处于被动局面					
	他/她知道如何控制自己的情绪，不逃避、不放弃、不找借口、不归咎于其他人					
技能	对即将创业的领域，他/她有很好的专业背景和技术					
	他/她有过相关的实践经验，并有团队组织管理能力					

(续)

要素	具体描述	A 非常符合	B 比较符合	C 不确定	D 不太符合	E 很不符合
知识	了解创业项目的行业状况、竞争状态和相关法律法规等					
	掌握创业管理知识和专业技术知识，并有持续学习能力					
资源	他/她拥有特殊的原材料、销售渠道等资源，而这些资源对创业项目来说不可或缺					
	他/她有合适的途径募集到项目资金					
	他/她的人脉能挖掘到理想的团队成员					
关系网络	他/她善于向媒体公众推销自己的想法，吸引别人的注意力					
	他/她与行业内竞争者更容易实现合作，而不是斗争					
	他/她与利益相关者，如上下游企业、政府、金融机构等有良好关系					

根据选项最多的结果，看看他/她的创业潜质是否适合加入你们团队。

A 型：他/她适合创业和守业。如果他/她能全身心地投入激动人心的创业事业，机会无限，就看他/她如何把握了。

B 型：他/她适合创业且比较符合创业的要求，但还需要不断地去完善自己，来保证自己与团队的发展同步。

C 型：他/她具备一定的创业素质，但由于缺乏信心没能认清楚自己的能力，外界的影响会左右他/她的选择。

D 型：他/她有创业意识但却不愿意创业，在风险和安稳之间他/她更倾向于后者。

E 型：他/她不适合创业或根本就没想过创业，规避风险，倾向于安定生活，不善开拓，更适合做上班族。

任务实施 5.2 设计创业团队的股权

步骤1：初次划分创业团队的股权结构

股权代表股东获得经济利益和参与公司经营管理的权利，股权设计要按价值来分配。请为你的创业团队设计股权结构，并写出分配依据。制度创新必须依法合规。

姓名	股权比例	主要贡献

在与团队进行讨论前，你心中预想的自己的股权比例是多少？原因是什么？

经过团队讨论，你们设计的团队股权结构的主要依据是什么？

你们还设计了关于控制权、分红权的其他机制吗？请写下你们约定的具体内容。

步骤 2：再次梳理初创团队的股权结构

请根据初创企业股权结构计算表，为你们的创业团队设计股权结构，并写出分配依据。

分配依据	姓名：	姓名：	姓名：	姓名：	姓名：	姓名：	姓名：	姓名：
初始基数	100	100	100	100	100	100	100	100
发起召集了团队，贡献了项目创意 +20~50								
主导了某个进程，如产品设计、专利 +20~100								
担任负责人 +10~50								
为项目付出了时间和精力 +200~300								
曾经有丰富的实践经验，有人脉，有资源 +50~300								
投入了资金，或者愿意追加投资额外获得量分								
计算结果：个人得分合计 ÷ 所有股东的得分总和								

姓名：

班级：

任务实施 5.3 资源拼凑与链接人脉

步骤 1：创造性地拼凑资源

大部分企业在创立之初，都受到严重的资源束缚，没有钱购买先进的设备，就去淘一些二手货；招聘不到合适的员工，创业者就身兼数职，或者让家人齐上阵；还要与相关方置换资源等。如何创造性地把原本没有用的资源变得有用，是每个人都应该学习的思维与方法。"有条件要上，没条件创造条件也要上。"下面，看看你能否从手头现有资源出发，改变用途，或加以组合，让你的项目离实现更近一点。特别强调，不要伸手问家里要钱，不要轻易贷款，特别是不能沾染不正规的网贷。

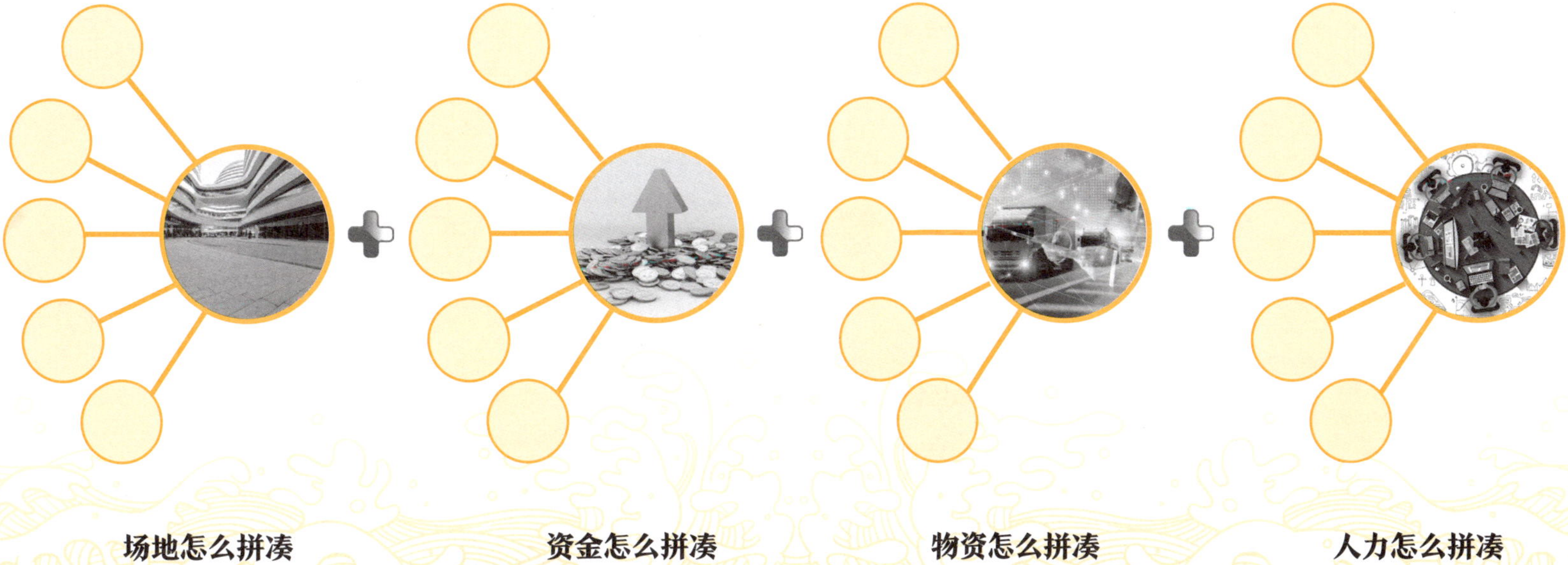

场地怎么拼凑 + **资金怎么拼凑** + **物资怎么拼凑** + **人力怎么拼凑**

姓名：

班级：

步骤2：绘制人脉链接鱼骨图

根据你们小组的创业项目，在梳理已有资源的基础上，对还欠缺的资源进行发掘。利用资源拼凑与六度分隔理论，在下面的鱼骨图上画出我们所需的资源清单与人脉链接路径。已有资源写在鱼骨上方，还欠缺的资源写在鱼骨下方，并通过人脉链接寻找这些资源。记得全面考虑经营管理资源、人力资源、财务资源、市场资源、政策资源、信息资源、科技资源等，可以自行增加鱼骨的分枝。

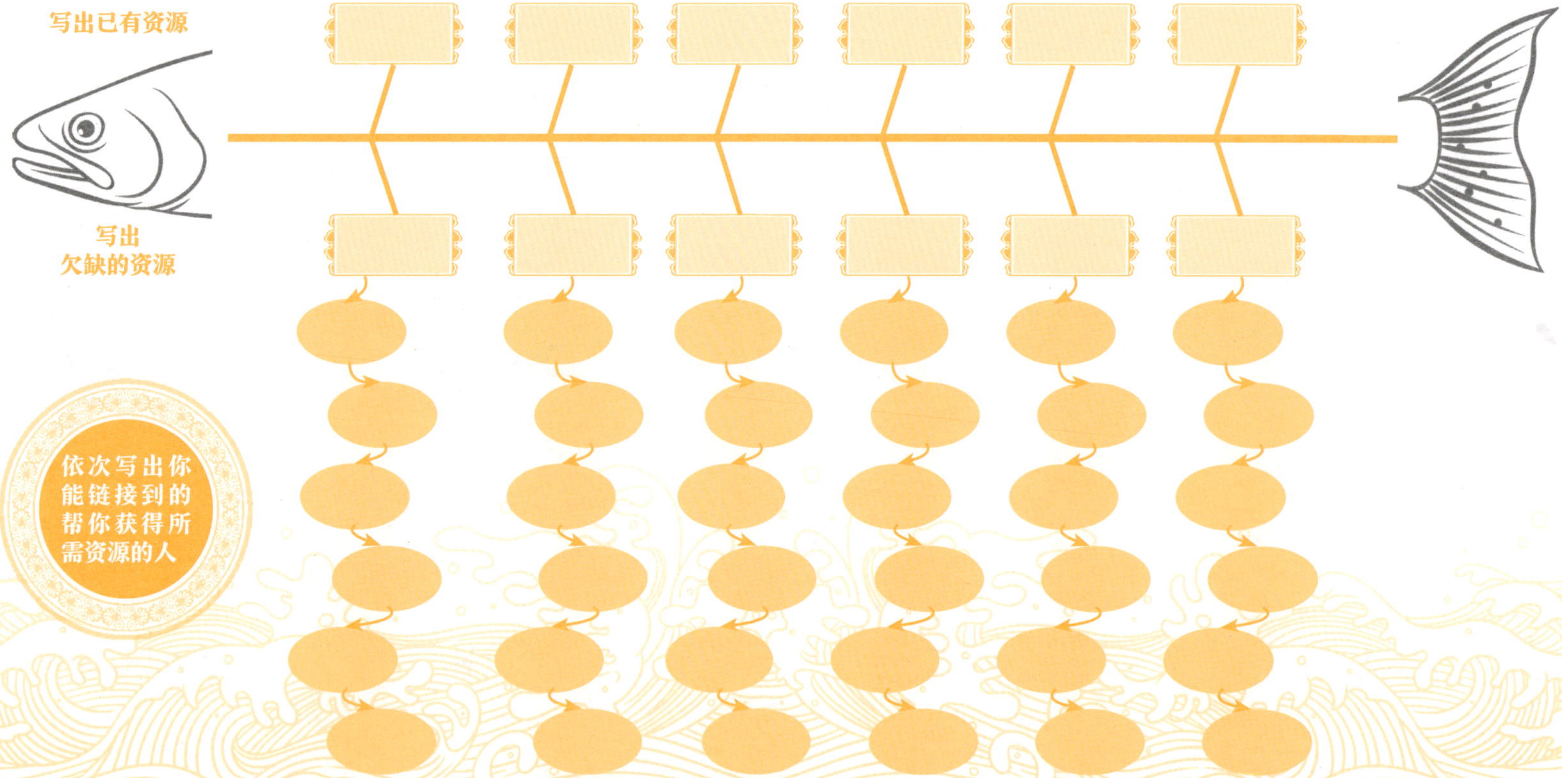

写出已有资源

写出欠缺的资源

依次写出你能链接到的帮你获得所需资源的人

姓名：

班级：

学习评价与总结

指标	评价内容	分值	自评	互评	师评
学习过程（50分）	能够自学线上资源，完成单元测验	5			
	能够在规定的时间内在线签到	2			
	能够在课堂中积极与老师互动	10			
	能够积极在线上课堂发起讨论	8			
	能够在小组讨论探究过程中，积极与组员交流自己的想法，敢于标新立异	10			
	能够主动站出来代表小组发言	8			
	在小组合作中有团队精神，既能贡献自己的想法，也能够尊重他人的想法	7			
学习成果（50分）	展示一个值得被信赖的团队	8			
	学会利用 RISKING 创业者素质模型判断是否找对了合作伙伴	7			
	初次划分创业团队的股权结构	5			
	再次梳理初创团队的股权结构	10			
	创造性地拼凑资源	10			
	绘制人脉链接鱼骨图	10			

我的收获感悟：

我存在的不足：

姓名：

班级：

项目6　做原型小验证

项目准备

假设现在需要你为学校设计文创产品，并推广给校友。文创产品包括但不限于徽章、明信片、雨伞、水杯等纪念品，你还可以有其他形式的创意。

你将如何用最快的方式，最低的成本来验证你的创意呢？

	你想设计什么样的文创产品？有什么含义？	如何用最快的方式，最低的成本呈现出你的创意？	如何用最快的方式，最低的成本获取校友的反馈？
学校的文创产品项目			

思考提升

1. 上一页写下的创意呈现方式,你能做到吗?如果能,请尝试。如果觉得有困难,难点在哪里?

2. 上一页写下的获取校友反馈的方式,你能做到吗?如果能,请尝试。如果觉得有困难,难点在哪里?

3. 项目开发早期有着巨大的不确定性,资金、资源、时间、精力都是稀缺的,我们如何推进项目落地?

4. 你呈现文创产品创意后,有没有收到"吐槽"或其他建议?面对"吐槽"和抱怨,应该怎样处理呢?

姓名:

班级:

任务实施6.1 设计最简可行产品

步骤1：按用户需求规划最简可行产品功能

(1) 分类：首先，用黑色笔把用户的需求点写在便利贴上，一个需求点写一张便利贴。接着，把相似的需求点贴在第二行的框中。然后，用简短的表述将同一列需求总结为一种需求，用红色笔写在便利贴上。

(2) 排序：按用户体验的时间先后顺序，将红色字的便利贴从左到右进行排序，贴在第一行的框内。

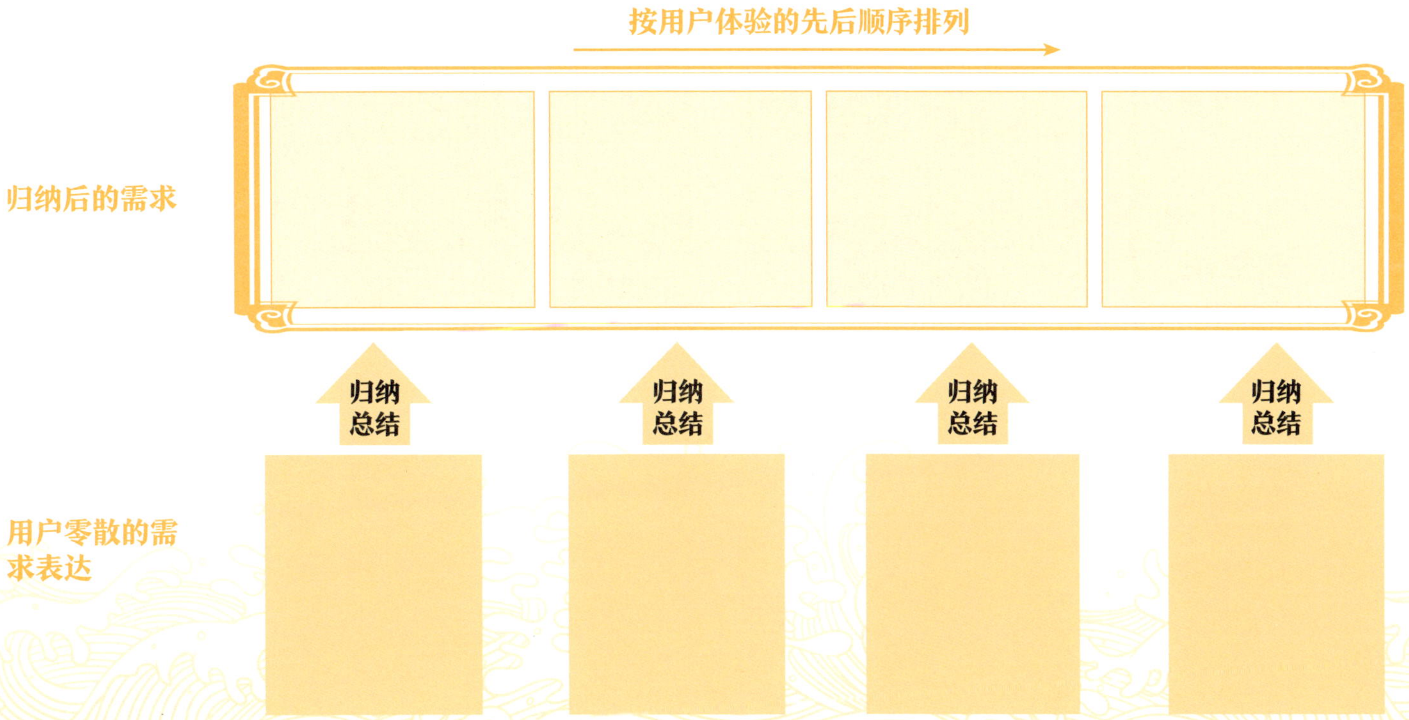

按用户体验的先后顺序排列 →

归纳后的需求

↑ 归纳总结　↑ 归纳总结　↑ 归纳总结　↑ 归纳总结

用户零散的需求表达

姓名：

班级：

(3) 把归纳的用户需求再简化为词组，填进下面第一行的框内。

(4) 在便利贴上写下实现用户需求的对应功能。

(5) 注意按照功能的优先级（用户的需要程度）从上到下排序，贴在第二至五行的框内。

(6) 画出 MVP 线，线的上方第二至三行的框内就是 MVP 要展示的功能。

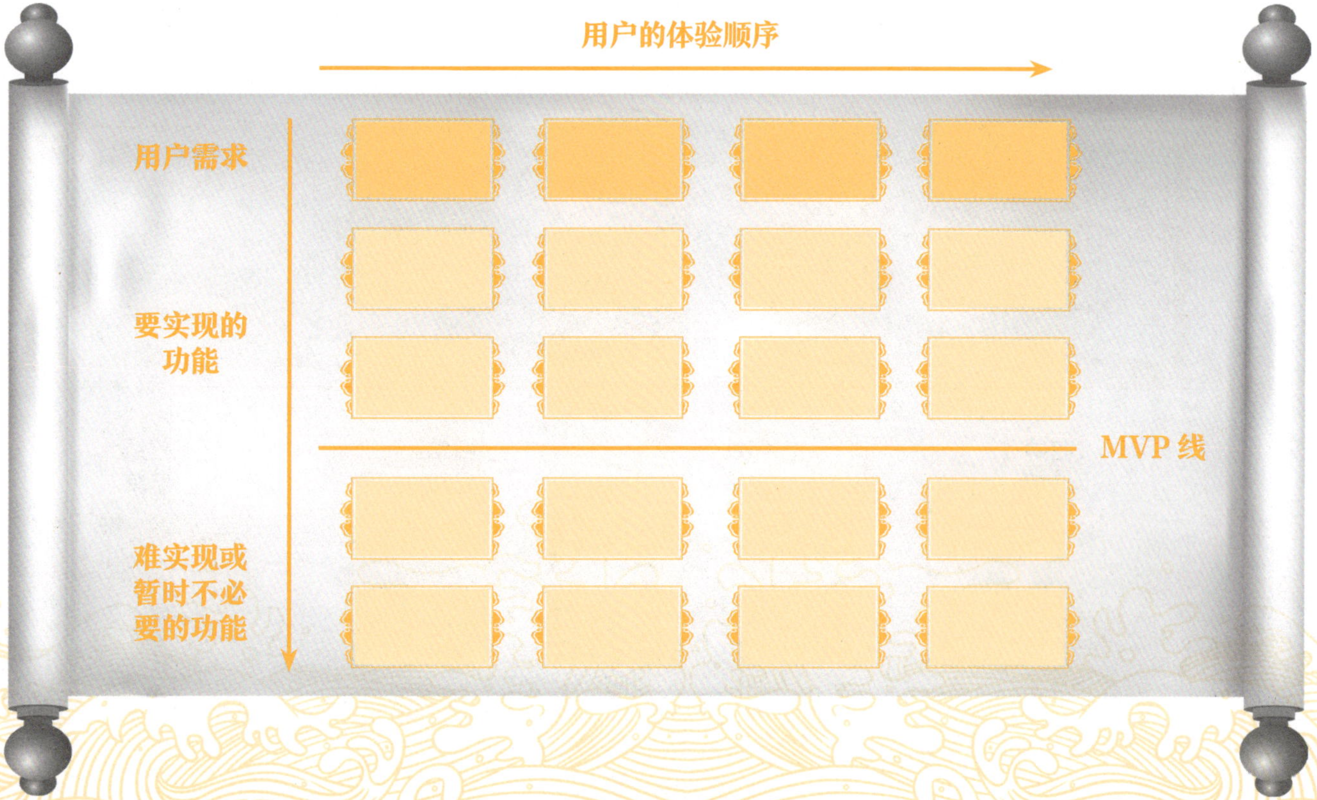
用户的体验顺序
用户需求
要实现的功能
MVP 线
难实现或暂时不必要的功能

姓名：

班级：

步骤 2： 设计最简可行产品实现方式

填入上一步归纳的要实现的最简可行产品功能，根据这些功能制订最简可行产品形态的设计规划。简单描述一下：

(1) 你的最简可行产品以什么形态呈现？最好 2 种以上。
(2) 这两种方式如何恰当地组合起来？

最简可行产品要实现的功能

最简可行产品形态的设计规划

姓名：

班级：

任务实施6.2 制作最简可行产品

步骤1：制作纸板模型

小组成员之间讨论填写制作准备，完成制作后按老师要求的方式提交。

目标
做到什么程度？要展示哪些功能？1：1模型，还是缩微模型？

材料
要用到哪些材料？从哪里获取？

分工
成员如何分工？通过什么方式一起制作？

时间
需要多少时间？进度如何安排？

步骤 2：制作 APP 手绘线框图原型

(1) 将需要的界面名称写在便签上，按使用流程依次贴在页面框内，可自行增加页面。

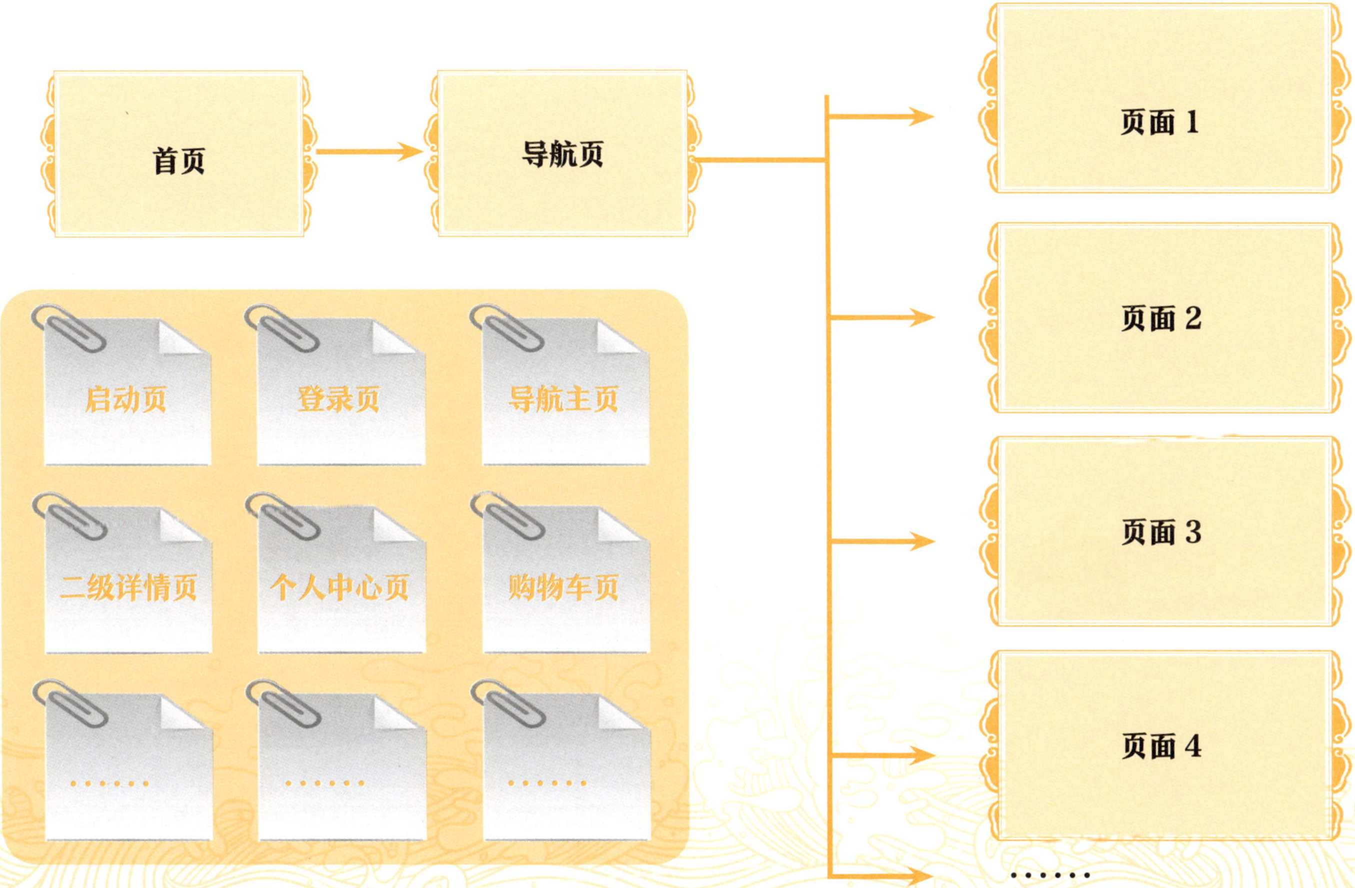

首页
导航页
页面 1
页面 2
页面 3
页面 4
……
启动页
登录页
导航主页
二级详情页
个人中心页
购物车页
……
……
……

姓名：

班级：

(2) 将需要的界面名称按呈现的先后顺序从左到右写在下面的便条中,在对应的空白框中画出大致的页面规划。例如,在什么地方应该放视频?在什么地方应该放图片?在什么地方应该有文字说明?在什么地方应当设置链接按钮?每一个链接按钮对应跳转到哪个页面?

说明:可以自行打印出手机界面的样板,画好后按顺序贴在对应页面名称的下方;也可以使用 Axure、墨刀、Mockplus 等原型软件制作 APP 原型。

页面一:　　　　页面二:　　　　页面三:　　　　页面四:

任务实施 6.3 测试最简可行产品

步骤 1：绿野仙踪法情景演练

(1) 有哪些功能可以通过情景演练展示？

展示功能 1：_____　　展示功能 2：_____

展示功能 3：_____　　展示功能 4：_____

展示功能 5：_____　　展示功能 6：_____

(2) 展示哪些使用场景（按项目实际需要确定）？在这些场景中，小组成员的角色如何分工？

场景 1 描述：
小组成员分工：

场景 2 描述：
小组成员分工：

场景 3 描述：
小组成员分工：

场景 4 描述：
小组成员分工：

场景 5 描述：
小组成员分工：

场景 6 描述：
小组成员分工：

注意事项：1. 情景演练不是电视购物广告，也不是直播带货；2. 情景演练不是演话剧，更不是演闹剧。

步骤 2： 描绘用户体验地图

(1) 按照体验流程，在便签上写下产品与用户互动接触的点。一个便签写一个互动接触点。梳理互动接触点，按顺序写下标号，这是十分关键的一步，因为用户体验地图横坐标就是由一系列接触点组成。

(2) 标记在这些体验点上用户的情绪感受，可以用不同颜色的笔来画出表情：平静（黑色）、高兴（红色）和不高兴（蓝色）。你还可以做进一步的描绘，如用户在与产品互动时所产生的想法、心情和行动，有助于深入了解当前体验中的缺陷和痛点。

(3) 将"平静"作为情绪基准线，把"高兴"放在情绪基准线上方，"不高兴"放在情绪基准线下方。当然，"高兴"与"不高兴"内部也有程度高低的区别。把情绪点连接起来，得到用户体验地图的情绪曲线。

(4) 请小组讨论后进行汇报：在最高的情绪点，还可以做什么将体验推向极致？在最低的情绪点，是什么原因导致的问题？如何改善？结束体验时的情绪点是否是高兴的（积极情绪）？如何继续提升？

情绪基准线

用户与产品互动的体验顺序（时间先后）

步骤 3：用 KANO 模型判断用户是否在意你的设计

找到 10 个受访者，选择一个功能对用户进行 KANO 测试。注意，每次测试一个功能。

(1) 假设产品具备这个功能，或不具备这个功能两种情形，受访者按五级评分量表说出自己的感受，5 选 1。在下方的表格中，在第二列、第三列依次记录下受访者说的两个数字。

(2) 在评价结果分类对照表中，根据受访者回答的正向问题与负向问题的交叉点，找到对应的英文代号，并填写在下方表格的最后一列。

受访者	Y 正向问题	N 负向问题	类型
A			
B			
C			
D			
E			
F			
G			
H			
I			
J			

(3) 整理评价结果，统计英文代号数量，换算成百分比，占比最多的结果，就是该功能的测试结果。假如 M 占比最多，那么该功能属于基本型需求。

评价结果	A	O	M	I	R	分析结果
百分比	%	%	%	%	%	

A　魅力型需求
O　期望型需求
M　基本型需求
I　无差异型需求
R　反向型需求
Q　无效

(4) 根据上表的百分比数据，套用公式，计算满意影响力 SI、不满意影响力 DSI 的数值。

满意影响力 SI= (A+O) ÷ (A+O+M+I) = _____

不满意影响力 DSI= (−1) × (O+M) ÷ (A+O+M+I) = _____

(5) 接下来，用 SI、DSI 建立坐标系，把该功能影响力标在 KANO 模型分析结果上。扇形区域里的点，代表用户对此不敏感，暂时不予考虑，离原点越远的优先程度越高。

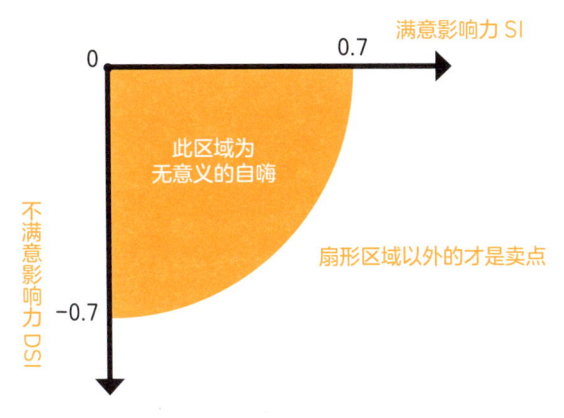

(6) 总结前面的发现：我们的产品应当优先完成哪些功能（扇形区域外的）？哪些功能可以改进优化（接近扇形边界线的）？哪些功能应当剔除（扇形区域内的）？哪些是主功能？哪些是附加功能？最后简述一下我们的产品改进方案。

租车 APP 的测试与迭代

测试需求：真/伪需求；高频/低频需求

测试租车主流程："注册登录—选择时间、城市、车型—下单—完成支付"的主流程是否顺畅合理

测试辅助功能："获取开票、使用优惠券、使用积分、分享"等相关辅助功能是否完善

测试新增功能：新增加的"选择取还车时间、选择取还车城市、选择车型、购买保险"等功能会有多种方案，哪一种最优

学习评价与总结

指标	评价内容	分值	自评	互评	师评
学习过程（50分）	能够自学线上资源，完成单元测验	5			
	能够在规定的时间内在线签到	2			
	能够在课堂中积极与老师互动	10			
	能够积极在线上课堂发起讨论	8			
	能够在小组讨论探究过程中，积极与组员交流自己的想法，敢于标新立异	10			
	能够主动站出来代表小组发言	8			
	在小组合作中有团队精神，既能贡献自己的想法，也能够尊重他人的想法	7			
学习成果（50分）	按用户需求规划最简可行产品功能	6			
	设计最简可行产品实现方式	5			
	制作纸板模型	8			
	制作APP手绘线框图原型	8			
	绿野仙踪法情景演练	10			
	描绘用户体验地图	5			
	用KANO模型判断用户是否在意你的设计	8			

我的收获感悟：

我存在的不足：

姓名：

班级：

项目7　策划营销卖点

项目准备

你是否曾经看过一些文案、视频后，被"种草"了某种产品，即使你可能不会立刻下单，但产生了购买欲望，也就是你的消费者心智被占据。请找到你喜欢的这条内容，与小组成员、老师分享，并一起分析为什么会被这条内容影响。

你在哪个平台看到的？产品是什么？	
是图文还是视频？	
图文或视频的内容结构主要是什么？让你印象深刻的亮点是什么？	
产品是新品牌，还是知名品牌？你之前听过吗，用过吗？	
如果现在有购买力，你会立刻购买吗？	

姓名：

班级：

思考提升

1. 产品吸引你的地方主要是什么?

2. 你觉得你属于这个产品的目标用户群体吗? 产品的目标用户群体有什么特征?

3. 你有将其转发给其他人吗? 分享给了谁? 为什么?

4. 请试着描述一下自己被"种草"的心理变化过程。

任务实施 7.1 私域流量池的搭建

步骤 1：布局私域，获取流量

请使用新媒体为你的产品与服务，按照"获取流量—运营流量—流量变现"的三个核心步骤，搭建私域流量池。记住多点触达，你链接用户的渠道越多，你触达用户的效率就越高，用户脱离你的难度也越大。试想如果一个用户既关注了你的抖音、快手，又关注了你的小红书、微博，那么他/她昨天可能会错过你的抖音、快手，但也许今天你的小红书、微博可以影响到他/她。

核心步骤	你将在哪些平台布局私域 请在主运营平台开设账号 写下每周用户数增长的目标	把首批新用户引入私域流量池的具体措施
获取流量		

步骤2：运营私域，裂变流量

若已有新用户进入你的私域流量池，你会如何服务他们，并促使粉丝裂变？请记住双向互动，即只有微信群、个人号才是真正意义上的互动。你可以通过微信第一时间把用户拉进群里，也可以直接找到用户的微信一对一私聊，在朋友圈与用户相互点赞、评论，用户也能在微信群里@助理、客服，1对1进行咨询与建议，这种效果是其他方式无法比拟的。

核心步骤	你如何将新用户引向微信互动，将通过哪些互动留住用户	促使流量裂变吸引更多新用户的具体措施
运营流量		

步骤3：实现成交、变现流量

请记住持续成交，如借助微信沉淀粉丝，把微信的新用户导入自己的淘宝店铺或直播间里，也可以从淘宝、小红书、抖音等各个渠道，把新老用户锁定在微信群里直接成交。

核心步骤	你将在哪个平台进行成交，促使成交有哪些具体措施	你如何提高用户的消费频率
流量变现		

任务实施 7.2 挖掘卖点与策划内容营销

步骤 1: 为你的产品与服务量身定制一篇推广文案

请为你的产品与服务撰写一篇应用在微信公众号的图文式文案,请在下面的表格内练习。

最终文案成品请排版编辑并发布,在老师规定的期限内,汇报粉丝数与阅读量,结果予以公示。

结构	所采用的方式	你的文案内容
标题		
开头		
正文结构		
结尾		

姓名:

班级:

步骤 2：为你的产品与服务拍摄一条推介视频

请为你的产品与服务拍摄一条推介视频，台前幕后的具体分工要落实到每个人。请在下面的表格内撰写脚本。最终视频成品请剪辑并发布，在老师规定的期限内，汇报浏览量、点赞数、转发数、评论数，结果予以公示。

分镜头 1 的脚本	
分镜头 2 的脚本	
分镜头 3 的脚本	
分镜头 4 的脚本	
分镜头 5 的脚本	
分镜头 6 的脚本	

姓名：

班级：

任务实施 7.3 策划冷启动营销活动

步骤 1：策划营销活动

做营销活动策划并不意味着在网上下载一份模版照着填，我们必须学会分析营销活动最本质的问题，先跟着下面的三个步骤试着为自己的产品做营销活动策划吧。

第一步 找到产品对用户的价值点	在用户心中，真正在意的产品价值点是什么？	
第二步 将价值做成可传播的内容	这个产品的第一特定细分场景在哪里？	
	产品主打的卖点宣传语是什么？	
	如何把场景或者卖点变成一种符号，去影响用户的五感？	
第三步 找到合适的载体进行传播	线上营销的具体计划是什么？	
	线下营销的具体计划是什么？	
	线上线下如何结合联动？	

步骤2：实施营销活动

根据老师的安排推进营销活动实施，进一步细化营销活动的组织过程，包括资金、物料、人员、流程、意外状况的应对、备选方案等，联系合适的场地实施营销活动，并进行复盘。

细化组织过程	资金及物料	
	召集的人员	
	详细流程	
	可用场地与时间	
	意外状况的应对及备选方案	
实施后复盘	经验与收获	
	不足与改进	

姓名：

班级：

学习评价与总结

指标	评价内容	分值	自评	互评	师评
学习过程（50分）	能够自学线上资源，完成单元测验	5			
	能够在规定的时间内在线签到	2			
	能够在课堂中积极与老师互动	10			
	能够积极在线上课堂发起讨论	8			
	能够在小组讨论探究过程中，积极与组员交流自己的想法，敢于标新立异	10			
	能够主动站出来代表小组发言	8			
	在小组合作中有团队精神，既贡献自己的想法，也能够尊重他人的想法	7			
学习成果（50分）	布局私域，获取流量	5			
	运营私域，裂变流量	4			
	实现成交，变现流量	3			
	为你的产品与服务量身定制一篇推广文案	8			
	为你的产品与服务拍摄一条推介视频	10			
	策划营销活动	5			
	实施营销活动	15			

我的收获感悟：

我存在的不足：

姓名：

班级：

项目 8　写计划练路演

项目准备

要掌握如何呈现创业项目，首先应从观摩他人的创业项目路演开始。请在课前通过电视节目或视频平台，选取 2 个来自不同节目或比赛的创业项目路演进行观看，并将他们路演内容的顺序结构，以及让你印象深刻的亮点快速记录下来。

姓名：

班级：

思考提升

1. 你所观摩的两个项目路演，在结构上有什么相同的部分？

2. 两个项目路演在结构上有哪些不同的部分？

3. 路演中给你留下最深印象的是哪几句话？

4. 请选择其中一个项目，用一段话概括项目的主要内容。

任务实施 8.1 撰写路演 PPT

步骤 1：概括项目

写一写你的项目，用一句话介绍。

姓名：

班级：

步骤 2：描述痛点和行业背景

写一写你的项目痛点与市场规模。

步骤3：展示解决方案

写一写你项目的解决方案（可另行用图或视频来展示）。

步骤 4：对比出产品优势

写一写你产品的核心竞争力。

步骤 5：描述商业模式

写一写你项目的商业模式。

步骤 6：描述营销方案

写一写你项目的营销模式与可用的营销资源。

姓名：

班级：

步骤 7：呈现团队优势

写一写你项目团队的情况（值得信赖的架构机制、团队精神、成员背景）。

姓名：

班级：

步骤 8：说明未来规划

写一写你项目未来三年的发展规划。

步骤 9：说明融资计划

写一写你项目的融资需求与资金用途。

姓名：

班级：

任务实施8.2 训练路演技巧

步骤1：提炼每页PPT幻灯片的主题词句

做好路演PPT后，提炼出每页幻灯片要表达的主题词句，整体看一看是否逻辑通顺。记住，演讲稿与PPT的内容是相互配合，不是逐字逐句的重复。

姓名：

班级：

步骤2：反复练习演讲

请在课外反复练习讲述路演PPT，不要念稿或背稿。邀请几位同学观摩，并把演讲过程录制下来。演讲结束后，请观摩的同学从观众的角度讲出真实的想法和感受。然后，通过录制的视频，自我查找存在的问题。

观摩同学的反馈

视频中查找的问题

姓名：

班级：

任务实施8.3 提升答辩能力

步骤1：搜集投资人的提问

请在课外抽出适当的时间观看创业项目路演的节目、创业比赛的视频，或校园举办的创业大赛等活动，把投资人的提问都记录下来。积累一定数量后，对这些提问进行分类，进一步洞察问题背后的含义。

记录投资人的提问

找出最高频的提问

姓名：

班级：

步骤 2：模拟训练答辩

针对高频的提问准备好回答内容后，邀请几位同学模拟投资人进行提问，由你进行答辩，并把答辩过程录制下来。答辩结束后，请模拟投资人的同学提出建议。然后，通过录制的视频，自我查找可以改进的地方。

模拟投资人提出的建议

视频中反映的可改进之处

姓名：

班级：

学习评价与总结

指标	评价内容	分值	自评	互评	师评
学习过程 （50 分）	能够自学线上资源，完成单元测验	5			
	能够在规定的时间内在线签到	2			
	能够在课堂中积极与老师互动	10			
	能够积极在线上课堂发起讨论	8			
	能够在小组讨论探究过程中，积极与组员交流自己的想法，敢于标新立异	10			
	能够主动站出来代表小组发言	8			
	在小组合作中有团队精神，既贡献自己的想法，也能够尊重他人的想法	7			
学习成果 （50 分）	撰写路演 PPT	18			
	提炼每页 PPT 幻灯片的主题词句	8			
	反复演讲练习	9			
	搜集投资人的提问	6			
	模拟答辩	9			

我的收获感悟：

我存在的不足：

姓名：

班级：